Interdisziplinäre Beiträge zur kriminologischen Forschung

Band 52

Kriminologisches Forschungsinstitut Niedersachsen e.V.
Lützerodestraße 9, 30161 Hannover

Ina Ulrich

Outlaw Motorcycle Gangs

Eine empirische Untersuchung zur polizeilichen und justiziellen Vorgehensweise gegen Mitglieder von Outlaw Motorcycle Gangs

Nomos

Onlineversion
Nomos eLibrary

Die Deutsche Nationalbibliothek verzeichnet diese Publikation in der Deutschen Nationalbibliografie; detaillierte bibliografische Daten sind im Internet über http://dnb.d-nb.de abrufbar.

Zugl.: Hannover, Univ., Diss., 2021

ISBN 978-3-8487-8777-7 (Print)
ISBN 978-3-7489-3344-1 (ePDF)

1. Auflage 2022

Vorwort

Am 1. Januar 2021 ist das StaRUG in Kraft getreten. Es setzt neue Akzente und eröffnet durch den präventiven Restrukturierungsrahmen neue Perspektiven. Ermöglicht wird eine Restrukturierung zwischen der außergerichtlichen Sanierung und dem Insolvenzverfahren. Wesentliches Anliegen des StaRUG ist das frühzeitige Erkennen der Sanierungsbedürftigkeit; es normiert daher eine Pflicht der Geschäftsleiter zur Risikofrüherkennung und zum Krisenmanagement.

Kernstück des StaRUG ist der Restrukturierungsplan. Dabei geht es um eine Restrukturierung der Passivseite der Bilanz, mithin um die Finanzierungsstruktur des Unternehmens. Der Restrukturierungsplan als eine Art Gesamtvergleich führt in der Regel zu einem Teilschuldenerlass, wobei die Zustimmung einzelner Gläubiger durch den gerichtlichen Bestätigungsbeschluss ersetzt werden kann und ein Schuldenschnitt auch gegenüber den Gläubigern wirksam wird, die dem Restrukturierungsplan nicht zugestimmt haben.

Im Detail sind allerdings vielfältige Aspekte des StaRUG (noch) ungeklärt. Während die Politik die Hoffnung hatte, mit dem neuen Sanierungsinstrument auch die wirtschaftlichen Folgen der Corona-Krise abzufedern, überrascht es daher nicht, dass die Praxis bisher zurückhaltend war.

Ein Schwerpunkt des Symposions Insolvenz- und Arbeitsrecht war es, die Chancen und Risiken des StaRUG aufzuzeigen und den Dialog zwischen Wissenschaft und Praxis zu vertiefen. Unter dem Thema „Mit Schwung aus der Krise!“ diskutierten rund 320 Rechtsanwälte, Richter, Unternehmensberater, Vertreter von Unternehmen, Verbänden und Ministerien sowie Wirtschaftsprüfer, Steuerberater und Professoren über aktuelle Entwicklungen des Insolvenz-, Arbeits- und Wirtschaftsrechts. Den Umständen der Zeit geschuldet fanden die Veranstaltungen in hybrider Form, mithin online sowie im Neuen Schloss Ingolstadt und im Sengerschloss Tegernsee statt.

Besonderer Dank gebührt den Referenten sowohl für die zeitraubende und mühevolle Aufarbeitung der komplexen Fragestellungen als auch für die zahlreichen nützlichen Vorschläge für die Praxis. Die engagierten Diskussionsbeiträge der Teilnehmer haben interessante Facetten des komplexen Themas deutlich gemacht und weiterführende Hinweise, insbesondere für die Anwendung des StaRUG, ermöglicht. Vielen Dank!

Dem Direktor des Bayerischen Armeemuseums Herrn Dr. Ansgar Reiß sowie den Herren Kollegen Jan Gerrit Kehbel von KPMG Law und Reinhard Willemsen von der Luther Rechtsanwaltsgesellschaft danke ich herzlich! Ohne deren freundliche und tatkräftige Unterstützung wären die Veranstaltungen nicht durchführbar gewesen. Frau Wiebke Schlosser ist für wissenschaftliche Hinweise und für die redaktionelle Betreuung des Sammelbands zu danken. Überdies möchte ich dem Nomos Verlag für die angenehme Zusammenarbeit sowie die unkomplizierte Drucklegung danken.

Die nächsten Symposien finden am 23. und 24. Juni 2022 im Neuen Schloss Ingolstadt und am 6. Oktober 2022 im Sengerschloss Tegernsee statt. Ich freue mich sehr auf ein Wiedersehen und die Fortsetzung des wissenschaftlichen Meinungsaustausches!

Ingolstadt, im Oktober 2021 Christian Heinrich

Inhalt

Update Arbeitsrecht 9
Steffen Klumpp

Automobilindustrie im Wandel: Wege aus der Krise 27
Georg Streit

Restrukturiert, aber nicht saniert? Das Schicksal von Finanzierungen und deren Besicherung im Rahmen des StaRUG 41
Ralf Zuleger

Restrukturierung und Arbeitsrecht – Aktuelles 49
Markus Künzel

Workshop Insolvenzarbeitsrecht 65
Hannah Krings und Knut Rebholz

Workshop Insolvenzrecht 77
Henrik Brandenburg und Franz Hackl

Haftungsrisiken vor und bei Restrukturierungsverfahren 101
Moritz Brinkmann

Aktuelle Rechtsprechung des Bundesgerichtshofes zur Unternehmensinsolvenz 125
Ilse Lohmann

Arbeitsrecht und StaRUG – Ein Ariadnefaden aus dem Labyrinth 145
Sebastian Kolbe

Update Arbeitsrecht

Professor Dr. Steffen Klumpp, Universität Erlangen-Nürnberg

I. Einführung

Das folgende „Up-date Arbeitsrecht" ist – wie stets und zwangsläufig – unvollständig,[1] die Auswahl an zu berichtender Gesetzgebung und Rechtsprechung ist subjektiv, folgt aber dem Bestreben, einen Überblick zu geben über die vom Verfasser als wichtig angesehenen Entwicklungen im Arbeitsrecht. Diese betreffen abgeschlossene, aber auch in der vergangenen Legislaturperiode nicht mehr abgeschlossene Gesetzgebungsverfahren, vor allem aber die Rechtsprechung zum Individualarbeitsrecht, der Blick geht aber auch zum, das Arbeitsrecht maßgeblich mitprägenden, Unionsrecht.

II. Gesetzgebungsvorhaben

In der Endphase der zum Zeitpunkt der Fertigstellung des Manuskripts gerade ablaufenden 19. Legislaturperiode des Deutschen Bundestags gab es einige Gesetzgebungsanstöße, die das Arbeitsrecht betrafen. Einige dieser Anstöße wurden Gesetz, andere nicht – sie unterfielen dem Grundsatz der Diskontinuität.[2] Dennoch – und deshalb sollen sie hier genannt werden – zeigen auch diese nicht Gesetz gewordenen Vorhaben, welche politischen Entwicklungen bestehen und mit welchen Vorstößen unter Umständen in der 20. Legislatur zu rechnen sein könnte – zumal sich in der Führung des BMAS auch nach der Bundestagswahl 2021 nichts geändert hat.

1. Nicht mehr zum Abschluss gebrachte

Die Corona-Katastrophe hat sich als Katalysator auch für die rechtliche Regelung der Arbeitsverhältnisse herausgestellt. Dies vor allem wegen der

---

1 Siehe bereits *Klumpp*, in: Heinrich (Hrsg.), Krisen im Aufschwung, 2019, 73 ff.
2 Zu diesem Grundsatz siehe: Dürig/Herzog/Scholz/*Klein*, Grundgesetz-Kommentar, 95. EL Juli 2021, Art. 39, Rn. 53 ff.

Notwendigkeit des Infektionsschutzes und damit von einer Seite, von der man bis vor zwei Jahren wahrlich keine Impulse für die rechtlichen Beziehungen zwischen Arbeitnehmer und Arbeitgeber erwartet hätte. Zu Beginn der neuen 20. Legislaturperiode wurde etwa (und zwar wiederholend und wieder aufgreifend)[3] die Frage, unter welchen Umständen Homeoffice, also das Arbeiten von zu Hause,[4] möglich und von Arbeitgeber oder Arbeitnehmer gefordert werden kann, aus Gründen des Infektionsschutzes sehr rigide beantwortet: Der neue § 28b Abs. 4 IfSG[5] sieht nun die obligatorische Einführung des Homeoffice vor, wenn auf der Seite des Arbeitgebers nicht zwingende betriebliche Gründe entgegenstehen (also etwa die zu leistenden Tätigkeit nicht zu Hause durchgeführt werden kann), und auf der Seite des Arbeitnehmers nicht (einfache) Gründe gegeben sind, weshalb sich dieser der Arbeit im Homeoffice verweigern kann.[6] Damit besteht momentan letztlich ein infektionsschutzrechtlicher Homeofficezwang dort, wo es möglich ist, zu Hause zu arbeiten. Das und die bisherige Erfahrung mit dem Homeoffice mag mit dazu führen, dass auch jenseits pandemiebedingter Überlegungen die Diskussion nach einem Anspruch auf Homeoffice künftig wieder aktuell werden wird. Sie wurde Ende 2020/ Anfang 2021 auch allgemein in einem Gesetzesentwurf des BMAS zu einem „Mobile-Arbeit-Gesetz" aufgenommen.[7] Dieser Entwurf blieb früh im Gesetzgebungsverfahren stecken und er war auch politisch zu umstritten, denn er sah sehr weitreichende Ansprüche auf Homeoffice vor: Der Arbeitnehmer sollte danach zunächst einen Anspruch auf 24 Tage Home-

3 Dazu die vorhergehenden Regelungen zum Homeoffice: § 28b Abs. 7 Gesetz zur Verhütung und Bekämpfung von Infektionskrankheiten beim Menschen (Infektionsschutzgesetz – IfSG), eingefügt durch Art. 1 Viertes Gesetz zum Schutz der Bevölkerung bei einer epidemischen Lage von nationaler Tragweite, vom 22.04.2021, BGBL 2021 I, 802 (805); zuvor bereits: § 2 Abs. 4 SARS-CoV-2-Arbeitsschutzverordnung (Corona-ArbSchV), vom 21.01.2021, BAnz AT 22.01.2021 V1.

4 Dazu aus der Vorcoronazeit: *Picker*, ZFA 2019, 269.

5 Eingefügt in § 28b Abs. 4 Gesetz zur Verhütung und Bekämpfung von Infektionskrankheiten beim Menschen (Infektionsschutzgesetz – IfSG) durch Art. 1 Gesetz zur Änderung des Infektionsschutzgesetzes und weiterer Gesetze anlässlich der Aufhebung der Feststellung der epidemischen Lage von nationaler Tragweite, vom 22.11.2021, BGBL 2021 I, 4906 (4908 f.).

6 Vgl.: BT-Drs. 20/89, S. 18 f.

7 Vgl.: den Referentenentwurf des BMAS – Entwurf eines Gesetzes zur mobilen Arbeit (Mobile Arbeit-Gesetz – MAG), Stand 14.01.2021, abrufbar unter: https://www.bmas.de/SharedDocs/Downloads/DE/Gesetze/Referentenentwuerfe/ref-mobile-arbeit-gesetz.pdf?__blob=publicationFile&v=1, zuletzt abgerufen: 16.12.2021.

office im Jahr haben,[8] in einer abgemilderten Version des Entwurfes vom Januar 2021 war dieser Anspruch auf eine Erörterungspflicht des Arbeitgebers, ob nicht Homeoffice eingeführt werden könne, geschrumpft.[9] Auch wenn dieses Verfahren nicht zum Abschluss gekommen ist, sieht man daran doch, welche Reichweite es bei der Diskussion um die rechtliche Regelung der Arbeit im Homeoffice gibt: Von einer reinen Konsenslösung, die mit gesetzlichen Vorgaben belgeitet wird, bis hin zum harten Anspruch des Arbeitnehmers ist in der Diskussion alles enthalten.[10]

Ebenfalls nicht Gesetz geworden ist eine Initiative zur Änderung des Befristungsrechts. Der entsprechende Referentenentwurf[11] wurde nicht mehr ins Bundeskabinett eingebracht, zeigt aber auch hier, dass zukünftig wohl eine rigidere Linie im Befristungsrecht zu erwarten ist. So sollten Kettenbefristungen auch im Rahmen der Sachgrundbefristung nach § 14 Abs. 1 TzBfG ausdrücklich begrenzt werden – und zwar auf fünf Jahre[12] –, wobei Ausnahmen nur wegen der Eigenheit der Arbeitsleistung oder bei gerichtlichen Vergleichen gemacht werden sollten. Merklich eingeschränkt werden sollte aber vor allem die Zeitbefristung nach § 14 Abs. 2 TzBfG. Die bestehende Zweijahres-Rahmenfrist des § 14 Abs. 2 S. 1 TzBfG sollte auf 18 Monate reduziert werden, eine Verlängerungsmöglichkeit innerhalb dieses Zeitraums nur einmal möglich sein – statt der bisherigen dreimaligen Verlängerungsmöglichkeit. Und auch die tarifliche Ausdehnung der

---

8 Der Entwurf wurde nicht veröffentlicht. Die Entwicklung nachzeichnend: *Dohrmann*, NZA 2021, 691; *Giesen*, ZFA 2021, 177 (181 f.); *Düwell*, BB 2020, 2868 (passim).

9 Entwurf eines Gesetzes zur mobilen Arbeit (Mobile Arbeit-Gesetz – MAG), Stand 14.01.2021, S. 2, 4, abrufbar unter: https://www.bmas.de/SharedDocs/Downloads/DE/Gesetze/Referentenentwuerfe/ref-mobile-arbeit-gesetz.pdf?__blob=publicationFile&v=1, zuletzt abgerufen: 16.12.2021.

10 Für eine reine Konsenslösung bspw.: *Picker*, ZFA 2019, 269 (284 ff.); gegen einen Rechtsanspruch auf Homeoffice: *Müller*, öAT 2021, 45 (48); Kritisch zum Homeoffice auch: *Husemann*, jM 2021, 274, welcher Arbeitsschutzbedenken äußert (279 ff.) und sich zumindest für ein „Rückkehrrecht" ausspricht (281); hingegen für einen Anspruch der Arbeitnehmer: *Krieger/Rudnik/Peramato*, NZA 2020, 473 (478) (480).

11 Entwurf eines Gesetzes zur Änderung des allgemeinen Befristungsrechts, abrufbar unter: https://www.personaldienstleister.de/fileadmin//user_upload/10_Infodienst_Seiten/Politik/2021/210416_BMAS_RefE_Befristungsrest.pdf, zuletzt abgerufen: 16.12.2021; hierzu ferner: *Bauer/Romero*, NZA 2021, 688.

12 Vgl.: dazu den neuen § 14 Abs. 3 des Entwurfes: Entwurf eines Gesetzes zur Änderung des allgemeinen Befristungsrechts, S. 5, abrufbar unter: https://www.personaldienstleister.de/fileadmin//user_upload/10_Infodienst_Seiten/Politik/2021/210416_BMAS_RefE_Befristungsrest.pdf, zuletzt abgerufen: 16.12.2021.

Rahmenfrist sollte limitiert werden: Durch Tarifvertrag hätte die Rahmenfrist nur auf bis zu 54 Monate ausgedehnt und eine bis zu dreimalige Verlängerung vorgesehen werden können. Zudem sollte für Unternehmen ab 75 Arbeitnehmern ein Höchstwert für die Anzahl sachgrundlos befristeter Arbeitsverhältnisse vorgesehen werden: Dieser sollte bei 2,5% aller Arbeitsverhältnisse liegen. Man sieht auch hier die Grundlinie einer Befristungspolitik, die auch in der künftigen Legislatur nicht erheblich unterschiedlich sein dürfte. Und auch die angewandten Instrumente zur Einschränkung gerade der Zeitbefristungsmöglichkeit, dürften sich qualitativ nicht unterscheiden.[13]

2. *Relevante*

Neben diesen gleichsam (und vorerst) „steckengebliebenen" Gesetzgebungsinitiativen ist über zwei Vorhaben der letzten Monate zu berichten, die sich noch im Gesetzgebungsverfahren befinden (und zwar im unionsrechtlichen) oder aber zum Ende der 19. Legislatur des Bundestages noch zum Abschluss gebracht wurden (nämlich das Betriebsrätemodernisierungsgesetz).

a) Betriebsrätemodernisierung

Das Betriebsrätemodernisierungsgesetz[14] trat zum 18.06.2021 in Kraft. Es hat eine ganze Reihe von Zielen:[15] Die Betriebsratswahlen sollen erleichtert und gefördert werden, die Rolle des Betriebsrates bei der Qualifizierung der Arbeitnehmer soll gestärkt werden, die mobile Arbeit im Betrieb soll durch den Betriebsrat begleitet werden, ebenso die Einführung künstlicher Intelligenz im Betrieb. Zudem sollen die Aspekte der zuneh-

---

13 Vgl. dazu den Koalitionsvertrag zwischen SPD, BÜNDNIS 90/DIE GRÜNEN und FDP, abrufbar unter: https://www.bundesregierung.de/resource/blob/974430/1990812/a4ceb7591c8d9058b402f0a655f7305b/2021-12-10-koav2021-data.pdf?download=1, zuletzt abgerufen: 16.12.2021, S. 70: Abschaffung der Haushaltsbefristung im und Reduktion der Sachgrundbefristung im öffentlichen Dienst, Begrenzung der Sachgrundbefristung auf generell maximal 6 Jahre.

14 Gesetz zur Förderung der Betriebsratswahlen und der Betriebsratsarbeit in einer digitalen Arbeitswelt (Betriebsrätemodernisierungsgesetz), vom 14.06.2021, BGBL 2021 I Nr. 32, 1762.

15 Vgl.: Bt-Drs. 19/28899, S. 1 ff.

menden Digitalisierung der Betriebsratsarbeit aufgenommen werden, die datenschutzrechtliche Verantwortlichkeit der Betriebsrat soll schließlich im BetrVG selbst geregelt werden.

Ein Blick sei besonders auf die neuen Regelungen, die die Wahl zum Betriebsrat betreffen, geworfen: Hier will der Gesetzgeber zum einen in kleineren Betrieben die Wahl zum Betriebsrat durch die Ausdehnung des bereits bekannten einfachen Wahlverfahrens erleichtern: Neben der Erleichterung für die Einreichung von Wahlvorschlägen in kleineren Betriebe, § 14 Abs. 3 BetrVG, wurde das einfache Wahlverfahren nach § 14a Abs. 1 BetrVG nun auf Betriebe mit bis zu 100 wahlberechtigten Arbeitnehmerinnen und Arbeitnehmer ausgedehnt und in Betrieben von 101 bis 200 Arbeitnehmerinnen und Arbeitnehmern kann dieses Wahlverfahren fakultativ angewandt werden, § 14 Abs. 5 BetrVG.

Zum anderen wird aber auch der Schutz der an der Betriebsratswahl Beteiligten vor einer Kündigung durch den Arbeitgeber ausgedehnt. Waren zuvor bereits Wahlbewerber, Wahrvorstände und schließlich auch Betriebsräte selbst vor einer ordentlichen Kündigung jedenfalls bis zum Ablauf einer gewissen Frist nach der Wahl oder dem Amtszeitende geschützt, § 15 KSchG, so wird dieser Schutz nun auch auf die Initiatoren der Wahl ausgedehnt: Diese können nach § 15 Abs. 3a KSchG künftig nicht mehr aus personen- oder verhaltensbedingten Gründen gekündigt werden – und zwar ab dem Zeitpunkt ihrer Wahlinitiative. Das Gesetz musste sich freilich mit der Frage befassen, wann eine solche Initiative vorliegt – hier kann man sich ja von einem bloßen Gespräch bis hin zum gleichsam offiziellen, nach Außen tretenden Wahlaufruf vieles vorstellen.[16] Das Gesetz stellt auf zwei Aspekte ab: Zum einen auf eine objektiv vorliegende Vorbereitungshandlung, die aber nicht besonders qualifiziert wird, und zum anderen auf den formalen Akt der öffentlichen Beglaubigung einer Erklärung über den Vorbereitungswillen vor einem Notar. Der Sonderkündigungsschutz reicht dann vom Zeitpunkt der Abgabe der Erklärung bis zur Betriebsratswahl, längstens jedoch 3 Monate. Ob im Hinblick auch die hohen formalen Hürden hier der gewollte Schutz wirklich zu erreichen ist, mag dahingestellt sein.[17] Dass es nicht gelungen ist, die bestandsschutzrechtlichen Sonderregelungen für Funktionsträger im Rahmen der Betriebsratswahl insgesamt in das BetrVG aufzunehmen, und damit dort anzusiedeln, wo sie systematisch besser eingefügt wären, ist bedauerlich.

---

16 Vgl. dazu auch: Bt-Drs. 19/28899, S. 24 f.

17 Vgl. auch: *Reinartz*, NZA-RR 2021, 257 (470); *Düwell/Bepler*, jurisPR-ArbR 15/2021 Anm. 1.

Schließlich geht es dem Gesetz auch um die Stabilität der Wahl: Eine Anfechtung nach § 19 BetrVG wegen der falschen Zusammensetzung der Wahllisten ist künftig nur noch möglich, wenn vor der Wahl gegen diese Wahllisten beim Wahlvorstand Einspruch erhoben wurde, § 19 Abs. 3 BetrVG.

Das Betriebsrätemodernisierungsgesetz nimmt sich besonders auch der Digitalisierung der Arbeit des Betriebsrates selbst an. Bereits im Mai 2021 wurde infolge der ersten Regelungen zum Infektionsschutz mit dem (nunmehr alten und außer Kraft getretenen) § 129 BetrVG die Möglichkeit geschaffen, Betriebsratssitzungen, Abstimmungen und auch Betriebsversammlungen und Sitzungen andere betriebsverfassungsrechtlicher Organe digital durchzuführen.[18] Diese Möglichkeiten sind nun bestätigt worden, sie wurden in die jeweiligen Regelungen zur Arbeit der einzelnen Organe integriert, etwa in den §§ 30 Abs. 2; 33 Abs. 1. S. 2; § 34 Abs. 1 S. 2, 51 Abs. 3 S. 2 BetrVG. Im Kern geht es dabei darum, dass digitale Betriebs- und Gesamtbetriebsratssitzungen durchgeführt werden können, wenn dies vom Betriebsrat so entschieden wird und der Grundsatz der Nichtöffentlichkeit eingehalten werden kann.[19] Neu ist ebenfalls, dass auch Betriebsvereinbarungen und Sprüche der Einigungsstelle digital abgeschlossen werden können, §§ 76 Abs. 3 S. 4; 77 Abs. 2 S. 3 BetrVG. Die Kosten für die Digitalisierung der Betriebsratsarbeit trägt der Arbeitgeber.[20]

Eine potentiell ebenfalls bedeutsame neue Regelung ist § 79a BetrVG: Dieser verpflichtet – was nicht Neues ist – den Betriebsrat zur Einhaltung der datenschutzrechtlichen Vorgaben, datenschutzrechtlich Verantwortlicher ist aber der Arbeitgeber. Welche konkreten Folgen diese neue ausdrückliche datenschutzrechtliche Regelung im BetrVG haben wird – insbesondere auf der sanktionenrechtlichen Seite – wäre einen eigenen Vortrag wert.[21] An dieser Stelle kann ich nur auf die Zukunft verweisen.

Auch die Aufgaben des Betriebsrats wurden – geschuldet der allgemeinen digitalen Entwicklung, aber auch der Entwicklung hin zu einer mobileren Arbeit – ausgeweitet. Nach § 80 Abs. 3 S. 2 BetrVG kann der Betriebs-

---

18 Eingeführt durch Art. 5 Gesetz zur Förderung der beruflichen Weiterbildung im Strukturwandel und zur Weiterentwicklung der Ausbildungsförderung vom 20.05.2020, BGBl 2020 I, 1044; dazu: *Klumpp/Holler*, BB 2020, 1268; *Däubler/Klebe*, NZA 2020, 545; *Städler*, NZA 2020, 465; *Hagedorn*, NZA 2020, 158.

19 Vgl. dazu: BeckOK ArbR/*Mauer*, Beck'scher Onlinekommentar Arbeitsrecht, 61. Ed. 01.09.2021, BetrVG, § 30 Rn. 5, § 33 Rn. 3, § 34 Rn. 3, § 51 Rn. 2.

20 Vgl. mit weiteren Ausführungen zur Erforderlichkeit: *Günther/Böglmüller/Mesina*, NZA 2020, 77.

21 Siehe hier ausführlich: *Brink/Joos*, NZA 2021, 1440.

rat im Rahmen seiner allgemeinen Aufgaben künftig einen Sachverständigen hinzuziehen, wenn er zur Durchführung seiner Aufgaben die Einführung oder Anwendung von künstlicher Intelligenz beurteilen muss. Auch bei der Mitbestimmung in allgemeinen persönlichen Angelegenheiten erweitert sich das Mitbestimmungsspektrum, wenn künstliche Intelligenz zum Einsatz kommen soll, §§ 90 Abs. 1 Nr. 3; 95 Abs. 2a; 96 Abs. 1a BetrVG.[22] Zudem wird der Katalog der Mitbestimmungsrechte in sozialen Angelegenheiten des § 87 Abs. 1 BetrVG um eine neue Nummer und damit um ein neues Mitbestimmungsrecht ergänzt. Der Betriebsrat hat künftig auch bei der Ausgestaltung von mobiler Arbeit, die mittels Informations- und Kommunikationstechnik erbracht wird, mitzubestimmen, § 87 Abs. 1 Nr. 14 BetrVG.

Insgesamt zeigt, sich, dass der Gesetzgeber bestrebt war, gerade die Digitalisierung der Betriebsratsarbeit und die Entwicklungen im Bereich der mobilen Arbeit in das – in dieser Hinsicht bislang durchaus etwas angestaubte – BetrVG aufzunehmen. Ob sich diese Digitalisierung durchsetzt, hängt nun von den einzelnen Betriebsratsgremien ab. Ob dies zu wünschen ist, steht indes auf einem anderen Blatt.

b) Mindestlohnrichtlinie

Potentiell wirkmächtig könnte auch eine Richtlinie sein, die gerade im unionsrechtlichen Verfahren steckt: Am 28.10.2020 hat die Europäische Kommission einen Entwurf einer europäischen Mindestlohnrichtlinie auf den Weg gebracht.[23] Das Gesetzgebungsverfahren ist auch 2021 noch nicht abgeschlossen.[24] Ziel dieser „europäischen Mindestlohnrichtlinie" ist (unter anderem) die Verhinderung von Erwerbsarmut durch zu geringe Löh-

---

22 Vgl. dazu: *Ludwig/Hinze*, NZA 2021, 1444; *Frank/Heine*, NZA 2021, 1448.

23 Kommission der Europäischen Union, Vorschlag für eine Richtlinie des Europäischen Parlaments und des Rates über angemessene Mindestlöhne in der Europäischen Union, COM(2020) 682 final, 28.10.2020.

24 Nach Abgabe einiger Stellungnahmen hat am 11.11.2021 der federführende Ausschuss für Beschäftigung und Soziale Angelegenheiten des Europäischen Parlaments eine konsolidierte Fassung des Richtlinienvorschlages angenommen, vgl.: https://www.europarl.europa.eu/meetdocs/2014_2019/plmrep/COMMITTEES/EMPL/AMC/2021/11-11/EMPL20211111_MinimumWages_AMC_Articles_1-17_EN.pdf; diese enthält wesentliche Änderungen: S. 11: die minimale Tarifabdeckung bzgl. der Vergütung in den Mitgliedsstaaten wird auf eine Schwelle von 80% erhöht, darunter muss ein Aktionsplan zur Erhöhung der Tarifabdeckung vorgelegt werden, S. 14: Die Feststellung der Angemessenheit der Löhne wird an

ne innerhalb der Europäischen Union.[25] Die Richtlinie betritt zu Sicherung dieses Ziels unionsarbeitsrechtliches Neuland. Zwar wird kein unionsrechtlicher, einheitlicher Mindestlohn festgesetzt – davor schreckte man dann doch zurück –, und es soll auch keine Pflicht zur Einführung eines solchen Lohns auf mitgliedschaftlicher Ebene geben, wenn – wie in einigen Mitgliedsstaaten – ein solcher Mindestlohn nicht existiert, allerdings macht die Richtlinie den Mitgliedstaaten, die bereits einen nationalen Mindestlohn kennen, Vorgaben für die Anpassung und Aktualisierung des Mindestlohnes. Diese sollen sich dazu etwa an der jeweiligen nationalen Kaufkraft, dem Niveau der Bruttolöhne und ihrer Verteilung, der Wachstumsrate der Bruttolöhne, der Entwicklung der Arbeitsproduktivität, dem Verhältnis zum allgemeinen Niveau der Bruttolöhne (Richtwerte sollen hier 60% des Bruttomedianlohns und 50% des Bruttodurchschnittslohns sein) orientieren, Art. 5 RL-Entwurf. Auch Vorgaben, wer in die nationalen Beratungsgremien zur Anpassung des Mindestlohnes zu berufen ist, sieht der Richtlinienentwurf vor. Dazu kommt noch eine parallele Schiene, die zum Schutz vor Erwerbsarmut führen soll: Die Pflicht, nationale Tarifvertragsverhandlungen zu fördern und die Tariftreue bei der Vergabe von öffentlichen Aufträgen zu gewährleisten, Art. 9 RL-Entwurf. Im Entwurf ist viel Unbestimmtes und damit Ungewisses vorgesehen,[26] allerdings stimmt es nachdenklich – und deshalb ist auf dieses noch nicht abgeschlossene Gesetzgebungsverfahren hinzuweisen –, dass künftig unter Umständen der unionsrechtliche Zugriff auf die nationalen Tarifsysteme nicht mehr gänzlich ausgeschlossen wäre. Das wäre dann in der Tat eine erhebliche qualitative Änderung und Ausweitung des unionsrechtlichen kollektiven Arbeitsrechts. Und das alles vor dem Hintergrund, dass sehr starke Argumente dafür ins Feld geführt werden können, dass die Europäische Union für eine Richtlinie der vorgesehenen Art wegen Art. 153 Abs. 5 AEUV gar nicht kompetent ist.[27]

60% des Bruttomedianlohns und 50% des Bruttodurchschnittslohns gekoppelt, S. 16: Öffnungsklauseln für die Mitgliedsstaaten wurden gestrichen.

25 Vgl.: Kommission der Europäischen Union, Vorschlag für eine Richtlinie des Europäischen Parlaments und des Rates über angemessene Mindestlöhne in der Europäischen Union, COM(2020) 682 final, 28.10.2020, S. 2.

26 Vgl. dazu: *Klumpp*, EuZA 2021, 284 (299 ff.).

27 Vgl. dazu: *Klumpp*, EuZA 2021, 284 (289 ff.).

III. Rechtsprechung

Bei der Rechtsprechung soll über einige Judikate aus dem Individualarbeitsrecht berichtet werden, von denen manche perspektivisch grundsätzliche Bedeutung erlangen können.

1. Neues zum Arbeitnehmerbegriff?

Die Frage nach den Konturen des Arbeitnehmerbegriffs ist von nicht zu überschätzender Bedeutung: Liegt ein Arbeitsverhältnis vor, so ist der Anwendungsbereich des Arbeitsrechts eröffnet, liegt es nicht vor, greifen die arbeitsrechtlichen Schutzregelungen (mit punktuellen Ausnahmen für Arbeitnehmerähnliche)[28] nicht. Zudem knüpft materiell der sozialversicherungsrechtliche Begriff der Beschäftigung an das Arbeitsverhältnis an, § 7 Abs. 1 SGB IV, womit auch die maßgebliche Schwelle zur Versicherungspflicht in den einzelnen Zweigen der gesetzlichen Sozialversicherung überschritten ist.[29] Deshalb ist es von größter Bedeutung, wenn sich die Rechtsprechung und noch dazu das BAG wie in der Entscheidung vom 01.12.2020 grundsätzlich zum Arbeitnehmerbegriff des § 611a Abs. 1 BGB äußert.

Diese Entscheidung befasste sich mit den Herausforderungen, die die umfassende Digitalisierung in der Gesellschaft auch an das Arbeitsrecht stellt: Es ging um die Beurteilung des so genannten Crowdworking, das man als die Auslagerung einer bisher im Unternehmen selbst (durch Erwerbstätige gegen Entgelt) erbrachte Leistung über das Internet auf eine große Anzahl von Menschen beschreiben kann.[30] Rechtlich ging es darum, ob die Rahmenvereinbarung über die Nutzung einer Crowdworking-App, die insbesondere durch finanzielle Anreize zur Übernahme immer weiterer so genannter Microjobs anhielt, die Grundlage für eine Arbeitsverhältnis sein kann. Das BAG hat dies bejaht, und hier zum ersten Mal maßgeblich auf die in § 611a Abs. 1 S. 1 BGB als Merkmal für die soziale Abhängigkeit des Arbeitnehmers aufgenommene Fremdbestimmung abgestellt. Allein also die Einbindung in ein Anreizsystem, die dazu führt, dass der einzelne Dienstleister immer mehr einzelne Tätigkeiten übernimmt, kann

28 Siehe etwa § 12a TVG.
29 Vgl. dazu: BeckOK SozR/*Rittweger*, Beck'scher Onlinekommentar Sozialrecht, 62. Ed. 01.09.2021, SGB IV, § 7 Rn. 4.
30 Vgl. so: https://www.duden.de/rechtschreibung/Crowdworking.

fremdbestimmend sein und insgesamt zum Arbeitsverhältnis führen. Man hat diese Entscheidung des BAG – die das konträre Judikat des LAG verwarf[31] – als logische Weiterentwicklung des Arbeitnehmerbegriffs begrüßt[32] und auf der anderen Seite kritisiert,[33] weil letztlich mit der Fremdbestimmung, wie sie das BAG auffasst, zusätzlich ein durchaus diffuser Begriff an grundlegender Stelle in das Arbeitsrecht eingeführt wird. Zudem lässt aufhorchen, dass das BAG hier insbesondere auf die wirtschaftliche Anreizwirkung, die aus dem Rahmenvertrag folgt, abstellt. Dabei war bzw. ist bislang, freilich gegen prominenten Widerstand aus der Literatur,[34] stetige Rechtsprechung, dass es beim Arbeitnehmerbegriff gerade nicht auf die wirtschaftliche Abhängigkeit ankommt – sondern eben auf die soziale, durch das Weisungsrecht des Arbeitgebers vermittelte. Ob sich dieser Gedanke der impliziten wirtschaftlichen Betrachtung verselbständigt und ausweitet, bleibt interessiert abzuwarten.

Allerdings lenkt diese neue Rechtsprechung wiederum den Blick darauf, dass die Frage nach dem maßgeblichen Charakteristikum des Arbeitsverhältnisses, die ja eigentlich die Frage nach dem persönlichen Anwendungsbereich der arbeitsrechtlichen Regelungen ist, in den letzten Jahren zunehmend komplexer zu beantworten ist. Zwar hat die Aufnahme des § 611a BGB in das Gesetz zum 01.04.2017 jedenfalls ausweislich der Gesetzesbegründung[35] „lediglich" die bisher auf der Rechtsprechung basierenden Definitionsvorgaben des Arbeitnehmerbegriffes kodifiziert, so dass sich hier, jedenfalls dem Buchstaben nach, keine Veränderungen ergeben sollten: Die für die Einordnung als Arbeitsverhältnis maßgebliche Gesamtbetrachtung, ob eine soziale Abhängigkeit gegeben ist oder nicht, ist gefestigter rechtlicher Grund, auch wenn bei der Anwendung im Einzelfall und dem Abwägungserfordernis geschuldet, durchaus Graubereiche entstanden sind.[36]

Allerdings zeigen immer mehr arbeitsrechtliche Gesetze einen gegenüber dem klassischen Arbeitnehmerbegriff erweiterten persönlichen Anwendungsbereich. Das ist – wie etwa beim AGG – unionsrechtlichen Vor-

---

31 Vgl. anders noch: LAG München vom 04.12.2019 – 8 Sa 146/19, NZA 2020, 316.

32 Vgl.: *Junker*, JZ 2021, 519 (521 f.).

33 Vgl.: *Thüsing/Hütter-Brungs*, NZA-RR 2021, 231 (233 ff.); krit. ferner: *Thüsing*, Frankfurter Allgemeine Zeitung v. 14.04.2021, S. 16.

34 Vgl.: *Wank*, AuR 2017, 140 (144 f.).

35 Vgl.: BT-Drs. 18/9232, S. 4, 18.

36 So etwa bei Berufssportlern oder Handelsvertretern, Versicherungsvermittlern sowie Kommissionären: ErfK/*Preis*, Erfurter Kommentar zum Arbeitsrecht, 22. Auflage 2022, BGB § 616 Rn. 75, 76 f.

gaben und hier ersichtlich gesetzlichen Notwendigkeiten geschuldet, wenn etwa in § 6 AGG der maßgebliche Beschäftigtenbegriff dann auch Bewerberinnen und Bewerber oder auch ehemalige Arbeitnehmerinnen und Arbeitnehmer umfasst,[37] und das kommt auch auf der nationalen Ebene vor, wenn etwa in § 22 MiLoG auch Praktikantinnen und Praktikanten in den persönlichen Anwendungsbereich aufgenommen werden.[38] Es ist zwar gesetzestechnisch keine neue Erscheinung, wenn arbeitsrechtliche Gesetze auch für weitere, im strengen Sinnen Nichtarbeitnehmer geöffnet werden (was bereits seitjeher dort auftaucht, wo etwa auch Auszubildende von arbeitsrechtlichen Gesetzes umfasst werden, wie etwa bei § 5 Abs. 1 BetrVG), allerdings zeigt sich hier insgesamt eine durchaus stetige Ausdehnung der Anwendungsbereiche, die jeweils für sich gerechtfertigt und nicht zu kritisieren ist, die aber bei der praktischen Anwendung dieser gesetzlichen Vorgaben stets im Auge behalten werden muss.

Eine weitere Komponente der Komplexität folgt daraus, dass der Arbeitnehmerbegriff zunehmend auch rechtlich mehrdimensional zu betrachten ist. Dies muss überall dort erfolgen, wo über die Frage, ob im Sinne der jeweils anzuwendenden gesetzlichen Regelung ein Arbeitsverhältnis vorliegt oder nicht, nicht nur die nationale Vorgabe des § 611a Abs. 1 BGB in seiner Ausprägung durch die Rechtsprechung gerade des BAG heranzuziehen ist, sondern auch – und maßgeblich – wegen der unionsrechtlichen Dimension gerade des richtlinienumsetzenden Rechts auch der unionsrechtliche Arbeitnehmerbegriff in seiner Umschreibung durch den EuGH. Wobei anzuführen ist, dass es auch einen einheitlichen unionsrechtlichen Arbeitnehmerbegriff gar nicht gibt, sondern dass dieser stets anhand der in Frage stehenden unionsrechtlichen Rechtsquelle zu ermitteln ist.

Hier ist *pars pro toto* die Rechtsprechung des EuGH heranzuführen, wer im Sinne der Massenentlassungs-RL[39] Arbeitnehmer ist und damit eben und gerade bei der Schwellenwertberechnung, zu einiger Bekanntheit gelangt. Wie sich dieser Rechtsprechung entnehmen lässt,[40] decken sich der nationale Arbeitnehmerbegriff aus § 611a Abs. 1 BGB und der unionsrecht-

---

37 Zum Anwendungsbereich des AGG siehe: ErfK/*Schlachter*, 22. Auflage 2022, AGG § 6 Rn. 3.

38 Vgl. dazu: ErfK/*Franzen*, 22. Auflage 2022, MiLoG § 22 Rn. 6 f.

39 Richtlinie 98/59/EG des Rates vom 20. Juli 1998 zur Angleichung der Rechtsvorschriften der Mitgliedstaaten über Massenentlassungen, Amtsblatt der Europäischen Union Nr. L 225 vom 12.08.1998, S. 16.

40 Grundlegend: EuGH vom 09.07.2015 – C-229/14, AP Richtlinie 98/59/EG Nr. 6 = NZA 2015, 861; vgl. auch: EuGH vom 11.11.2015 – C-422/14, AP Richtlinie 98/59/EG Nr. 7 = NZA 2015, 1441.

liche Arbeitnehmerbegriff in Anwendung der Massenentlassungs-RL zwar im Kern und damit in der quantitativ überragenden Mehrzahl der Fälle, in Randbereichen kann es aber zu Abweichungen kommen. So etwa bei der wohl bereits klassischen Frage, ob der GmbH-Geschäftsführer Arbeitnehmer ist: Nein, sagt das BAG, weil er – verkürzt formuliert – gleichsam als Organ der GmbH den Arbeitgeber repräsentiert,[41] ja, meint der EuGH jedenfalls dann, wenn auch gesellschaftsrechtlich an ihn effektiv Weisungen erteilt werden können.[42] Das ist danach dann der Fall, wenn der GmbH-Geschäftsführer selbst nicht Allein-Gesellschafter ist oder wenn er nicht mindestens über eine Sperrminorität in der Gesellschafterversammlung verfügt.

Hier sticht nun eine Entscheidung des 8. Senats des BAG vom 25.06.2020 ins Auge,[43] die zur Frage der persönlichen Anwendbarkeit des Entgelttransparenzgesetzes (EntgTranspG)[44] erging. Für das Auskunftsverlangen nach § 10 EntgTranspG ist bekanntlich notwendig, dass der Beschäftigtenbegriff des § 5 EntgTranspG erfüllt ist. Nach § 5 Abs. 2 Nr. 1 EntgTranspG wiederum fallen Arbeitnehmerinnen und Arbeitnehmer unter diesen Beschäftigtenbegriff. Das BAG hat nun entschieden, dass zum einen das EntgTranspG eine („unbewußte") Umsetzung der Gleichbehandlungs-RL 2006/54/EG[45] ist, und dass deshalb und zum anderen unionsrechtliche Maßstäbe anzuwenden sind. Deshalb hat das BAG hier im Ergebnis auch eine nach deutschen Maßstäben Arbeitnehmerähnliche als Beschäftigte im Sinne des § 5 Abs. 1 Nr. 1 EntgTranspG betrachtet. Diese Einordnung hat nicht zuletzt wegen der entgeltsystematisch nicht vergleichbaren Lage von Arbeitnehmer und Selbständigen (und damit auch Arbeitnehmerähnlichen) beachtliche Kritik erfahren.[46] Ob hier unter dem Ein-

---

41 Vgl.: BAG vom 21.01.2019 – 9 AZB 23/18, AP ArbGG 1979 § 5 Nr. 75 = NZA 2019, 490; BAG vom 26.05.1999 – 5 AZR 664/98, AP GmbHG § 35 Nr. 10 = NZA 1999, 987.

42 Vgl.: EuGH vom 09.07.2015 – C-229/14, AP Richtlinie 98/59/EG Nr. 6 = NZA 2015, 861.

43 BAG vom 25.06.2020 – 8 AZR 145/19, AP EntgTranspG § 10 Nr. 1 = NZA 2020, 1613.

44 Gesetz zur Förderung der Entgelttransparenz zwischen Frauen und Männern (Entgelttransparenzgesetz – EntgTranspG), vom 30.06.2017, BGBl 2017 I, 2152.

45 Richtlinie 2006/54/EG des Europäischen Parlaments und des Rates vom 5. Juli 2006 zur Verwirklichung des Grundsatzes der Chancengleichheit und Gleichbehandlung von Männern und Frauen in Arbeits- und Beschäftigungsfragen, Amtsblatt der Europäischen Union Nr. L 204 vom 26.07.2006, S. 23.

46 Prominent: *Wank*, Anmerkung zu BAG vom 25.06.2020 – 8 AZR 145/19, AP EntgTranspG § 10 Nr. 1.

fluss des Unionsrechts noch weitere, bislang unbekannte Ausweitungen des Arbeitnehmerbegriffs zu erwarten sind, bleibt abzuwarten.

2. *Betriebsübergang: Bliebt alles Ungewiss?*

Die Frage, wann ein Betriebsübergang nach § 613a Abs. 1 S. 1 BGB vorliegt, ist rechtlich hochkomplex und nicht zuletzt deshalb in der Praxis schwer händelbar. Dabei wäre Rechtssicherheit hier wünschenswert, weil von dieser Frage die bekannten und rechtlich ganz erheblichen Rechtsfolgen des § 613a BGB abhängen.

Eine Entscheidung des EuGH vom 26.03.2020,[47] die die Praxis vor einige Schwierigkeiten stellen könnte, betraf die Frage nach den Rechtsfolgen des Betriebsübergangs, wenn mehrere Teilbetriebe an verschiedene Erwerber übergehen, ein Arbeitnehmer bis zum Betriebsübergang mehreren dieser Teilbetriebe jeweils in Teilzeit zugeordnet war. In der Tat stellt sich in diesen Fällen die Frage, auf wen das bisherige „aufgeteilte" Arbeitsverhältnis übergeht: Auf beide Erwerber der jeweiligen Teilbetriebe, auf nur einen oder auf gar keinen. Die letzte Variante verwarf der EuGH richtig aus Schutzgründen, denn sie führte regelmäßig zur betriebsbedingten Kündigung beim Veräußerer, der nun ja keinen Arbeitsplatz mehr hat – das ist mit der grundlegenden Schutzintention der Betriebsübergangs-RL nicht in Einklang zu bringen.[48] Aber auch die ausschließliche Entscheidung für einen Erwerber traf der EuGH nicht, sondern sah die Möglichkeit, dass das bis dahin eine Arbeitsverhältnis in zwei Arbeitsverhältnisse aufgeteilt wird. Das bedeutete im Ergebnis also die Aufspaltung des bisherigen einheitlichen Arbeitsverhältnisses auf mehrere neue Arbeitgeber.[49] Allerdings sah das Gericht selbst durchaus die praktischen Schwierigkeiten, die sich aus so einer Lösung der Aufspaltung ergeben und schränkte sogleich ein, dass diese nur dann möglich wäre, wenn dies nicht aus praktischen Gründen undurchführbar sei.[50] Wie diese Entscheidung, die einen

---

47 EuGH vom 26.03.2020 – C-344/18, AP Richtlinie 2001/23/EG, Nr. 25 = NZA 2020, 503.

48 Vgl. etwas unklar bzgl. der Vorlagefrage: EuGH vom 26.03.2020 – C-344/18, Rn. 25, AP Richtlinie 2001/23/EG, Nr. 25 = NZA 2020, 503; Klarer und verständlicher dazu: *Joussen*, ZESAR 2020, 394 (398).

49 Vgl.: EuGH vom 26.03.2020 – C-344/18, Rn. 38, AP Richtlinie 2001/23/EG, Nr. 25 = NZA 2020, 503.

50 Vgl.: EuGH vom 26.03.2020 – C-344/18, Rn. 38, AP Richtlinie 2001/23/EG, Nr. 25 = NZA 2020, 503.

Fall aus Belgien betraf, in Deutschland aufgenommen werden wird, bleibt abzuwarten. Sie trifft jedenfalls auf eine nationale Diskussion, die eine Aufteilung des Arbeitsverhältnisses bislang nicht als belastbare Option auffasste. Vielmehr war es eine Frage der Zuordnung über insbesondere die Arbeitgeberweisung oder die Möglichkeit eines Wahlrechts für den Arbeitnehmer § 613a Abs. 6 BGB analog, die diskutiert wurde.[51]

Der EuGH hat sich auch zur Frage geäußert, wann der Tatbestand eines Betriebsübergangs überhaupt vorliegt. Dabei muss sich das Gericht (wieder einmal) vorwerfen lassen, dass mit der Entscheidung vom 27.02.2020[52] nicht unbedingt die gewünschte Rechtssicherheit für die Praxis erreicht ist. Es ging bei dem Fall um ein Busunternehmen, bei dem der Erwerber zwar nicht die Busse übernommen hatte, was wegen deren fehlender Umweltnormen sinnlos gewesen wäre, sondern lediglich die Fahrinnen und Fahrer übernahm und auch die bisherigen Buslinien weiter bediente. Nach der bisherigen Rechtsprechung konnte man davon ausgehen, dass dann, wenn es sich um einen betriebsmittelbezogenen Betrieb handelte, es für den Betriebsübergang auf die Übertragung gerade dieser Betriebsmittel ankam – jedenfalls auf deren wesentlicher Teil.[53] Das lag aber im entschiedenen Fall ersichtlich nicht vor – denn die Busse bleiben im Depot. Dennoch kam der EuGH zum Betriebsübergang: Maßgeblich dafür sei, dass die Übernahme der Betriebsmittel wegen der fehlenden Erfüllung der Umweltschutzvorgaben sinnlos gewesen wäre und diese deshalb im Grunde nicht übernommen werden *konnten.* Damit stellte der EuGH also auf die Motivation ab, aufgrund derer es nicht zum Übergang der betrieblichen „Hardware" kam. Ist also die Übernahme der Betriebsmittel außen vorgelassen, kam es (nur noch) darauf an, ob ein wesentlicher Teil der Belegschaft und sonstige immaterielle Betriebswerte übergegangen waren.[54] Das bejahte das Gericht und kam so zum Betriebsübergang. Die Anwendung des § 613a Abs. 1 BGB macht dies nicht leichter. Bislang war das BAG in entsprechenden Fällen davon ausgegangen, dass Fuhrunternehmen betriebsmittelbezogene Betriebe sind und deshalb auch die Fahrzeuge übertragen werden müssen, um von einem Betriebsübergang sprechen zu können. Das BAG hatte vor nicht allzu langer Zeit im Falle eines Rettungs-

---

51 Vgl.: *Joussen*, ZESAR 2020, 394 (399).

52 EuGH vom 27.02.2020 – C-298/18, AP Richtlinie 2001/23/EG Nr. 24 = NZA 2020, 443.

53 EuGH vom 25.01.2001 – C-172/99, AP EWG-Richtlinie Nr. 77/187 Nr. 31 = NZA 2001, 249.

54 EuGH vom 27.02.2020 – C 298/18, AP Richtlinie 2001/23/EG Nr. 24 = NZA 2020, 443.

transportbetriebs entsprechend entschieden.[55] Nunmehr kann man bei der bloßen Unterscheidung in betriebsmittelreich und betriebsmittelarm nicht stehen bleiben, vielmehr wird man nachfragen müssen, warum die Betriebsmittel nicht übergegangen sind. Die Antwort auf diese Frage muss dann in die vorzunehmende Gesamtabwägung eingestellt werden.

3. *Massenentlassung: Damoklesschwert Nichtigkeit*

Auch das Recht der Massenentlassung ist nach wie vor ein für Praktiker schwieriges Terrain. Das liegt nicht zuletzt daran, dass Fehler im Anzeige- und Konsultationsverfahren nach §§ 17 Abs. 1, Abs. 2 KSchG grundsätzlich mit der Nichtigkeit der ausgesprochenen Kündigung nach § 17 KSchG i.V.m. § 134 BGB sanktioniert werden.[56] Das ist dem Zweck des Arbeitnehmerschutzes geschuldet, der der Massenentlassungs-RL zugrunde liegt.[57] Ein weiteres Judikat wird nun diejenigen bestätigen, die mehr Rechtssicherheit anmahnen. In der Entscheidung des BAG vom 14.05.2020[58] ging es um die Frage, welcher Betriebsbegriff den §§ 17 ff. KSchG zugrunde liegt. Das ist deshalb wichtig, weil zum einen die Schwellenwerte, zum anderen die Anzeige- und Konsultationspflicht selbst davon abhängen, welche Einheit beim Arbeitgeber der richtige Betrieb im konkreten Fall ist.[59] Die Bestimmung des richtigen Betriebes ist dabei nicht immer einfach, insbesondere, wenn durch unternehmerische Entscheidungen, Verflechtungen und auch kollektivrechtliche Vorgaben bisweilen eine Recht komplexe Unternehmens- und Betriebsstruktur besteht.

Für die §§ 17 ff. KSchG hat die Rechtsprechung nun einen massenentlassungsrechtlichen Betriebsbegriff entwickelt – zwangsläufig auf unionsrechtlicher Grundlage. Danach können weder der allgemeine betriebsverfassungsrechtliche Betriebsbegriff als solcher maßgeblich sein – weil hier zu sehr auf die Ausübung von Leistungsmacht abgestellt wird, aber auch der betriebsübergangsrechtliche Betriebsbegriff des § 613a BGB und damit der Betriebsübergang-RL ist nicht einschlägig, weil dieser zu sehr auf die Durchführung eines eigenen (Teil-)Betriebszwecks abstellt. Beide Voraus-

55 BAG vom 10.05.2012 – 8 AZR 434/11, AP BGB § 613a Nr. 426 = NZA 2012, 1161.
56 ErfK/*Kiel*, 22. Auflage 2022, KSchG § 17 Rn. 35a.
57 Grundlegend: BAG vom 22. 11. 2012 – 2 AZR 371/11, Rn. 31 ff., AP KSchG 1969 § 17 Nr. 42 = NZA 2013, 845.
58 BAG vom 14.05.2020 – 6 AZR 235/19, AP KSchG 1969 § 17 Nr. 57 = NZA 2020, 1091.
59 ErfK/*Kiel*, 22. Auflage 2022, KSchG § 17 Rn. 5.

setzungen verwirft das BAG als konstitutive Elemente des Betriebsbegriffs im Sinne des § 17 KSchG. Vielmehr definiert es den Betrieb als eine unterscheidbare Einheit von gewisser Dauerhaftigkeit und Stabilität, die zur Erledigung einer oder mehrerer konkreter Aufgaben bestimmt ist, über eine Gesamtheit von Arbeitnehmern sowie über technische Mittel und eine organisatorische Struktur zur Erfüllung dieser Aufgaben verfügt.[60] Dabei ist interessant, dass die Rechtsprechung nicht voraussetzt, dass im Betrieb des § 17 Abs. 1 KSchG selbst die Entscheidung über die Massenentlassung getroffen werden kann. Das ist nicht nötig, es reicht danach eine Leitung, die die ordnungsgemäße Durchführung der Arbeit und die Kontrolle des Gesamtbetriebs der Einrichtungen der Einheit sowie die Lösung technischer Probleme im Sinne einer Aufgabenkoordinierung sicherstellte. Das hat nun in der Tat mit der Ausübung betriebsverfassungsrechtlich-klassischer Leitungsmacht wenig gemein und führt deshalb zu einem eigenen, massenentlassungsrechtlichen Betriebsbegriff.

Wichtig ist die Risikoverteilung, die aus der Verkennung des Betriebsbegriffs folgt: Es liegt beim Arbeitgeber. Im genannten Fall hatte der Arbeitgeber fälschlich in Berlin bei der dortigen Agentur für Arbeit die Massenentlassungsanzeige durchgeführt, nicht aber in Düsseldorf, wo tatsächlich der Betrieb im Sinne des § 17 Abs. 1 KSchG lag. Auch wenn nun die Agentur für Arbeit in Berlin die Anzeige nicht beanstandete und den Arbeitgeber nicht auf die eigene Unzuständigkeit hinwies, und so der Arbeitgeber im Glauben war, die zuständige Agentur angerufen zu haben, verbleibt es nach der Rechtsprechung bei einem Verfahrensfehler, der zu Lasten des Arbeitgebers geht. Begründet wird dies mit dem Zweck der Anzeige. Es gehe eben um die sozioökonomischen Auswirkungen, die Massenentlassungen in einem bestimmten örtlichen Kontext und einer bestimmten sozialen Umgebung hervorrufen können. Die Kündigungen waren nach § 17 Abs. 1 KSchG i.V.m. § 134 BGB nichtig.[61]

Ein wenig Entlastung bringt aber – das sei angemerkt – die Entscheidung des LAG Niedersachsen vom 24.02.2021,[62] wonach die Verletzung der Zuleitungspflicht, der Agentur die Stellungnahme des BR zuzuleiten, keine Nichtigkeit der Kündigungen nach sich zieht. Insofern ist festzustellen, dass die beiden Verfahren, das Anzeige- und Konsultationsverfahren

---

60 BAG vom 14.05.2020 – 6 AZR 235/19, Rn. 59 ff., AP KSchG 1969 § 17 Nr. 57 = NZA 2020, 1091.

61 BAG vom 14.05.2020 – 6 AZR 235/19, Rn. 124 ff., AP KSchG 1969 § 17 Nr. 57 = NZA 2020, 1091.

62 LAG Niedersachsen vom 24.02.2021 – 17 Sa 890/20, ZIP 2021, 592, aber: Noch nicht rechtskräftig, Revision anhängig unter BAG 6 AZR 155/21.

doch getrennt werden können und müssen und dass es offenbar bei den, den Arbeitgeber treffenden Pflichten aus den §§ 17 ff. KSchG eine Relevanzschwelle gibt, aus deren Unterschreiten eben keine Nichtigkeit der Kündigung resultiert.

Auch der EuGH hat die Massenentlassungs-RL in zwei Punkten konkretisiert: Zum einen hat er für die Frage nach der zeitlichen Vorgabe des Entlassungszeitraums in Bezug auf die konkret in Frage stehende Kündigung die maximal mögliche Reichweite angenommen: Deshalb kann der Bezugszeitraum sowohl vor als auch nach dieser Kündigung liegen – alle Entlassungen in diesen Zeiträumen sind also zu beachten.[63] Das bestätigt die bisherige deutsche Praxis.[64] Auf der der anderen Seite hat der EuGH aber auch ein kleines Flexibilitätsmoment gesehen, weil nationale Regelungen, die einen in den Rechtsfolgen unterschiedlichen Massenentlassungsschutz für bestimmte Arbeitnehmergruppen aus sachlichen Gründen vorsehen, als möglich angesehen werden.[65]

4. *Befristungsrecht: Was heißt „zuvor"?*

Zwar gibt es bislang wie beschrieben (noch) keine Reform, des Befristungsrechts, allerdings hat sich die Rechtsprechung daran gemacht, die grundlegende Entscheidung des BVerfG zur "Zuvor-Beschäftigung"[66] durch weitere Revisionsentscheidungen umzusetzen. Nach § 14 Abs. 2 S. 2 TzBfG ist bekanntlich eine Zeitbefristung nicht möglich, wenn mit demselben Arbeitgeber bereits zuvor ein befristetes oder unbefristetes Arbeitsverhältnis bestanden hat. Hier war umstritten, ob man diese Vorgabe des Gesetzes ridige wörtlich zu nehmen habe – und so grundsätzlich jede vorherige Beschäftigung das Verbot der Zeitbefristung auszulösen im Stande war[67] – oder aber, ob man nicht eine zeitliche Grenze einzuziehen habe, die dem Telos der Regelung, nämlich der Vermeidung von Kettenbefris-

---

63 EuGH vom 11.11.2020 – C-300/19, AP Richtlinie 98/59/EG Nr. 12 = NZA 2020, 1611; Zusammenfassend hierzu: *Franzen*, EuZA 2021, 143 (162); *Hlava/Höller/Klengel*, NZA 2021, 767 (774).

64 ErfK/Kiel, 22. Auflage 2022, KSchG § 17 Rn. 17.

65 EuGH vom 17.03.2021 – C-652/19, BeckRS 2021, 4436; dazu: *Benkert*, NJW-Spezial 2021, 307; *Hlava/Höller/Klengel*, NZA 2021, 1385 (1391).

66 BVerfG vom 06.06.2018 – 1 BvL 7/14, 1 BvR 1375/14, BVerfGE 149, 126 (139) = NZA 2018, 774.

67 So zunächst BAG vom 06.11.2003 – 2 AZR 690/02, AP TzBfG § 14 Nr. 7 = NZA 2005, 218; best. zuletzt BAG vom 29.07.2009 – 7 AZN 368/09, BeckRS 2011, 77126.

tungen, ausreichend Rechnung trägt.[68] Das BAG hatte als vorletzten Beitrag zu dieser Debatte zunächst einen Drei-Jahres-Zeitraum eingezogen,[69] das BVerfG hatte dies aber wieder verworfen, jedoch die grundrechtskonforme Auslegung angemahnt, wonach im Ergebnis eine vorherige Beschäftigung das Verbot nicht auslöst, wenn diese "sehr lange zurückliegt", "von kurzer Dauer war" oder "eine ganz anders geartete Tätigkeit" betraf.[70]

Diese Vorgabe hinterlässt Interpretationsspielräume, die das BAG in einer Entscheidung vom 16.09.2020[71] versucht hat, jedenfalls teilweise zu schließen. Es geht um die Frage, wann das Vorbeschäftigungsverbot unzumutbar ist. Das BAG nimmt sich der Fallgruppe der "ganz anders gearteten" Beschäftigung an. Das wurde dann bejaht, wenn eine zwischenzeitliche berufliche Neuorientierung oder eine Aus- und Weiterbildung vorliegt, die zu einer anderen Tätigkeit befähigt und zu einer zeitlichen Unterbrechung hinzukommt. Das BAG fordert hier einen Bruch in der Erwerbsbiographie. Maßgeblich ist, ob eine Einstellung bei der Zweitbefristung auch ohne die Aus- und Weiterbildung hätte erfolgen können.

IV. Fazit

Das Fazit dieses "Up-dates"-Arbeitsrechts ist voraussehbar: Die gesetzgeberische Aktivität im Arbeitsrecht ist weiterhin hoch, die der Rechtsprechung sowieso. Dabei ergeben sich aus jeder Entscheidung, jedem Fortschritt auch weiter Folgefragen, über die in einem der nächsten "Up-dates" zu berichten sein wird.

---

68 Dafür grundlegend: *Löwisch*, BB 2001, 254.

69 BAG vom 06.04.2011 – 7 AZR 716/09, Rn. 39, AP TzBfG § 14 Nr. 82 = NZA 2011, 905.

70 BVerfG vom 06.06.2018 – 1 BvL 7/14, 1 BvR 1375/14, BVerfGE 149, 126 (139) = NZA 2018, 774.

71 BAG vom 16.09.2020 – 7 AZR 552/19, Rn. 28, AP TzBfG § 14 Nr. 186 = NZA 2021, 338.

Automobilindustrie im Wandel: Wege aus der Krise

Rechtsanwalt Professor Dr. Georg Streit, Heuking Kühn Lüer Wojtek, München

I. *Aktuelle Situation der deutschen Automobilindustrie*

1. *Automobilindustrie im Umbruch*

Die Thematik der „Automobilindustrie im Wandel" ist im Jahre 2021 aktueller denn je. Das Jahr 2020 war für die Automobilhersteller mit einem Absatz von 2,6 Mio. Neufahrzeugen in Deutschland das schwächste seit 30 Jahren. Nur in den Jahren 2009 und 2013 wurden ebenfalls weniger als 3 Mio. Fahrzeuge verkauft. Zugleich haben elektrische Fahrzeuge den Durchbruch geschafft, nicht zuletzt mithilfe von staatlichen Unterstützungsmaßnahmen.[1]

Neue Technologien erobern den Markt. Der Marktanteil der Elektro- und Hybridfahrzeuge an allen zugelassenen Fahrzeugen lag im Jahre 2020 schon bei über 13%.[2] Aktuelle Megatrends sind die Entwicklung der Elektromobilität, Carsharing, Autonomes Fahren und Car Connectivity. Die Autoindustrie befindet sich im Umbruch: Sie steht einerseits vor einem „dramatischen Wandel" hinsichtlich alternativer Antriebstechnologien[3] sowie andererseits stehen die Hersteller und Produzenten vor einer Schwerpunktverlagerung der Kompetenzen und der Produktion, vereinfacht gesagt, von Karosserie auf Software. Automobilhersteller und -zulieferer müssen folglich nicht mehr nur mit ihren gewohnten Wettbewerbern, sondern

---

1 *Rasch*, 2020 wird in Deutschland das schlechteste Autojahr seit 30 Jahren – und zugleich das Jahr des Durchbruchs für das Elektroauto (Stand: 22.12.2020), abrufbar unter https://www.nzz.ch/wirtschaft/2020-wird-in-deutschland-das-schlechteste-autojahr-seit-30-jahren-und-zugleich-das-jahr-des-durchbruchs-fuer-das-elektroauto-ld.1592785 (zuletzt aufgerufen am 09.09.2021).

2 *Leichsenring*, Elektroautos und Plug-in-Hybride: Marktanteil erreicht 13,5 Prozent (Stand: 08.01.2021), abrufbar unter https://de.motor1.com/news/464984/elektroautos-pluginhybride-2020-marktanteil-deutschland/ (zuletzt aufgerufen am 09.09.2021).

3 *BLZ/dpa*, Auto-Branche steht vor einem dramatischen Wandel (Stand: 08.09.2020), abrufbar unter https://www.berliner-zeitung.de/wirtschaft-verantwortung/auto-branche-steht-vor-einem-dramatischen-wandel-li.103770 (zuletzt aufgerufen am 09.09.2021).

nun auch mit Global Playern aus dem Bereich der Softwareentwicklung konkurrieren.[4] Die zusätzlichen Belastungen durch die COVID-19-Pandemie bringen u.a. das Erfordernis, die Umsatzeinbußen des vergangenen Jahres möglichst umgehend zu kompensieren.[5]

2. *Derzeitige Herausforderungen*

Aktuell zu bewältigende Herausforderungen der deutschen Automobilindustrie sind insbesondere die Nachwirkungen des Dieselskandals, der technische Veränderungsdruck bei den OEMs (Original Equipment Manufacturer) und Zulieferern, die Entwicklung alternativer Konzepte (Car Sharing und Abonnements statt des klassischen Leasings), der Ausbau der Elektromobilität, die CO_2-Bepreisung für verminderte Emissions-Verursachung, etwaige Handelsbeschränkungen aufgrund des Brexit und nicht zuletzt sowie besonders einschneidend und bedrohlich die Lieferengpässe bei Halbleitern.

3. *Aktuelle Studien zur Automobilindustrie*

Nach einer aktuellen Studie von *Deloitte*[6] ist die Zahl der Unternehmensinsolvenzen im Automobilsektor im Jahr 2020 im Vergleich zum Jahr 2019 trotz der teilweisen Aussetzung der Insolvenzantragspflicht um 33% angestiegen (von 48 auf 64 Insolvenzen). Im Vergleich zur Finanzkrise im Jahr 2009 waren es allerdings signifikant weniger (damals 165 Insolvenzen) insolvente Unternehmen. Zugleich sind die Forderungshöhen im Rahmen von Insolvenzverfahren in der Branche im Jahr 2020 gegenüber dem Vergleichsjahr 2019 um 40% sowie die Anzahl der betroffenen Arbeit-

---

4 *Wahl*, Die Konkurrenz heißt Apple & Microsoft – Zukunft der Autoindustrie (Stand: 26.01.2021), abrufbar unter https://www.tagesschau.de/wirtschaft/technologie/automobilindustrie-zukunft-interview-hajo-weber-101.html (zuletzt aufgerufen am 09.09.2021).

5 *RND/dpa*, Pandemie-Folgen und Technologie-Umbruch: Der Druck auf die Autoindustrie hält auch 2021 an (Stand: 29.12.2020), abrufbar unter https://www.rnd.de/wirtschaft/pandemie-folgen-und-technologie-umbruch-der-druck-auf-die-autoindustrie-halt-auch-2021-an-FNMGVJO3XFHC5VVXT7LQAMKY34.html (zuletzt aufgerufen am 09.09.2021).

6 *Deloitte*, Webcastreihe April 2021, Schöne Neue Distressed Welt? – Fokus Automotive, abrufbar unter https://www2.deloitte.com/de/de/events/all/2021/distressed-welt-webcast-202104-05.html (zuletzt aufgerufen am 09.09.2021).

nehmer um 26% angestiegen. Zuletzt haben auch die Insolvenzen bei größeren Zulieferunternehmen zugenommen, genannt seien dabei insbesondere *Finoba automotive*[7], *Gehring*[8], *Veritas*[9] und *WAFA Germany*[10].

Eine Studie des ifo-Instituts[11] beschäftigte sich mit den Auswirkungen der vermehrten Produktion elektrisch betriebener PKW auf die Beschäftigungsverhältnisse in Deutschland. Demnach sollen bis zum Jahr 2025 mindestens 178.000 Arbeitsplätze vom Strukturwandel betroffen sein, davon sind 137.000 Stellen solche der Automobilindustrie; ca. 75.000 Beschäftigte sollen bis dahin in den Ruhestand gehen, womit im Saldo ein erheblicher Verlust an Arbeitsplätzen zu Buche schlägt. Im Szenario bis zum Jahr 2030 sind sogar mindestens 215.000 Arbeitsplätze betroffen, davon 165.000 in der Automobilindustrie; ca. 147.000 Beschäftigte gehen bis dahin in den Ruhestand. Maßnahmen zum Stellenabbau in erheblichem Umfang bereits angekündigt haben u.a. schon *Bosch*, *Continental*, *Schaeffler* und *Mahle*.[12]

Nach einer Darstellung der *Patrimonium Asset Management AG*[13] (Private Debt-Anbieter) betrug die EBITDA-Entwicklung in der Automobilzulieferbranche im Jahr 2020 zum Vergleichsjahr 2019 ca. minus 55%. Für Distressed-Transaktionen werden folgerichtig überwiegend sinkende Preise erwartet.

---

7 *Schippers*, Wegen Corona in die Insolvenz: Automobilzulieferer aus Kassel ist pleite – „Es fehlen Millionen“ (Stand: 18.05.2020), abrufbar unter https://www.hna.de/thema/corona-virus-sti1424368/corona-auto-kassel-insolvenz-zulieferer-finoba-pleite-zr-13766060.html (zuletzt aufgerufen am 09.09.2021).

8 *Krauß*, Gehring-Gruppe meldet Insolvenz an (Stand: 06.08.2020), abrufbar unter https://www.maschinenmarkt.vogel.de/gehring-gruppe-meldet-insolvenz-an-a-954445/ (zuletzt aufgerufen am 09.09.2021).

9 *dpa*, Zulieferer Veritas meldet Insolvenz an – 2200 Mitarbeiter betroffen (Stand: 30.04.2020), abrufbar unter https://www.handelsblatt.com/unternehmen/industrie/autoindustrie-zulieferer-veritas-meldet-insolvenz-an-2200-mitarbeiter-betroffen/25793114.html?ticket=ST-2919894-Kw6OHoOvMMTOw9zCWaX9-ap6 (zuletzt aufgerufen am 09.09.2021).

10 *Scheiner*, Corona-Pandemie führt bei Wafa Germany zu Werksschließung (Stand: 21.08.2020), abrufbar unter https://www.automobil-industrie.vogel.de/corona-pandemie-fuehrt-bei-wafa-germany-zu-werksschliessung-a-957646/ (zuletzt aufgerufen am 09.09.2021).

11 *Falck/Czernich/Koenen*, ifo Studie – Auswirkungen der vermehrten Produktion elektrisch betriebener Pkw auf die Beschäftigung in Deutschland.

12 *Gomoll*, Automobilzulieferer stehen vor dem Aus – Folgen der Coronakrise (Stand: 23.09.2020), abrufbar unter https://www.automotiveit.eu/strategy/automobilzulieferer-stehen-vor-dem-aus-311.html (zuletzt aufgerufen am 09.09.2021).

13 *Patrimonium Asset Management AG*, Nicht nur Direct Lending, auch Special Situations: Patrimonium Private Debt, 19.05.2021.

II. Aktuelle rechtliche Lage

1. COVInsAG und Übergangsrecht mit Blick auf das SanInsFoG

Durch die Regelungen des COVInsAG stellt sich die rechtliche Lage auch aktuell noch kompliziert dar. Die Insolvenzantragspflicht war zwar nur, vorbehaltlich diverser Voraussetzungen, vom 01.03.2020 bis zum 30.04.2021 teilweise ausgesetzt. Seit dem 01.05.2021 gilt wieder uneingeschränkt die strikte Pflicht zur Insolvenzantragsstellung gemäß § 15a Abs. 1 InsO. Infolgedessen steht die Frage im Raum, ob eine Insolvenzwelle in der Automobilbranche droht – insbesondere bei den Zulieferern. Eine gesetzliche Erleichterung besteht allerdings weiterhin – wiederum aber nur unter Erfüllung bestimmter Voraussetzungen – für den Insolvenzgrund der Überschuldung gemäß § 19 InsO bis zum 31.12.2021. Gemäß § 4 COVInsAG ist in „COVID-19-Fällen“ anstelle des Zeitraums von zwölf Monaten ein Zeitraum von nur vier Monaten für die Fortführungsprognose zugrunde zu legen. Dies ermöglicht gleichsam ein „Fahren auf Sicht“.

Außerdem wirken Regelungen des COVInsAG bezüglich der im Zeitraum der Aussetzung der Insolvenzantragspflicht vorgenommenen Rechtshandlungen fort. Beispielsweise gelten Zahlungen, die im Zeitraum der Aussetzung der Insolvenzantragspflicht vorgenommen wurden, gemäß § 2 Abs. 1 Nr. 1 COVInsAG als im ordnungsgemäßen Geschäftsgang erfolgt. Eine Haftung nach § 64 GmbHG a.F. bzw. § 15b InsO war demzufolge in diesen Fällen bei Erfüllung der entsprechenden Voraussetzungen nicht zu befürchten. Zudem gilt anfechtungsrechtlich bis zum 30.09.2023 die Rückgewähr eines im Aussetzungszeitraum gewährten neuen Kredits gemäß § 2 Abs. 1 Nr. 2 COVInsAG als nicht gläubigerbenachteiligend. Ebenso sind bis zum 31.03.2022 Zahlungen auf Forderungen bei bis zum 28.02.2021 gewährten Stundungen gemäß § 2 Abs. 1 Nr. 5 COVInsAG als nicht gläubigerbenachteiligend anzusehen.

Ferner ergeben sich aus § 5 COVInsAG Besonderheiten für Insolvenzverfahren in Eigenverwaltung. Für die im Jahr 2021 beantragten Eigeninsolvenzverfahren gelten die §§ 270-285 InsO a.F., wenn der Insolvenzgrund auf die COVID-19-Pandemie zurückzuführen ist. Nach den Voraussetzungen des § 5 Abs. 2 COVInsAG darf der Schuldner am 31.12.2019 weder zahlungsunfähig noch überschuldet gewesen sein, er muss im letzten vor dem 01.01.2020 abgeschlossenen Geschäftsjahr ein positives Ergebnis aus der gewöhnlichen Geschäftstätigkeit erwirtschaftet haben und sein Umsatz muss im Kalenderjahr 2020 im Vergleich zum Vorjahr um 30% eingebrochen sein. Alternativ zu den Voraussetzungen des Abs. 2 kann der Schuldner auch die des Abs. 3 erfüllen. Danach dürfen keine Verbindlichkeiten bestehen, die bereits am 31.12.2019 fällig (und unstrittig) waren. Erfüllt der Schuldner die Voraussetzungen des § 5 Abs. 2 bzw. 3 COVInsAG, gelten die strengeren, durch das SanInsFoG eingeführten, Hürden für das Eigenverwaltungsverfahren für ihn noch nicht.

§ 6 COVInsAG bietet zudem einen erleichterten Zugang zum Schutzschirmverfahren. Danach steht die Zahlungsunfähigkeit des Schuldners der Anwendung des § 270b InsO a.F. bei einem im Jahr 2021 gestellten Insolvenzantrag nicht entgegen, wenn in der Bescheinigung gemäß § 270b Abs. 1 S. 3 InsO bestätigt wird, dass der Schuldner am 31.12.2019 nicht zahlungsunfähig war, im letzten vor dem 01.01.2020 abgeschlossenen Geschäftsjahr ein positives Ergebnis aus der gewöhnlichen Geschäftstätigkeit erwirtschaftet wurde und der Umsatz im Kalenderjahr 2020 im Vergleich zum Vorjahr um 30% eingebrochen ist.

Neben den Regelungen des COVInsAG ist für das Jahr 2021 das Übergangsrecht im Rahmen des SanInsFoG (Gesetz zur Fortentwicklung des Sanierungs- und Insolvenzrechts, BGBl. 2020 I 3256) zu beachten. Das SanInsFoG ist mit Ausnahme weniger Regelungen am 01.01.2021 in Kraft getreten. Mit § 270a InsO n.F. wurden die Zugangshürden für Insolvenzverfahren in Eigenverwaltung erhöht.[14] Voraussetzung ist nun ein Antrag des Schuldners mit vollständiger und schlüssiger Eigenverwaltungsplanung. Diese umfasst eine Finanzplanung für sechs Monate, die Darstellung des Stands der Verhandlungen mit den Gläubigern, den Vergleich der Kosten der Eigenverwaltung mit den Kosten eines Regelverfahrens sowie ein Restrukturierungskonzept. Die Regelungen zum Schutzschirmverfahren wurden weitestgehend unverändert in § 270d InsO verlagert. Zu beachten ist, dass das Schutzschirmverfahren weiterhin nur bei drohender Zahlungsunfähigkeit gemäß § 18 InsO oder Überschuldung gemäß § 19 InsO möglich ist, vorbehaltlich des oben dargestellten § 6 COVInsAG jedoch nicht bei bereits eingetretener Zahlungsunfähigkeit.

Das derzeitige Übergangs- und COVInsAG-Recht bietet dem Schuldner als Sonderregelung erhebliche Vorteile gegenüber dem grundsätzlich geltenden, „allgemeinen“ Recht. Die Regelungen bedeuten zwar eine temporäre Konservierung des alten Rechts für das Jahr 2021, primär stellen sie aber als temporärer Aufschub der Erschwerungen für „COVID-19-Fälle“ eine echte Erleichterung für Unternehmen in der Krise dar. Bei Überlegungen, im Falle einer COVID-19-bedingten Unternehmenskrise ein Insol-

14 Zu den Neuregelungen und den Anforderungen an die „neue“ Eigenverwaltung nach dem SanInsFoG siehe *Frind*, ZIP 2021, 171.

venzplanverfahren zu durchlaufen, ist es daher erwägenswert, dieses noch im Jahr 2021 durchzuführen. Die höheren Hürden für ein Insolvenzverfahren in Eigenverwaltung nach dem neuen Recht bringen mehr Aufwand bei der Aufstellung der Planungsunterlagen und folglich auch höhere Kosten mit sich.[15]

2. *Schutzschirm für Warenkreditversicherer*

Während der Hochphase der COVID-19-Pandemie vereinbarte die Bundesregierung gemeinsam mit den Warenkreditversicherern einen Schutzschirm, um Lieferketten zu stabilisieren. Ziel war der Schutz der Lieferanten vor Zahlungsausfällen ihrer Abnehmer. Der Bund übernahm letztlich bis zum 30.06.2021 die Risiken für 90% der Schäden im Rahmen der WKV bis zu einer Höhe von EUR 30,0 Mrd. Eine Verlängerung des WKV-Schutzschirms über den 30.06.2021 hinaus erfolgte nicht. Letztlich bestand seitens der Warenkreditversicherer kein Interesse an einer Verlängerung, denn diese mussten im Gegenzug für die Garantie des Bundes 65% (im Jahr 2021 effektiv 58,5%[16]) ihrer Prämien an den Bund abführen. Der Bund und die Warenkreditversicherer vereinbarten aber einen kommunikativen Austausch, um im Fall des Falles bei drastischen gesamtwirtschaftlichen Veränderungen schnell handlungsfähig zu sein.

Potentielle bzw. bereits angekündigte Folgen des Auslaufens des WKV-Schutzschirms bei Warenkreditversicherern sind u.a. eine Anpassung der Limite durch die Kreditversicherer (dies kündigte der Marktführer *Euler Hermes* bereits im August 2020 an[17]), eine Erhöhung des im Schadensfall zu tragenden Selbstbehalts der Versicherungsnehmer sowie das Verlangen nach kürzeren Zahlungszielen oder sogar Vorkasse durch Lieferanten. Mögliche Auswirkungen auf Lieferanten in der Automobilbranche sind insbesondere die Reduzierung des für Factoring in Betracht kommenden Forderungsvolumens, da Factoring regelmäßig an eine bestehende Versicherung des Kunden geknüpft ist. Die Reduzierung der Lieferungen er-

---

15 *Ballmann/Illbruck*, DB 2021, 1450 (1456).

16 *Thaler*, Warenkreditversicherung: Schutzschirm hat sich für den Bund gelohnt (Stand: 04.08.2021), abrufbar unter https://www.procontra-online.de/artikel/date/2021/08/warenkreditversicherung-schutzschirm-hat-sich-fuer-den-bund-gelohnt/ (zuletzt aufgerufen am 30.09.2021).

17 *Buchholz/Dentz*, Euler Hermes kappt Versicherungsschutz (Stand: 28.08.2020), abrufbar unter https://www.dertreasurer.de/news/risiko-management/euler-hermes-kappt-versicherungsschutz-2014931/ (zuletzt aufgerufen am 09.09.2021).

folgt dann vielfach analog der Anpassungen der Limite. Ebenso spielt hier die Forderung nach Vorkasse eine Rolle. Für Käufer und Abnehmer könnte sich das Auslaufen des WKV-Schutzschirms auch durch Engpässe in Warenversorgung und Liquidität äußern.

III. Neue Sanierungsmöglichkeiten als Weg aus der Krise

1. StaRUG (Gesetz über den Stabilisierungs- und Restrukturierungsrahmen für Unternehmen)

Das StaRUG ist mit Ausnahme weniger Regelungen am 01.01.2021 in Kraft getreten. Es schließt die Lücke zwischen der freien, auf Konsens aller notwendigen Beteiligten angewiesenen Sanierung und der insolvenzverfahrensförmigen Sanierung. Es führt zudem zwei neue Sanierungsverfahren ein, namentlich das Restrukturierungsverfahren sowie die Sanierungsmoderation. Das praktische Bedürfnis für derartige Verfahren außerhalb der Insolvenz zeigte sich nicht zuletzt in Fällen des Forum Shoppings in Richtung des Vereinigten Königreichs zur Nutzung des dort für teilkonsensuale Finanzrestrukturierungen verfügbaren „Scheme of Arrangement“.[18]

a) Restrukturierungsverfahren (§§ 2-93 StaRUG)

Das Restrukturierungsverfahren ist eines der neu durch das StaRUG eingeführten Sanierungsverfahren. Im Gegensatz zum Insolvenzplanverfahren, das auch eine leistungswirtschaftliche (operative) Sanierung anstrebt, ist das Ziel des Restrukturierungsverfahrens die finanzwirtschaftliche Sanierung. Letztlich hat die Möglichkeit zur vorzeitigen Beendigung von Verträgen aufgrund großer Kritik aus der Fachwelt[19] keinen Eingang in die Regelungen des Restrukturierungsverfahrens gefunden. Im Referenten-[20] sowie im Regierungsentwurf[21] des Gesetzes war diese noch eingeplant. Praktisch relevant ist dies insbesondere außerhalb der Automotive-Branche

18 *Thole*, ZGR 2013, 109; *Westpfahl*, ZRI 2020, 157.

19 *Hofmann*, NZI 2020, 871; Stellungnahme SaninsFoG-RegE VID, Dr. Christoph Niering, 25.11.2020, S. 6 f.

20 SanInsFoG-RefE, 33 ff., 165 ff., §§ 49-52 StaRUG-RefE.

21 SanInsFoG-RegE, 32 ff., 176 ff., §§ 51-55 StaRUG-RegE.

bezüglich der vielfach für nötig erachteten Möglichkeit zur Beendigung von Mietverträgen in der Insolvenz von Filialisten, die nun nicht gegeben ist. Aus Sicht der Automotive-Industrie ist insbesondere wichtig, dass das StaRUG keinen Eingriff in Projektverträge mit OEMs oder Zulieferern ermöglicht.

Im Restrukturierungsplan gestaltbare Rechtsverhältnisse sind gemäß § 2 StaRUG die Restrukturierungsforderungen (Forderungen gegen die restrukturierungsfähige Person), Absonderungsrechte (nicht hingegen Aussonderungsrechte), das Verhältnis der Gläubiger untereinander, die Anteils- und Mitgliedschaftsrechte am Schuldner sowie gruppeninterne Drittsicherheiten bei Kompensation.

Mögliche Planinhalte im Rahmen des gestaltenden Teils des Restrukturierungsplans hinsichtlich der Restrukturierungsforderungen sind die Kürzung (bzw. der Teilerlass), Stundung oder (Änderung der) Besicherung dieser Forderungen. Auch die Änderung sachenrechtlicher Verhältnisse gemäß § 13 StaRUG oder die Regelung von Kapitalmaßnahmen, wie Kapitalherabsetzungen oder -erhöhungen, die Leistung von Sacheinlagen, der Ausschluss von Bezugsrechten oder die Zahlung von Abfindungen gemäß § 7 Abs. 4 StaRUG sind möglich. Zudem können neue Finanzierungen sowie deren Besicherung gemäß § 12 StaRUG vereinbart werden, die somit vor einer etwaigen Anfechtung geschützt sind. Zu beachten ist jedoch die beschränkte Reichweite des Anfechtungsschutzes.[22]

Von der Plangestaltung ausgenommene Rechtsverhältnisse sind gemäß § 4 StaRUG die Forderungen von Arbeitnehmern im Zusammenhang mit dem Arbeitsverhältnis (dabei insbesondere solche aus betrieblicher Altersversorgung), Forderungen aus vorsätzlich unerlaubter Handlung und Forderungen nach § 39 Abs. 1 Nr. 3 InsO (Geldstrafen/-bußen). Der Restrukturierungsplan ist folglich grundsätzlich ungeeignet für Automobilzulieferer mit dauerhaft übermäßigen Fixkosten im HR-Bereich. Die aktive Einbindung von Betriebsrat und Gewerkschaft für Sanierungsmaßnahmen im Personalbereich ist daher flankierend zu allen Maßnahmen gemäß StaRUG erforderlich.

---

22 Dazu SanInsFoG-RegE, 215 zu § 97 Abs. 1 StaRUG: „[...] Die Beteiligten sollen grundsätzlich von der Stabilität des Plans und der in seinem Vollzug vorgenommenen Handlungen ausgehen dürfen. Handlungen zum Vollzug des Plans sind solche, die die Umsetzung des Plans ermöglichen. In Bezug auf ein Darlehen ist die beispielsweise dessen Auszahlung, nicht jedoch dessen spätere Rückführung. [...]".

b) Sanierungsmoderation (§§ 94-100 StaRUG)

Die Sanierungsmoderation ist das zweite, neu durch das StaRUG eingeführte Sanierungsverfahren. Der Sanierungsmoderator tritt dabei als Vermittler zwischen dem Schuldner und den Gläubigern ohne Eingriffsmöglichkeit (§§ 94 ff. StaRUG) auf. Der Moderator wird vom Restrukturierungsgericht gemäß § 95 StaRUG bestellt und hat gemäß § 96 Abs. 3 S. 1 StaRUG dem Gericht monatlich schriftlich Bericht über den Fortgang der Sanierungsmoderation zu erstatten. Auch eine Beteiligung Dritter ist hier gemäß § 97 Abs. 1 S. 1 StaRUG möglich, dies können beispielsweise der Gesellschafter oder „Vergleichssponsoren" sein. Bei der Sanierungsmoderation stehen Vertraulichkeit sowie die Dispositionsmaxime im Vordergrund. Hinsichtlich der gestaltbaren Rechtsverhältnisse bestehen keine Einschränkungen. Allerdings ist die Zustimmung aller betroffenen Gläubiger erforderlich.

Das Ziel der Sanierungsmoderation ist der Abschluss eines Sanierungsvergleichs. Dessen Rechtsnatur ist die eines schuldrechtlichen Vertrages im Sinne des § 779 BGB, die allgemeinen zivilrechtlichen Regelungen sind folglich auf ihn anwendbar.[23]

c) Vergleich: Restrukturierungsverfahren – Sanierungsmoderation

Die beiden neuen Sanierungsinstrumente des StaRUG weisen erhebliche Unterschiede zueinander auf. Während beim Restrukturierungsverfahren ein (externer) Sanierungsberater das Verfahren vorantreibt, agiert bei der Sanierungsmoderation ein neutraler Vermittler. Dem neutralen Vermittler wird regelmäßig ein „Vertrauensvorschuss" zukommen.

Zentrale Unterschiede finden sich zudem bezüglich der Gläubigerauswahl (beim Restrukturierungsverfahren erfolgt diese nach sachgerechten Kriterien gemäß § 8 StaRUG, bei der Sanierungsmoderation ist die Auswahl der beteiligten Gläubiger hingegen frei) dem Abstimmungsverfahren (beim Restrukturierungsverfahren gemäß § 25 StaRUG Mehrheitsentscheidung ab 75% des Forderungsvolumens möglich, in der Sanierungsmoderation ist Einstimmigkeit erforderlich[24]), den Wirkungen des Verfahrens (im Restrukturierungsverfahren ist auf Antrag eine Vollstreckungs- und Verwertungssperre gemäß § 49 Abs. 1 StaRUG möglich, im Falle der Sanie-

23 StaRUG online/*Wolgast/Grauer* § 97 Rn. 3.

24 *Schmittmann*, DZWIR 2021, 436 (442).

rungsmoderation besteht keine Zwangswirkung gegenüber den Gläubigern) und den Kosten (beim Restrukturierungsverfahren vergleichsweise hohe Kosten gegenüber der Sanierungsmoderation). Zudem wird das Restrukturierungsverfahren, obwohl keine öffentliche Bekanntmachung erfolgt[25], in größeren Fällen regelmäßig öffentlich bekannt werden, während die Sanierungsmoderation wohl eher vertraulich gehalten werden kann.

Demnach ist der Restrukturierungsplan vor allem geeignet für mittlere bis große Unternehmen und das Ziel reiner Finanzrestrukturierungen, dabei insbesondere zur Restrukturierung von Schuldscheinen und multiplen Kreditverbindlichkeiten ohne Konsortialverhältnis. Die Zielgruppe für die Sanierungsmoderation sind dagegen Kleinst- und Kleinunternehmen, die sich die Unterstützung durch einen Sanierungsberater zur Herbeiführung einer freien Sanierung nicht leisten können.[26] Zudem ist die Sanierungsmoderation beim Bedürfnis nach einem neutralen Vermittler stets als Vorstufe zu anderen Restrukturierungs- und Stabilisierungsinstrumenten möglich. Die Entscheidung zwischen den Verfahren ist letztlich anhand des konkreten Einzelfalls zu treffen: Je komplexer die Gläubigerstruktur und je wahrscheinlicher der Widerstand einzelner unverzichtbarer Gläubiger ist, desto weniger geeignet ist die Sanierungsmoderation.

2. *Welches Planverfahren ist bei drohender Zahlungsunfähigkeit zu wählen?*

Durch die Einführung des Restrukturierungsverfahrens mit dem Restrukturierungsplan nach StaRUG neben dem bestehenden Insolvenzplanverfahren gemäß der InsO stellt sich für den restrukturierungswilligen Schuldner die Frage, welches Planverfahren er bei drohender Zahlungsunfähigkeit nunmehr wählen soll.

Das Restrukturierungsverfahren wird durch den Schuldner selbst betrieben und entspricht daher einer Eigenverwaltung.[27] Das Insolvenzplanverfahren ist hingegen sowohl im Falle der regulären Insolvenzverwaltung, als auch der Eigenverwaltung möglich. Während der Insolvenzverwalter volle bzw. der Sachwalter im Insolvenzplanverfahren erhebliche Kontrollpflichten hat, gibt es im Restrukturierungsverfahren nur eine einge-

25 Die §§ 84-88 StaRUG, die die öffentliche Bekanntmachung von Restrukturierungssachen betreffen, treten gemäß Art. 25 Abs. 3 Nr. 1 SanInsFoG erst am 17.07.2022 in Kraft.

26 Vgl. SanInsFoG-RegE vom 14.10.2020, S. 216 zu § 100 StaRUG.

27 Vgl. Wortlaut des § 17 Abs. 1 StaRUG: „Angebot des Schuldners".

schränkte Überwachung durch den Restrukturierungsbeauftragten[28], wenn ein solcher bestellt ist. Im Restrukturierungsverfahren gibt es grundsätzlich – mit Ausnahme des eventuell gemäß § 93 StaRUG einzusetzenden Gläubigerbeirats – keine Gläubigerorgane, im Insolvenzplanverfahren wird im Falle des Vorliegens der gesetzlichen Voraussetzungen hingegen der (vorläufige) Gläubigerausschuss gerichtlich eingesetzt, §§ 22a, 67 InsO. Die potentiellen Sicherungsmaßnahmen während der Planverfahren sind vergleichbar. Gemäß § 49 Abs. 1 StaRUG kann das Restrukturierungsgericht – ähnlich dem Insolvenzgericht gemäß § 21 Abs. 2 InsO – auf Antrag eine Vollstreckungs- und Verwertungssperre anordnen. Unterschiedlich verhalten sich die Verfahren hinsichtlich der erforderlichen Mehrheiten: Gemäß § 25 Abs. 1 StaRUG sind 75% des betroffenen Forderungsvolumens erforderlich, gemäß § 244 Abs. 1 InsO dagegen grundsätzlich in jeder Gläubigergruppe die Kopf- und Summenmehrheit.

Mögliche Nachteile des Restrukturierungsverfahrens sind die entstehenden hohen Kosten und eine eventuelle negative Publicity, was im Falle eines Insolvenzverfahrens allerdings regelmäßig noch weitaus gravierender ist. Von Nachteil sein können auch aufgrund des Gangs in das Restrukturierungsverfahren erfolgende Kündigungen und Vorkasseforderungen von Vertragspartnern. Lösungsklauseln sind gemäß § 44 StaRUG aber immerhin unwirksam. Aus Sicht der Gesellschafter ist zu beachten, dass deren Anteile kaum geschützt sind: Denkbar sind missbräuchliche *loan-to-own*-Strategien[29], durch die unter Umständen die Anteilsinhaber aus ihrer Gesellschaft gedrängt werden können.[30] Aus der Gläubigerperspektive ist ein möglicher Nachteil, dass die Mitwirkung der Überwachungsorgane im Planverfahren nicht – entsprechend § 276a InsO – ausgeschlossen ist.[31] Andererseits ist in § 43 Abs. 1 StaRUG ein abgeschwächter[32] „Shift of Duties" zum Schutz der Gläubiger geregelt, der aber erst mit Anhängigkeit der Restrukturierungssache greift.[33] Zudem besteht im Szenario der gescheiterten

---

28 Überblick über Aufgaben und Rechtsstellung des Restrukturierungsbeauftragten bei *Schulte-Kaubrügger/Dimassi*, ZIP 2021, 936.

29 *Brinkmann*, ZIP 2020, 2361 (2369) m.w.N. Fn. 36 und NZI-Beilage 2019, 27.

30 *Proske/Streit*, NZI 2020, 969 (970).

31 *Schulz*, NZI 2020, 1073 (1076 f. m.w.N.).

32 Erst in der letzten Lesung im Bundestag wurden die §§ 2 und 3 StaRUG-E gestrichen, in denen die Verlagerung der Pflichten der Geschäftsleiter zur Wahrung der Interessen der Gläubiger ab Eintritt der drohenden Zahlungsunfähigkeit vorgesehen war, vgl. *Göb/Nebel*, NZI 2020, 988 (989).

33 *Schulz/Rüsing*, NZI 2021, 76 (77).

vorinsolvenzlichen Sanierung die Gefahr, dass der Schuldner unter Umständen geschwächter in das folgende Insolvenzverfahren geht.

Zwischenfazit: Vorteile des Restrukturierungsverfahrens gegenüber dem Insolvenzplanverfahren sind die Gerichtsferne und die daraus resultierende Autonomie im Planverfahren, die aus der Schuldnerperspektive ausreichende Vollstreckungs- und Verwertungssperre und die ausschließliche Beteiligung der „wichtigen" Gläubiger. Für Fälle reiner finanzwirtschaftlicher Sanierungen ist daher bei „nur" drohender Zahlungsunfähigkeit und gleichzeitiger Erfüllbarkeit des hohen Mehrheitserfordernisses das Restrukturierungsverfahren zu bevorzugen. Für Krisenfälle im Automobilbereich wird aufgrund seiner fehlenden Instrumente der operativen Sanierung das Restrukturierungsverfahren nach StaRUG aber eher selten geeignet sein. Allenfalls sorgfältig auszuarbeitende aufschiebende Bedingungen des Restrukturierungsplans, die bspw. Zugeständnisse der Betriebs- und Tarifpartner oder von Kunden im Rahmen der Lieferverträge (Vertragsanpassungen, Preiserhöhungen) als Wirksamkeitserfordernis für die insolvenzvermeidenden Zugeständnisse der Gläubiger der Restrukturierungsforderungen vorsehen, können eine Verknüpfung des Restrukturierungsplans mit Elementen der operativen Sanierung bewirken und diesen zu einem effektiven Instrument der Krisenbewältigung im Bereich der Automotive-Industrie machen.

IV. Was ist für OEMs/Zulieferer zu beachten?

1. Vorinsolvenzlich

a) Mit Blick auf den Vertragspartner

Mit Blick auf die Insolvenz von Vertragspartnern ist das Ziel für OEMs bzw. Zulieferer die Erhöhung der Resilienz gegenüber Produktionsausfällen bei Vorprodukten. Daher sind vorbeugende Maßnahmen zu treffen. Dies können beispielsweise sein: das Lieferanten-Screening im Wege von Hintergrundrecherchen und Analysen zu (potentiellen) Geschäftspartnern (insbesondere das Abfragen der Bonitätskennzahlen), die Absicherung von Lieferketten (dabei insbesondere die Diversifizierung der Lieferketten und Einplanung von Reserven im Lagerbestand, also eine teilweise Abkehr von der harten „*just-in-time*-Lieferung") oder die Sicherung der Werkzeuge durch deren hinreichende sachliche Bestimmtheit für die Geltendmachung von Aussonderungsrechten.

b) Im Fall eigener Krise

Mit Blick auf eine mögliche eigene Insolvenz sollten OEMs bzw. Zulieferer stets eine genaue Liquiditätsplanung für die nächsten 24 Monate im Voraus erstellen. Die Dokumentation wichtiger Entscheidungen ist dabei unerlässlich. Das Risiko, dass die Entdeckung der drohenden Zahlungsunfähigkeit zum Wegfall der Fortführungsprognose und damit zur Antragspflicht aufgrund von Überschuldung führt, ist durch die Verkürzung der Prognosedauer auf zwölf Monate[34] bei der Überschuldungsprüfung nunmehr deutlich gemindert.

Das sich aus der Differenz ergebende Zeitfenster von bis zu zwölf Monaten ist wichtig für eine etwaige Nutzung der Sanierungsoptionen gem. StaRUG. Zudem ist die Planung eines StaRUG-Verfahrens bei dessen überwiegenden Erfolgsaussichten im Rahmen der Beurteilung der Fortführungsprognose zu berücksichtigen. Dies kann unter Umständen sogar zu einer Erweiterung des Zeitfensters führen.

Darüber hinaus ist im Krisenfall die Beauftragung eines Sanierungsgutachtens in Betracht zu ziehen. Dieses sollte die branchentypischen Besonderheiten der Automotive-Industrie und die oben unter I. geschilderte aktuell schwierige Situation der Branche berücksichtigen und reduziert die Risiken aller Beteiligten in Bezug auf Insolvenzanfechtung, Insolvenzverschleppung, Untreue, Bankrott etc.[35] Die Kernanforderungen an ein Sanierungskonzept nach IDW S6 (Stand: 16.05.2018, angelehnt an die Rechtsprechung des BGH) sind folgende: Auftragsgegenstand und -umfang, Basisinformationen über wirtschaftliche und rechtliche Ausgangslage, Analyse des Krisenstadiums, Leitbild des sanierten Unternehmens, Maßnahmen zur Krisenbewältigung, integrierte Unternehmensplanung, Einschätzung der Sanierungsfähigkeit und Nachhaltigkeit der Sanierung.[36]

2. Im Insolvenzverfahren: Fortführungsvereinbarungen

Im Einzelfall ist der Abschluss einer Fortführungsvereinbarung zu erwägen. Deren Zweck ist die Gewährleistung der Fortführung der Produktion des Insolvenzschuldners trotz wirtschaftlicher Verluste unter Insolvenzgesichtspunkten, die eigentlich zum Schutz der Quotenerwartungen der

34 Einführung durch das SanInsFoG, § 19 S. 2 InsO.
35 IDW S6 (Stand: 16.05.2018) Tz. 2.
36 IDW S6 (Stand: 16.05.2018) Tz. 11.

Insolvenzgläubiger die Betriebseinstellung erforderlich machen würden. Die Interessenlagen der Beteiligten werden dem zumeist entsprechen: Den Vertragspartnern droht regelmäßig größerer Schaden, wenn die Produktion des Insolvenzschuldners (auch nur vorübergehend) eingestellt wird, da die Bänder der Kunden mangels Lieferung benötigter Bauteile bei „*just-in-time*-Lieferungen" ebenfalls stillstehen werden. Zugleich verspricht sich der Insolvenzverwalter von einer Fortführungsvereinbarung regelmäßig die Erleichterung der späteren Veräußerung des fortgeführten Betriebs.[37] Fortführungsvereinbarungen sehen regelmäßig die befristete Verpflichtung zur Aufrechterhaltung der Produktion und Belieferung Zug um Zug gegen den Ausgleich der liquiditätswirksamen Verluste des Insolvenzschuldners vor, die aufgrund der Unternehmensfortführung im Insolvenz(eröffnungs)verfahren entstehen.

V. Fazit/Ausblick

Auch in der Zukunft steht die Automobilindustrie vor erheblichen Veränderungen, die sich in der gesamten Branche niederschlagen werden. Schon aktuell sieht sich diese enormen Herausforderungen ausgesetzt, wobei sich gleich mehrere aktuelle Krisenfaktoren, wie die COVID-19-Pandemie und die Chip-Krise, mit Megatrends, wie etwa der Elektromobilität, überlagern. Dies wird im Bereich kleinerer und mittlerer Zulieferer bereits kurzfristig zahlreiche Unternehmen überfordern, für die sich dann die Frage nach der Möglichkeit und dem richtigen Weg für eine Sanierung stellt.

Der rechtliche Rahmen hat sich durch das zum 01.01.2021 in Kraft getretene StaRUG zwar erweitert. Operative Sanierungen ermöglichen die Instrumente des neuen Gesetzes allerdings nicht. Mangels Eingriffsmöglichkeiten in bestehende Vertragsverhältnisse sind die Verfahren nach dem StaRUG für Unternehmen der Automotive-Industrie nur selten attraktiv. Bei sorgfältiger und rechtzeitiger Planung können Restrukturierungspläne immerhin durch aufschiebende Bedingungen mit operativen Restrukturierungsmaßnahmen sinnvoll verknüpft werden. Wo dies nicht möglich ist, werden jedoch weiterhin Fortführungsvereinbarungen mit anschließenden übertragenden Sanierungen und Insolvenzplansanierungen die Mittel der Wahl bleiben.

---

37 *Hill*, ZInsO 2014, 1513.

Restrukturiert, aber nicht saniert? Das Schicksal von Finanzierungen und deren Besicherung im Rahmen des StaRUG

Rechtsanwalt Ralf Zuleger, UniCredit Bank, München

I. Ausgangssituation/Allgemeines

Die Ausgangssituation und die Vorgaben der Rechtsprechung für außerinsolvenzliche Sanierungen seien hier nur kurz skizziert. Insoweit darf auf den diesbezüglichen Vortrag vom Symposion 2019 zu IDW S6 und dem dazu erschienenen Tagungsband verwiesen werden.[1]

Relevant wird die Frage, welche Schritte für eine rechtssichere außergerichtliche Sanierung notwendig sind, insbesondere dann, wenn neue Kredite begeben werden sollen bei gleichzeitiger Sanierungsbedürftigkeit. Eine solche kann im Zweifel gerade auch bei Vorliegen einer drohenden Zahlungsunfähigkeit vorliegen, die zugleich Zugangsvoraussetzung für ein StaRUG -Verfahren ist.

Zum rechtlichen Rahmen gehören die §§ 826 und 138 BGB sowie die Frage nach der Anfechtbarkeit der bestellten Sicherheiten, von Rückführungen und Zinszahlungen insbes. nach § 133 InsO. Zudem sind auch die MaRisk (Mindestanforderungen an das Risikomanagement), die ihre Rechtsgrundlage in § 25a Abs 4 KWG finden, zu berücksichtigen. Dort heißt es bei BTO 1.2.5: Behandlung von Problemkrediten unter Anderem: "Zieht ein Institut die Begleitung einer Sanierung in Betracht, hat es sich ein Sanierungskonzept zur Beurteilung der Sanierungsfähigkeit des Kreditnehmers vorlegen zu lassen..."

Der der eigentlichen Sanierungsfinanzierung vorgelagerte Überbrückungskredit dient zur Sicherstellung der notwendigen Liquidität bis zur Vorlage/Prüfung des Sanierungsgutachtens.

Allgemeine Voraussetzung zur rechtssicheren Ausreichung eines solchen Kredits ist, dass die Sanierung nicht von vorneherein evident unmöglich ist, der Kredit zum Zwecke der Überbrückung ausgereicht wird und zeitlich bis zur Vorlage des Gutachtens zuzüglich einer gewissen Überprü-

---

1 *Zuleger*, Heinrich, Krise als Chance?!, Nomos 2020, 119 ff.

fungsphase begrenzt ist. Unter den genannten Voraussetzungen ist auch eine Besicherung anfechtungsfest möglich.

Für die sich anschließende Sanierungsfinanzierung hat der BGH in Fortsetzung seiner bisherigen Rechtsprechung im Rahmen eines vielbeachteten Grundsatzurteils[2], welches mittlerweile bestätigt wurde[3], ausgeführt, welche Voraussetzungen er an die rechtssichere Ausreichung eines Sanierungskredits knüpft (im konkreten Fall ging es um die Frage der Anfechtbarkeit nach § 133 InsO) und dabei insbesondere die Anforderung an Sanierungskonzepte und -gutachten konkretisiert. Dabei geht er davon aus, dass die Einhaltung des IDW Standards (IDW S6) nicht Voraussetzung ist (dessen Einhaltung aber idR eine positive Prognose ermöglicht). In jedem Fall sei erforderlich:

- Prüfung der wirtschaftlichen Lage des Schuldners im Rahmen seiner Wirtschaftsbranche
- Darstellung der Krisenursachen
- Erfassung der Vermögens-, Ertrags- und Finanzlage
- Analyse von Krisenursachen
- Nachhaltigkeit der Sanierung: Die für die Sanierung in Angriff genommenen Maßnahmen müssen objektiv geeignet sein. Dauerhafte Sanierung erforderlich
- Sanierungskonzept muss mindestens in den Anfängen schon in die Tat umgesetzt sein
- Fortführungswille der Organe des Unternehmens erforderlich
- Die Reduzierung der Verschuldung allein nicht ausreichend, wenn dadurch die Ursachen der Krise nicht beseitigt werden
- Konzept muss schlüssig sein und von den tatsächlichen Gegebenheiten ausgehen.
- Konzept muss nachvollziehbar und vertretbar erscheinen
- Konzept muss ernsthafte und begründete Aussicht auf Erfolg rechtfertigen ("überwiegend wahrscheinlich")
- Konzept setzt im Wesentlichen ein Leitbild des sanierten Unternehmens voraus

Ob hierzu in jedem Fall eine branchenübliche Rendite und eine auskömmliche Eigenkapitalausstattung gehört, sei hier dahingestellt[4].

---

2 BGH, Urt. v. 12.05.2016 – IX ZR 65/14, NZI 2016, 636.

3 BGH, Urt. v. 14.06.2018 – IX ZR 22/15, NZI 2018, 840.

4 Zur Kritik siehe *Zuleger*, Heinrich, Krise als Chance?!, Nomos 2020, 124 ff.

Erwähnt seien schließlich die europarechtlichen Vorgaben der Restrukturierungsrichtlinie[5]. Dort heißt es, dass neue Finanzierungen grundsätzlich von einer etwaigen Insolvenzanfechtung ausgenommen werden sollen (EG 66 ff; Art 17, 18 RL).

Nach Art. 17 Richtlinie gilt Folgendes:

Die Mitgliedstaaten stellen sicher, dass neue Finanzierungen und Zwischenfinanzierungen in angemessener Weise geschützt werden. Zumindest dürfen im Falle einer späteren Insolvenz des Schuldners: a) neue Finanzierungen und Zwischenfinanzierungen nicht deshalb für nichtig, anfechtbar oder nicht vollstreckbar erklärt werden und b) die Geber solcher Finanzierungen nicht deshalb einer (...) Haftung unterliegen, weil eine solche Finanzierung die Gesamtheit der Gläubiger benachteiligt (...).

Art. 18 Richtlinie ergänzt diese Regelung wie folgt: Unbeschadet des Artikels 17 stellen die Mitgliedstaaten sicher, dass Transaktionen, die angemessen und unmittelbar notwendig für die Aushandlung eines Restrukturierungsplans sind, im Falle einer späteren Insolvenz eines Schuldners nicht deshalb für nichtig, anfechtbar oder nicht vollstreckbar erklärt werden, weil solche Transaktionen die Gesamtheit der Gläubiger benachteiligen (...).

Hier scheint durchaus ein Konflikt zwischen den Vorgaben der Richtlinie und den Anforderungen der Rechtsprechung an Sanierungskreditierungen auf. Konsequenterweise war gefordert worden, dass der nationale Gesetzgeber in der Umsetzung der Richtlinie genau diesen Konflikt aufgreifen und einer ausdrücklichen Regelung/Lösung zuführen sollte[6].

II. StaRUG und Zwischenfinanzierungen

1. Bedarf für Zwischenfinanzierungen

In jeder Phase des Verfahrens kann sich der Bedarf/die Notwendigkeit einer weiteren Finanzierung ergeben, sei es durch Prolongation abgelaufener oder demnächst fälliger Kredite, sei es zur Abdeckung zusätzlichen Kreditbedarfs. Während der Planverhandlungen handelt es sich um eine

---

5 Richtlinie (EU) 2019/1023 des Europäischen Parlaments und des Rates vom 20. Juni 2019 über präventive Restrukturierungsrahmen, über Entschuldung und über Tätigkeitsverbote sowie über Maßnahmen zur Steigerung der Effizienz von Restrukturierungs-, Insolvenz- und Entschuldungsverfahren und zur Änderung der Richtlinie (EU) 2017/1132 (Richtlinie über Restrukturierung und Insolvenz).

6 *Zuleger*, Heinrich, Krise als Chance?!, Nomos 2020, 127.

Zwischenfinanzierung, vergleichbar einem Überbrückungskredit im Rahmen der Vorbereitung einer außergerichtlichen Sanierung bis zur Vorlage/Prüfung des Sanierungsgutachtens/-konzepts. Wie in einem Insolvenzverfahren kommen neben „echten" Krediten auch Finanzierungshilfen durch die Zulassung der weiteren Verfügung über Kreditsicherheiten, in der Regel zedierter Forderungen, selbst wenn im Rahmen von Stabilisierungsanordnungen eine solche freie Verfügbarkeit nicht mehr gegeben ist (siehe § 54 Abs. 2 StaRUG: Erlöse sind an den Sicherungsgläubiger auszukehren oder unterscheidbar zu verwahren, soweit keine anderweitige Vereinbarung getroffen wird, z.B. im Rahmen einer Kreditierung vergleichbar einem unechtem Massekredit).

Der Finanzierungsbedarf ist allerdings im Ausgangspunkt nur schwer absehbar. Nachdem das Verfahren nicht zur Verfügung steht, wenn bereits Zahlungsunfähigkeit vorliegt, sondern nur dann zulässig ist, wenn eine Zahlungsunfähigkeit droht, müsste zunächst eine Durchfinanzierung des Schuldners gegeben sein. Ein etwaiger Liquiditätsbedarf kann aber zum Beispiel durch Kündigungen oder Sistierungen entstehen, soweit diese nicht durch eine Stabilisierungsmaßnahme unterbunden werden können. Zudem kann die Geltendmachung von Sicherungsrechten (Auskehr/Separierung von Erlösen aus Sicherheiten) z.B. bei Anordnung einer Stabilisierungsmaßnahme § 54 Abs. 2 StaRUG zu Liquiditätsengpässen führen

2. *Regelungen und Folgen für Finanzierer*

Für die Planverhandlungen wird man typischerweise etwa 2 bis 3 Monate ansetzen dürfen. Da keine dem § 21 InsO entsprechende Ermächtigung zur Verfügung steht, können keine Masseverbindlichkeiten bei Scheitern des Restrukturierungsverfahrens und folgender Insolvenz begründet werden. Auch die Regelung des § 89 StaRUG gewährt nur einen unzulänglichen Schutz. Dort heißt es: „Die Annahme (...) einer Rechtshandlung, die mit dem Vorsatz einer Benachteiligung der Gläubiger vorgenommen wurde, kann nicht allein darauf gestützt werden, dass ein an der Rechtshandlung Beteiligter Kenntnis davon hatte, dass die Restrukturierungssache rechtshängig war oder dass der Schuldner Instrumente des Stabilisierungs- und Restrukturierungsrahmens in Anspruch nahm."

Damit wäre beispielsweise weiterhin eine Anfechtung nach §§ 129 ff. InsO nicht ausgeschlossen. Dies könnte sich zum Beispiel dann ergeben, wenn es nicht gelingt, die Finanzierung als Bargeschäft zu konstruieren oder die Rechtsprechung zwar gemäß § 89 StaRUG die Berufung auf das

StaRUG-Verfahren verweigert, die Anfechtung aber mit dem dahinterstehenden Lebenssachverhalt für begründet erachtet.

Folglich stünde der Finanzierer eines StaRUG-Verfahrens schlechter als bei einer sonstigen außergerichtlichen Sanierung und der Finanzierung der Phase bis zur Vorlage eines Sanierungsgutachtens, für die anerkannt ist, dass Finanzierungen, wie oben dargestellt, geschützt sind. Ob sich diese finanzierungsfeindliche Unsicherheit auch ohne erneutes gesetzgeberisches Handeln lösen lässt, beispielsweise mit einer durchaus naheliegenden Lösung dergestalt, dass die Verfahrensfinanzierung einen anzuerkennenden Überbrückungszweck darstellt, bleibt bis zur Klärung durch die Rechtsprechung offen.

III. StaRUG und Neufinanzierungen[7]

1. Die Regelung im StaRUG

Typischerweise wird die Neufinanzierung im Restrukturierungsplan enthalten sein (§ 12 StaRUG). Im darstellenden Teil des Restrukturierungsplans ist diese dann zu erläutern und zu begründen.

Ausweislich des Wortlauts betrifft § 12 StaRUG nur neue Finanzierungen, wobei auch die Besicherung des Kredits als eine solche gilt. Andere Finanzierungsarten wie beispielsweise Stundungen, Prolongationen und Novationen sind nicht genannt. Ob zumindest die beiden letzteren als neue Finanzierungen i.S.d. § 12 StaRUG gelten, könnte damit begründet werden, dass zumindest rechtlich ein Neukredit vorliegt, auch wenn keine zusätzliche Liquidität zur Verfügung gestellt wird. Die verbleibende Unsicherheit wird dadurch verschärft, dass Prolongationen und Stundungen im Laufe des Gesetzgebungsverfahrens aus dem Gesetzestext gestrichen wurden und dem Gesetzgeber, wie das COVInsAG und die dortige Regelung in § 2 zeigt, die unterschiedlichen Finanzierungsformen bewusst waren. Andererseits wird dieser Befund der praktischen Verfahrensweise in Restrukturierungssituationen in keiner Weise gerecht. Häufig werden Gläubiger und der zu restrukturierende Schuldner mit einem Bündel verschiedener Finanzierungsarten zu tun haben. Bestehende Kredite sollen prolongiert oder in eine komplette Neustrukturierung der Kredit inte-

7 Zum Ganzen: *Schoppmeyer*, ZIP 2021, 869 ff. m.w.N.; *Madaus*, NZI-Beilage 1/2021, 35 ff.; *Zuleger*, NZI-Beilage 1/2021, 43 ff.; *Proske/Streit*, NZI 2020, 969 ff.; *Gehrlein*, BB 2021, 66 ff.

griert (noviert) werden, zusätzliche Liquidität zur Verfügung gestellt werden. Ein solches Zusammenspiel verschiedenster Finanzierungen zeigt sich aktuell bei der Kombination bestehender Finanzierungen und staatlicher Förderkredite jeglicher Art. Praktisch alle diesbezüglichen Programme sehen vor, dass die Bestandsfinanzierung aufrecht zu erhalten ist, gegebenenfalls durch Prolongation über den zunächst vereinbarten Zeitpunkt hinaus zuzusagen ist, um zu vermeiden, dass der Förderkredit zur Rückführung alter Verbindlichkeiten verwendet wird.

Dieses fehlende Verständnis für Finanzierungsbedarf und Finanzierungsstrukturen in Sanierungssituationen zusammen mit dem offenbar immer noch vorhandenen Misstrauen gegen die Beteiligten an einer Restrukturierung und der damit zusammenhängenden Sorge, inkriminierte Finanzierungen zu privilegieren stehen im auffälligen Kontrast zu den Bekundungen des Gesetzgebers (und der Richtlinie), einfache, kostengünstige und effiziente Restrukturierungen zu ermöglichen.

Soweit die Neufinanzierung vom Plan umfasst wird, ist die Plan-Bestätigung zu versagen, wenn das Restrukturierungskonzept unschlüssig ist oder Umstände bekannt sind, aus denen sich ergibt, dass das Konzept nicht von den tatsächlichen Gegebenheiten ausgeht oder keine begründete Aussicht auf Erfolg vermittelt (§ 63 Abs. 2 StaRUG). Ein typischer Fall wäre beispielsweise eine offensichtliche Unterfinanzierung, die auch außerhalb des StaRUG den Anforderungen an eine Sanierungsfinanzierung nicht gerecht wird.

2. *Folgen für Finanzierer*

Der Gesetzgeber hat sich im Rahmen der Transformation der Richtlinie in nationales Recht entschieden, Neufinanzierungen nicht als bevorrechtigten Forderungen im Falle einer nachfolgenden Insolvenz zu behandeln. Stattdessen hat er versucht, durch die Regelungen in § 90 StaRUG solche Finanzierungen zu schützen. Dort heißt es: "Die Regelungen eines rechtskräftig bestätigten Restrukturierungsplans und Rechtshandlungen, die im Vollzug eines solchen Plans erfolgen, sind mit Ausnahme von Forderungen im Rang des § 39 Absatz 1 Nummer 5 der Insolvenzordnung (…), bis zur nachhaltigen Restrukturierung einer Anfechtung nur zugänglich, wenn die Bestätigung auf der Grundlage unrichtiger oder unvollständiger Angaben des Schuldners erfolgte und dem anderen Teil dies bekannt war."

Unklar bleibt was „im Vollzug des Plans" bedeuten soll und welche Bedeutung die zeitlichen Limitierungen („bis zur nachhaltigen Restrukturierung") haben? In der Gesetzesbegründung heißt es kryptisch: „Die

Beteiligten sollen grundsätzlich von der Stabilität des Plans und der in seinem Vollzug vorgenommenen Handlungen ausgehen dürfen. Handlungen zum Vollzug des Plans sind solche, die die Umsetzung des Plans ermöglichen. In Bezug auf ein Darlehen ist dies beispielsweise dessen Auszahlung, nicht jedoch dessen spätere Rückführung."[8]

Diese Ausführungen sind schwer nachvollziehbar; die Ausreichung eines Darlehens war „selten" ein Anfechtungsproblem, da sie dem Kreditgeber weder Sicherung noch eine Befriedigung verschafft. Die Rückzahlung soll dagegen ausdrücklich nicht privilegiert sein!? Träfe das zu, könnte sich trotz des Restrukturierungsplan die Notwendigkeit ergeben, parallel ein Sanierungsgutachten/-konzept wie eingangs geschildert unter Berücksichtigung der BGH-Anforderungen zu fertigen.

Ob der BGH stattdessen die in § 14 Abs. 1 StaRUG geregelte Bestandsfähigkeitsbescheinigung genügen lässt, kann aus heutiger Sicht nicht vorhergesagt werden. Dort heißt es: "Dem Restrukturierungsplan ist eine begründete Erklärung zu den Aussichten darauf beizufügen, dass die drohende Zahlungsunfähigkeit des Schuldners durch den Plan beseitigt wird und dass die Bestandsfähigkeit des Schuldners sicher- oder wiederhergestellt wird." Ein etwa obligatorischer Restrukturierungsbeauftragter hat zur Bestandsfähigkeitsbescheinigung nach § 76 Abs. 4 Stellung zu nehmen. Legt man das StaRUG richtlinienkonform[9] aus, erscheint es gut begründbar, die Bestandsfähigkeitsbescheinigung zusammen mit dem Restrukturierungsplan als einem „tauglichen Sanierungsversuch" im Sinne der BGH-Rechtsprechung zu werten?

IV. Konsequenzen und Ausblick

Konsequenz:

Wie gezeigt, setzt das StaRUG die Vorgaben der Richtlinie nur ungenügend um; eine Einordnung der Richtlinie (insoweit) als europarechtswidrig kann nur bei richtlinienkonformer Auslegung vermieden werden. Eine zeitnahe Nachbesserung erscheint unvermeidlich, will man nicht den Erfolg des gesamten Verfahrens riskieren

Die derzeitige Unsicherheit führt dazu, dass entgegen der von der Richtlinie intendierten effizienten, kostengünstigen Restrukturierung gerade auch bei KMUs ein kostenträchtiges, aufwändiges doppeltes Verfahren

---

8 Begr. RegE, BT-Drs. 19/24181, 215.

9 Art 17, 18 RL.

(StaRUG plus Sanierungsgutachten eines externen Dritten) durchzuführen ist und damit das Ziel der Richtlinie konterkariert wird.

Eine mögliche Lösung könnte darin liegen, dass im Rahmen des Sanierungsgutachtens die Rechtsprechung die Erfordernisse insbesondere auf der zweiten Stufe der Sanierungsprüfung anpasst also eine Bestandsfähigkeit im Sinne des StaRUG ausreichen lässt, was mit einer richtlinienkonformen Auslegung der §§ 89, 90 StaRUG begründet werden könnte. Bis alle Zweifelsfragen geklärt sind, können allerdings Jahre vergehen. Für die Finanzierungspraxis ist das ein nicht akzeptables Risiko. Es erscheint schwer nachvollziehbar, warum ein Gläubiger, der sich bereit erklärt, eine Restrukturierung finanziell zu begleiten, also ins wirtschaftliche Risiko geht, dabei rechtliche Risiken eingeht, die nicht nur bis zum Totalverlust der Finanzierung reichen, sondern mit Blick auf § 826 BGB zu einer nicht limitierten Haftung gegenüber Dritten führt. Daher erscheint eine Anpassung durch den Gesetzgeber unabdingbar und im Interesse einer schnellstmöglichen Korrektur vorzugswürdig. Dabei sollte auch klargestellt werden, dass auch Prolongationen und Novationen als Neukredit gelten, deutlich gemacht werden, dass gerade auch die Rückzahlung eines Darlehens, das im Plan aufgenommen war, zum Planvollzug gehört und daher geschützt ist und in diesem Zusammenhang kein zusätzliches Sanierungsgutachten notwendig ist.

Ohne weitere Anpassungen könnte es ansonsten heißen:
Restrukturiert, aber nicht saniert

Restrukturierung und Arbeitsrecht – Aktuelles

Rechtsanwalt Markus Künzel, ADVANT Beiten, München

I. Einführung

Aus sehr unterschiedlichen Gründen kann sich für Unternehmen die Notwendigkeit ergeben, Arbeitskosten zu reduzieren. Der richtige Weg dorthin orientiert sich zum einen daran, ob die zur Verfügung stehenden Kapazitäten der bestehenden Belegschaftsstärke in vollem Umfang oder zukünftig nur noch teilweise benötigt wird, um die prognostisch dauerhaft zu erwartenden Aufgaben durch diese Arbeitnehmer bewältigen zu können. Wird die bestehende Belegschaft jedenfalls im Wesentlichen benötigt, dann bleibt nur der Weg, die Arbeitskosten durch Absenkung der Arbeitsbedingungen zu reduzieren. Je nachdem, ob ein Unternehmen an Tarifverträge gebunden ist oder nicht, führt hier meist kein Weg an ergänzenden tarifvertraglichen Regelungen vorbei, soweit nicht übertarifliche Vergütungsbestandteile reduziert werden können.

Geht es um einen Personalabbau, ist bei Bestehen eines Betriebsrats die Unterrichtungs- und Informationsphase zum Interessenausgleich- und Sozialplanverfahren gem. §§ 111 ff. BetrVG einzuleiten.

Es gibt auch Konstellationen, wo sowohl ein Personalabbau durchgeführt werden muss als auch eine Absenkung der Arbeitsbedingungen für die verbleibenden Arbeitnehmer.

In jedem Fall ist unverzichtbare Grundvoraussetzung für die Erreichung der gesteckten inhaltlichen, aber auch zeitlichen Ziele eine gute Planung solcher Maßnahmen unter Berücksichtigung aller "Stakeholder"-Interessen und der sich ständig ändernden Rechtslage.

II. Veränderung von Arbeitsbedingungen

1. Typischer Gegenstand von Verhandlungen über veränderte Arbeitsbedingungen und Gegenleistungen

a) Gegenstand solcher Verhandlungen mit Gewerkschaften oder Betriebsräten, aber auch Arbeitnehmern direkt sind häufig Vergütungsbestandteile wie zusätzliches Weihnachtsgeld, Jahresleistungen, Urlaubsgeld sowie die Aussetzung von jährlichen Vergütungserhöhungen. Daneben kann es auch um Erhöhungen der von den Arbeitnehmern geschuldeten Arbeitszeit ohne Vergütungsausgleich oder nur mit teilweisem Ausgleich gehen. All diese Kostenreduzierungen sollen im Rahmen eines Gesamtkonzepts die Wettbewerbsfähigkeit des Unternehmens für die nähere Zukunft sicherstellen und damit Arbeitsplätze sichern.

In diesem Kontext erheben die Verhandlungspartner der Arbeitgeber Forderungen, wie Investitionszusagen, Standortgarantien, Ausgliederungsverbote, Einschränkung der Leiharbeit, Überprüfung von Leistungen, Insourcing von vergebenen Teilprodukten oder Dienstleistungen, Ermittlung von Verbesserungspotentialen im betrieblichen Ablauf sowie Besserungsscheine bei Erreichen bestimmter unternehmerischer Kennzahlen. Letzteres soll dazu führen, dass die von den Arbeitnehmern erbrachten "Opfer" bei einem messbaren wirtschaftlichen Erfolg zumindest teilweise wieder an die Arbeitnehmer zurückfließen.

b) Arbeitgeber sind bei solchen Verhandlungen in der Regel mit der Forderung konfrontiert, dass zumindest für die Laufzeit der hierzu abgeschlossenen Vereinbarungen der Ausschluss von betriebsbedingten Beendigungskündigungen vereinbart wird. Dieser Wunsch soll Planungs- und Rechtssicherheit für die betroffenen Arbeitnehmer bringen und die Motivation unterstreichen, dass durch das erbrachte "Opfer" der Bestand des Arbeitsplatzes gesichert werden kann.

Arbeitgeber behalten sich in diesem Zusammenhang aber im Hinblick auf die aus ihrer Sicht oft schwer planbare nahe Zukunft vor, dass unter bestimmten Voraussetzungen solche Kündigungen gleichwohl ausgesprochen werden können. Unter anderem bedient man sich hier der gesetzlichen Möglichkeit des § 102 Abs. 6 BetrVG. Danach können Arbeitgeber und Betriebsrat vereinbaren, dass Kündigungen der Zustimmung des Betriebsrats bedürfen und dass bei Meinungsverschiedenheiten über die Berechtigung der Nichterteilung der Zustimmung die Einigungsstelle entscheidet. Diese Rechte gehen weit über die Rechte des Betriebsrats gem. § 102 Abs. 2 BetrVG hinaus, weil nach dieser Vorschrift der Betriebsrat innerhalb einer Woche lediglich eventuelle Bedenken gegen die Kündigung gegenüber dem Arbeitgeber mitzuteilen hat, aber der Ausspruch der Kündigung von der Stellungnahme des Betriebsrats nicht abhängt.[1]

---

1 *Kania* ErfK § 102 Rn. 42 bis 47.

Daneben werden nicht selten Vereinbarungen mit den zuständigen Arbeitnehmervertretungen unter den Vorbehalt gestellt, dass gewisse wirtschaftliche bzw. finanzielle Entwicklungen des Unternehmens nicht eintreten oder eintreten und dementsprechend ausdrücklich die Möglichkeit der Anpassung oder gar des Wegfalls der getroffenen Vereinbarungen unter bestimmten Voraussetzungen vorgesehen wird.

2. *Veränderung von Arbeitsbedingungen durch Tarifvertrag*

Ist der Arbeitgeber tarifgebunden, d.h. wendet er einen Flächentarifvertrag aufgrund der Mitgliedschaft beim zuständigen Arbeitgeberverband an, wird in der Regel der Arbeitgeberverband darum gebeten, für den Arbeitgeber bei der zuständigen Gewerkschaft das diesbezügliche Verfahren einzuleiten. Ein Tarifvertrag wird in diesem Fall in der Regel zwischen dem Arbeitgeberverband und der zuständigen Gewerkschaft abgeschlossen (Unternehmensbezogener Verbandstarifvertrag).[2] Alternativ kann auch direkt ein Tarifvertrag zwischen dem Unternehmen und der Gewerkschaft (Firmentarifvertrag) abgeschlossen werden, der Abänderungen von den zu diesem Zeitpunkt geltenden Flächentarifverträgen die jeweilige Branche im jeweiligen Tarifgebiet für das Unternehmen insgesamt oder einzelne Betriebe des Betriebes regelt.[3] Solche Regelungen werden üblicherweise nur auf bestimmte Zeit abgeschlossen, in der Regel selten über 2 bis 3 Jahre.

Auf Seiten der Arbeitnehmer des betroffenen Betriebes wird hierzu eine Tarifkommission gebildet, von deren Zustimmung es abhängt, ob die zwischen der Verhandlungskommission und dem Arbeitgeber ausgehandelten Vereinbarungen angenommen werden oder nicht.[4] In Einzelfällen erfolgt darüber hinaus auch eine Befragung der Gewerkschaftsmitglieder des jeweiligen Betriebes ("Urabstimmung").

Arbeitgeber haben selbst keine Möglichkeit, einen solchen Zukunftssicherungs- oder Sanierungstarifvertrag zu erzwingen. Nur eine konsensuale Lösung kommt in Betracht. Daher kommt es unter anderem maßgeblich auf die Glaubwürdigkeit des Zukunftskonzeptes des Arbeitgebers an und auf die von diesem gegebenen Zusagen für das Unternehmen oder den einzelnen Betrieb. In Betracht kommen auch Zusicherungen durch die

---

2 *Melms* NZA 2017, 365.
3 *Thüsing* in Wiedemann TVG § 1 Rn. 180 bis 190.
4 *Thüsing* in Wiedemann TVG § 1 Nr. 844, 845.

jeweilige Muttergesellschaft, wie Patronatserklärungen, auch für den Fall einer eventuell eintretenden Insolvenz.

3. Veränderung von Arbeitsbedingungen durch Arbeitsvertrag und Betriebsvereinbarungen

Sofern Arbeitsbedingungen in Betriebsvereinbarung geregelt werden, können diese nach Kündigung durch den Arbeitgeber oder einvernehmlich abgeändert werden.

Handelt es sich um freiwillige Leistungen, die unter das Mitbestimmungsrecht gem. § 87 Abs. 1 Nr. 10 BetrVG fallen, kann der Arbeitgeber den zur Verfügung gestellten "Topf" in der Regel mitbestimmungsfrei vollständig widerrufen mit dem Ergebnis, dass zukünftig keinerlei diesbezügliche Leistungen mehr zu erbringen sind.[5] Einzuhalten ist stets die vereinbarte oder gesetzliche Kündigungsfrist; letztere beträgt gem. § 77 Abs. 5 BetrVG 3 Monate. Dadurch können solche freiwilligen Leistungen vergleichsweise einfach beseitigt werden.

Gewerkschaften verlangen im Falle von Verhandlungen gem. Ziffer 2. regelmäßig, dass zunächst solche freiwilligen Leistungen reduziert werden, bevor in tarifvertragliche Rechte von Arbeitnehmern eingegriffen wird.

Durch Betriebsvereinbarung ist es jedoch regelmäßig nicht möglich, arbeitsvertraglich begründete Rechte zu beseitigen oder zu verändern.[6] Nur in Einzelfällen und Grenzen ist dies durch Regelungen im Arbeitsvertrag, die "betriebsvereinbarungsoffen" sind, möglich.[7] Vielmehr ist hier in der Regel eine Abänderung jedes einzelnen Arbeitsvertrages erforderlich. Im Rahmen solcher betrieblichen Bündnisse finden zwar regelmäßig Verhandlungen zunächst zwischen dem Arbeitgeber und dem jeweils zuständigen Betriebsrat statt, die ausgehandelten Änderungen der Arbeitsbedingungen müssen dann aber zumindest überwiegend durch Änderungsverträge mit jedem einzelnen Arbeitnehmer umgesetzt werden, um Rechtssicherheit für den Arbeitgeber herbeizuführen. In diesem Zusammenhang werden mit Betriebsräten dazu Regelungsabreden abgeschlossen, die diesbezügliche Rahmenbedingungen erläutern und die einzelnen Umsetzungsprozesse beschreiben. Daneben werden regelmäßig auch Betriebsvereinbarungen in diesem Zusammenhang abgeändert, z.B. bei einer Verän-

---

5 BAG NZA 2011, 598.

6 BAG NZA 1999, 887; BAG NJW 2012, 250.

7 *Krieger/Arnold/Zäh* NZA 2020, 81; BAG NZA 2018, 1273.

derung der betriebsüblichen Arbeitszeit in deren Folge dann auch die Verteilung der Arbeitszeit im Betrieb zu ändern ist (§ 87 Abs. 1 Nr. 2 BetrVG).

Häufig wird die Umsetzung vom Erreichen einer Zustimmungsquote der Belegschaft abhängig gemacht. Dies kann dazu führen, dass die notwendigen Einsparziele wegen zu geringer Zustimmung nicht erreicht werden mit der Folge, dass Unternehmen dann alternative unternehmerische Entscheidungen treffen müssen. Von wesentlicher Bedeutung ist hier Überzeugungsarbeit gegenüber den zuständigen Betriebsräten, aber auch den betroffenen Arbeitnehmern.

Ist während der Laufzeit eines solchen betrieblichen Bündnisses gleichwohl aufgrund eines neuen Sachverhaltes ein Arbeitsplatzabbau erforderlich, stellt sich bei Kündigungen aus dringenden betrieblichen Erfordernissen die Frage, wie sich der im Rahmen des betrieblichen Bündnisses arbeitsvertraglich gewährte Sonderkündigungsschutz im Rahmen der Sozialauswahl auswirkt, wenn nicht alle Arbeitnehmer des Betriebs den angebotenen Änderungsvertrag angenommen haben. Nach richtiger Ansicht ist der vertraglich vereinbarte Sonderkündigungsschutz im Rahmen der Sozialauswahl zu beachten mit der Folge, dass Arbeitnehmer, die im Wege der Vertragsfreiheit die Einschränkungen ihrer Arbeitsbedingungen hingenommen und im Gegenzug einen Schutz vor betriebsbedingten Kündigungen erhalten haben, nicht in den Kreis der vergleichbaren Arbeitnehmer fallen.[8]

III. Personalabbau

1. Rechtliche Ausgangssituation

a) Sofern im Betrieb ein Betriebsrat besteht, ist zunächst zu prüfen, ob die geplanten Personalabbaumaßnahmen erfordern, einen Interessenausgleich im Sinne des § 111 ff. zu verhandeln. Nach der Rechtsprechung des Bundesarbeitsgerichts sind für die meisten in § 111 BetrVG genannten Arten von Betriebsänderungen die sog. Schwellenwerte des § 17 KSchG heranzuziehen. Ergibt die Prüfung, dass die dort genannten Schwellenwerte hinsichtlich der Anzahl der betroffenen Arbeitnehmer überschritten sind, startet die Einbeziehung des zuständigen Betriebsratsgremiums mit der Unterrichtung und Beratung (§ 111 S. 1 BetrVG).

---

8 *Künzel/Fink* NZA 2011, 1385; a.A. *Lerch/Weinbrenner* NZA 2011, 1388.

Streitig in der Praxis ist immer wieder die Frage, ob für Interessenausgleich und Sozialplan bei unternehmensweiten Restrukturierungen der oder die örtlichen Betriebsräte, der Gesamtbetriebsrat oder gar der Konzernbetriebsrat zuständig sind. Regelmäßig ergibt sich bei Maßnahmen, die mehrere Betriebe betreffen, eine Zuständigkeit des Gesamtbetriebsrats für den Interessenausgleich, nicht jedoch für den Sozialplan.[9]

Beim Interessenausgleichsverfahren geht es um das "Ob" und "Wie" der geplanten Betriebsänderung. Typische Verhandlungsgegenstände sind der Umfang des Personalabbaus und die betroffenen Bereiche des Unternehmens, sofern es sich nicht um eine vollständige Schließung handelt, die Begründung der wirtschaftlichen Notwendigkeit der geplanten Maßnahmen sowie der Zeitpunkt der Umsetzung (z.B. stufenweise mit jeweiligen Teilvolumina). Daneben werden im Interessenausgleich bei verbleibenden Bereichen des Betriebes auch Regelungen bezüglich der Zukunft getroffen.

Kommt allerdings ein Interessenausgleich nicht zustande, so ist von einer der beiden Betriebsparteien die Einigungsstelle anzurufen. Wenn diese allerdings unter dem Vorsitz einer erfahrenen Richterin/eines erfahrenen Richters keine Einigung herbeiführen kann, wird das das Scheitern der Verhandlungen über einen Interessenausgleich festgestellt.[10] Der Interessenausgleich kann somit von keiner der beiden Betriebsparteien erzwungen werden.

Werden geplante Maßnahmen von Seiten des Arbeitgebers vor dem Abschluss des Interessenausgleichs oder dem finalen Scheitern in der Einigungsstelle umgesetzt, bietet dies häufig Raum für Betriebsräte, gegen diese Maßnahmen einstweilige Verfügungen auf Unterlassung einzuleiten. Ob solchen einstweiligen Anträgen stattzugeben ist, ist sehr umstritten. Es gibt dazu eine Vielfalt von Entscheidungen.[11] Des Weiteren drohen im Falle der Umsetzung von Maßnahmen ohne abgeschlossenen Interessenausgleich oder Abweichungen von einem solchen die Rechtsfolgen des Nachteilsausgleichs gemäß § 113 BetrVG. Erleiden Arbeitnehmer infolge der Tatsache einer Abweichung von einem bestehenden Interessenausgleich oder bei vollständigen Fehlen eines solchen Nachteile, können sie die Zahlung einer Abfindung beim Arbeitsgericht gerichtlich erzwingen.

---

9 BAG NZA 2003, 1360.

10 *Hoyer/Janko* NZA 2020, 1521.

11 LAG Düsseldorf, DB 2021, 200; LAG Hamm NZA-RR 2015, 247; *Schmädicke* NZA 2004, 295; LAG Hessen BeckRS 2011, 75835; LAG Nürnberg BeckRS 2009, 69297; LAG Rheinland-Pfalz BeckRS 2016, 74414; ArbG Hamburg BeckRS 2013,68963.

Diese Abfindung kann höher sein als die letztendlich vereinbarte Sozialplanabfindung. Aufgrund der Rechtsprechung des Bundesarbeitsgerichts ist allerdings geklärt, dass eine Verrechnung stattfindet.[12]

b) Beim Sozialplan geht es um den Nachteilsausgleich, also insbesondere um die Abfindung für den Verlust des Arbeitsplatzes oder für Nachteile wegen Vergütungseinbußen eines neuen Arbeitsplatzes oder erhöhter Fahrtkosten zu einem anderen Arbeitsort. Gegenstand ist somit der Ausgleich oder die Milderung der wirtschaftlichen Nachteile. Anders als der Interessenausgleich kann der Sozialplan im Rahmen des Einigungsstellenverfahrens erzwungen werden. Ein Spruch über den Sozialplan ist meist dann erforderlich, wenn über das finanzielle Volumen der Abfindungen oder anderer Nachteilsausgleichsleistungen zwischen den Betriebsparteien keine Einigung erzielt werden kann.

2. *Einflüsse auf den Zeitplan*

Die Interessen der Betriebsparteien im Rahmen von Verhandlungen über einen Interessenausgleich und Sozialplan sind meist sehr konträr. Während Arbeitgeber aufgrund wirtschaftlicher Notwendigkeiten und/oder Vorgaben ihrer Muttergesellschaften meist dazu gezwungen sind, die geplanten Maßnahmen möglichst schnell umzusetzen, haben Betriebsräte in der Regel Interesse daran, den Zeitpunkt der Umsetzung im Interesse der betroffenen Arbeitnehmer möglichst in die Ferne zu rücken.

In diesem Spannungsfeld kommt es maßgeblich auf die Frage an, wie schnell die Fragen des Betriebsrats und seiner Sachverständigen zur Notwendigkeit und Plausibilisierung der geplanten Maßnahme beantwortet werden können und nach der Unterrichtungs- und Beratungsphase in die eigentlichen Verhandlungen eingetreten werden kann. Je nach Struktur und Kultur des jeweiligen Unternehmens spielt die vorher zwingend durchzuführende Information des Wirtschaftsausschusses in ihrer Intensität eine unterschiedliche Rolle. Nach § 106 Abs. 2 BetrVG hat der Unternehmer den Wirtschaftsausschuss rechtzeitig und umfassend unter Vorlage der erforderlichen Unterlagen zu unterrichten, auch in allen Fällen, die unter den Tatbestand der Betriebsänderung gem. § 111 BetrVG fallen. Wirtschaftsausschuss und Betriebsrat sind häufig zumindest teilweise personenidentisch, weshalb die jeweilige Informationspflicht auch einheitlich

---

12 BAG NZA 2019, 719.

vorgenommen werden kann, sofern ausdrücklich klargestellt ist, dass es sich um die Information des jeweiligen Gremiums handelt.

In Unternehmen mit mehr als 300 Arbeitnehmern, ist der Betriebsrat ohne erforderliche Zustimmung des Arbeitgebers dazu berechtigt, einen Berater und somit auch einen wirtschaftlichen Sachverständigen neben einem anwaltlichen Sachverständigen hinzuzuziehen. Von dieser Seite werden regelmäßig umfassende Informationen zu den wirtschaftlichen Kennziffern des Unternehmens und den Erwägungen zu den geplanten Maßnahmen verlangt. Umso schneller diese Fragen von Seiten des Arbeitgebers beantwortet werden, umso schneller kann von der Informations- und Unterrichtungsphase in die Verhandlungsphase übergegangen werden.

In der Praxis werden häufig sog. Verhandlungsvereinbarungen zwischen Betriebsrat und Unternehmen vereinbart. Hierbei handelt es sich um nicht erzwingbare freiwillige Betriebsvereinbarungen, die die Struktur und den Ablauf der Verhandlungen regeln. Typischer Gegenstand ist die Vereinbarung einer festgelegten Anzahl sog. Freiverhandlungen und die Festlegung des Zeitpunkts, zu dem diese Verhandlungen dann insoweit als gescheitert gelten, dass danach in einer bereits hinsichtlich der Person der/des Vorsitzenden und der Anzahl der Beisitzer festgelegten Einigungsstelle fortgesetzt werden.

Sofern die Verhandlungen in der sog. Freiverhandlung scheitern, sieht das Gesetz vor, dass die Einigungsstelle durch beiden Betriebsparteien angerufen werden kann. Wenn über deren Einsetzung, über den Vorsitz und/oder die Beisitzer keine Einigung erzielt wird, ist gem. § 100 ArbGG ein Verfahren beim örtlich zuständigen Arbeitsgericht einzuleiten.[13] Bis es dann zur Einsetzung der Einigungsstelle kommt, kann es im Verfahren vor dem Arbeitsgericht und dem zuständigen Landesarbeitsgericht in zwei Instanzen mehrere Monate dauern.[14] Gegenstand einer guten Gesamtstrategie ist somit aus Arbeitgebersicht, dies zu vermeiden, ggf. durch Abschluss der erwähnten Verhandlungsvereinbarung über die Struktur und den Ablauf der Verhandlungen.

In der Vergangenheit wurden Verhandlungen zwischen den Betriebsparteien auch regelmäßig durch gewerkschaftliche Aktionen "begleitet". Wenn auch die Gewerkschaften selbst nicht Parteien des gesetzlich vorgeschriebenen Prozesses im Rahmen von Betriebsänderungen gem. § 111 ff.

---

13 LAG Berlin-Brandenburg NZA-RR 2021, 392; *Schlewing* in GMP ArbGG § 100 Rn. 7 bis 11.

14 LAG Niedersachsen BeckRS 2013, 68973; *Lerch/Weinbrenner* NZA 2015, 1228.

BetrVG sind, nehmen sie auf Wunsch der Betriebsräte regelmäßig an den Verhandlungen teil, schalten sich aber auch darüber hinaus intensiv in den Restrukturierungsprozess ein. Immer häufiger wird von Seiten der Gewerkschaften unabhängig von den Verhandlungen zwischen Arbeitgeber und Betriebsrat parallel dazu der Abschluss eines Tarifsozialplanes verlangt.[15] Dieses einige Zeit umstrittene Vorgehen wurde durch die Grundsatzentscheidung des Ersten Senats des Bundesarbeitsgerichts als zulässig neben dem Interessenausgleich- und Sozialplanverfahren angesehen.[16] Das bedeutet, dass Arbeitgeber in diesem Zusammenhang auch durch Streikaktionen der Arbeitnehmer des Betriebes unter Druck gesetzt werden können. Insofern ist es aus Sicht der Arbeitgeber zwingend erforderlich, sich auf solche Szenarien entsprechend vorzubereiten, insbesondere die Lieferfähigkeit gegenüber den Kunden sicherzustellen, um nicht erpressbar zu sein. Auch dies erfordert eine sorgfältige vorausschauende Planung.

3. *Ausgewählte Aspekte zum Sozialplan*

a) *Auszugleichende Nachteile; wirtschaftliche Vertretbarkeit*

Gegenstand der Regelungen eines Sozialplans sind solche zum Ausgleich oder zur Milderung der wirtschaftlichen Nachteile, die Arbeitnehmer in Folge der geplanten Betriebsänderung entstehen. Naturgemäß gibt es hierüber regelmäßig unterschiedliche Vorstellungen der Betriebsparteien. In den Verhandlungen haben die Betriebsparteien diesbezüglich einen relativ großen Ermessenspielraum.[17] Im Falle des Scheiterns der Freiverhandlungen hat die Einigungsstelle gemäß § 112 BetrVG zu entscheiden. Danach hat die Einigungsstelle sich im Rahmen billigen Ermessens gem. § 112 Abs. 5 BetrVG von verschiedenen Grundsätzen leiten zu lassen.

Das Bundesarbeitsgericht unterstreicht, dass die Einigungsstelle danach bei ihrer Entscheidung über einen Sozialplan sowohl die sozialen Belange der betroffenen Arbeitnehmer als auch die wirtschaftliche Vertretbarkeit ihrer Entscheidung für das Unternehmen zu beachten hat. Im Rahmen billigen Ermessens muss sie unter Berücksichtigung der Gegebenheiten des Einzelfalls Leistungen zum Ausgleich oder zur Milderung wirtschaftlichen

---

15 *Markowski* in Däubler/Hjort/Schubert/Wolmerath, Arbeitsrecht InsO § 123 Rn. 4; *Bauer* NZA 2004, 1019; *Steffan* in Düwell BetrVG § 112a Rn. 86.

16 BAG NZA 2007, 987.

17 BAG 24.08.2004, 1 ABR 23/03.

Nachteile vorsehen, dabei die Aussichten der betroffenen Arbeitnehmer auf dem Arbeitsmarkt berücksichtigen und bei der Bemessung des Gesamtbetrages des Sozialplans ist darauf zu achten, dass der Fortbestand des Unternehmens oder die nach der Durchführung der Betriebsänderung verbleibenden Arbeitsplätze nicht gefährdet werden.[18] Dabei unterstreicht das Bundesarbeitsgericht, dass sich aus der Funktion des Sozialplans Grenzen für die Ermessensausübung der Einigungsstelle ergeben. Es darf danach kein größeres Gesamtvolumen des Sozialplans als Obergrenze vorgesehen werden als selbst für den vollen Ausgleich aller wirtschaftlichen Nachteile der Arbeitnehmer erforderlich ist. Als grundsätzliche Untergrenze sind mindestens Leistungen vorzusehen, die noch als spürbare Milderung der wirtschaftlichen Nachteile angesehen werden können. Nach dem Gesetzeswortlaut sind nur dann die Belange der Arbeitnehmer im Sinne des § 112 Abs. 5 S. 1 BetrVG hinreichend berücksichtigt, wenn der Sozialplan eine substanzielle Milderung der mit der Betriebsänderung einhergehenden wirtschaftlichen Nachteile enthält.

In der Praxis ist es somit Aufgabe der Einigungsstelle, festzustellen, welche Nachteile im konkreten Fall ausgeglichen werden müssen und auf der anderen Seite welche finanziellen Möglichkeiten des Unternehmens dafür gegeben sind. Besteht hierüber Streit, kann unter Umständen der oder die Einigungsstellenvorsitzende durch einen neutralen Dritten (in der Regel Wirtschaftsprüfer) die finanzielle Leistungsfähigkeit des Unternehmens überprüfen. Dazu kommt es in der Praxis relativ selten. Oft genügt es, wenn die Vorsitzenden Einblick in die Bilanzen und andere Dokumente nehmen und sich diese von den jeweiligen Sachverständigen der beiden Betriebsparteien erläutern lassen. Wie ausgeführt, sind Arbeitgeber in der Regel daran interessiert, dass die Betriebsänderung nach ihrer Ankündigung zügig verhandelt und umgesetzt wird. Zur Förderung dieses Zweckes ist es notwendig, entsprechend finanzielle Mittel zur Verfügung zu stellen. Allerdings gibt es auch Unternehmen, denen dies tatsächlich nicht möglich ist oder die eine "großzügige" Ausstattung eines Sozialplans aus anderen – ggf. grundsätzlichen – Erwägungen nicht wollen.

Die Vorschläge und letztendlich Entscheidungen unter Mitabstimmung des oder der Vorsitzenden führen immer wieder zu "Enttäuschungen" der unterlegenen Seite, die unter Umständen die Möglichkeit hat, den Spruch vor Gericht anzufechten. Dies ist aber in sehr engen Grenzen möglich.[19]

---

18 BAG NZA 2019, 1295.

19 BAG NZA 2000, 1069; BAG BB 2005, 1631.

b) Bemessungsdurchgriff

Es gibt immer wieder Diskussionen um die Vertretbarkeit des Gesamtvolumens eines Sozialplans, wenn das betroffene Unternehmen selbst nicht über ausreichende finanzielle Mittel hierfür aus Sicht einer der Betriebsparteien besitzt und dementsprechend verlangt wird, dass die Muttergesellschaft oder gar deren Muttergesellschaft hierzu ausreichende finanzielle Mittel zur Verfügung stellen soll.

Es stellt sich somit im Falle der Ablehnung der Obergesellschaft die Frage, ob ein sogenannter Bemessungsdurchgriff im Konzern in diesem Zusammenhang möglich ist.[20]

Das Bundesarbeitsgericht führt aus, dass die Rücksichtnahme auf die wirtschaftliche Vertretbarkeit des Sozialplanvolumens eine Entscheidung der Einigungsstelle in der Weise verlangt, dass von einem vollständigen Ausgleich aller wirtschaftlichen Nachteile der Arbeitnehmer absehen wird, wenn dies den Fortbestand des Unternehmens gefährden würde. Die wirtschaftliche Vertretbarkeit stellt damit eine zusätzliche Ermessensgrenze für die Einigungsstelle dar. Dementsprechend ist das Sozialplanvolumen bis zum Erreichen der Grenze der wirtschaftlichen Vertretbarkeit zu mindern, wenn der für angemessen erachtete Ausgleich von Nachteilen der Arbeitnehmer für das Unternehmen wirtschaftlich nicht vertretbar ist. Wenn ein von der Einigungsstelle beschlossener Sozialplan die Grenze des § 112 Abs. 1 S. 2 BetrVG nicht unterschreitet, kommt es von vornherein auf das Vorliegen der Voraussetzungen für einen Berechnungsdurchgriff gar nicht an.[21]

Die Einigungsstelle hat sorgfältig zu prüfen, ob ausnahmsweise ein sog. Berechnungsdurchgriff gegeben ist. Denn ein Rückgriff auf fremdes Vermögen zur Bemessung des Sozialplanbudgets kommt nach der Rechtsprechung nur in Ausnahmefällen in Betracht. Ein solcher Berechnungsdurchgriff kommt zunächst im Fall eines Beherrschungsvertrages in Betracht. Für eine solche Konstellation gibt es eine Entscheidung des Bundesarbeitsgerichts, bei der es allerdings um die Anpassung einer Versorgungsleistung ging.[22] Allerdings wurde auch hier schon klargestellt, dass das Bestehen eines Beherrschungsvertrages allein nicht ohne weitere Voraussetzung einen Berechnungsdurchgriff auf die wirtschaftliche Lage des herrschenden Unternehmens erlaubt. Dies sei nur dann der Fall,

---

20 *Ludwig/Hinze* NZA 2020, 1657.
21 BAG NZA 2005, 302.
22 BAG NZA 2015, 1187.

wenn sich die durch den Beherrschungsvertrag für das Tochterunternehmen begründete wirtschaftliche Lage verwirklicht hat. In Rechtsprechung und Literatur ist anerkannt, dass diese Grundsätze auch auf die Situation des angemessenen Nachteilsausgleichs eines Sozialplanes übertragbar sind. Das Landesarbeitsgericht Berlin-Brandenburg hat in einer der wenigen vorhandenen Entscheidungen zu dieser Thematik einen Durchgriff dieser Art abgelehnt. Dies mit der Begründung, dass die Voraussetzung für einen Bemessungsdurchgriff bei Vorliegen eines Beherrschungsvertrages in dem hier zu entscheidenden Fall nicht vorlagen, da aufgrund übergeordneter Interessen der Muttergesellschaft keine Weisungen erteilt worden waren, die das Eigeninteresse des beherrschten vom Personalabbau betroffenen Unternehmens außer Acht ließen und sich dadurch die wirtschaftliche Lage dieses beherrschten Unternehmens in einer Weise verschlechtert hätte, dass ein angemessener Sozialplan für das beherrschte Unternehmen wirtschaftlich nicht mehr vertretbar wurde.[23]

Auch andere Formen der vertraglichen Beziehung zwischen Konzernunternehmen, wie Gewinnabführungsverträge und Patronatserklärungen werden im Zusammenhang mit dem Bemessungsdurchgriff diskutiert und sind im Einzelfall zu prüfen.

c) Altersdiskriminierung – sog. rentennahe Arbeitnehmer

Die Betriebsparteien sind grundsätzlich frei, welche Nachteile der von der Betriebsänderung betroffenen Arbeitnehmer sie in welchem Umfang ausgleichen oder mildern wollen.[24] So werden in Sozialplänen immer häufiger Unterscheidungen hinsichtlich der Höhe der Abfindungen für verschiedene Altersgruppen getroffen. Dies meist vor dem Hintergrund begrenzter finanzieller Möglichkeiten und der von den Betriebsparteien unterschiedlich bewerteten Überbrückungsnotwendigkeiten der vom Arbeitsplatzabbau betroffenen Arbeitnehmer bis zur Aufnahme einer neuen Tätigkeit bzw. dem Zeitpunkt des Eintritts in eine Altersrente.

Die den Betriebsparteien zukommenden weiten Gestaltungsspielräume haben aber ihre Grenzen im zwingenden höherrangigen Recht. Dazu gehört unter anderem der betriebsverfassungsrechtliche Gleichbehandlungsgrundsatz des § 75 Abs. 1 S. 1 BetrVG und die dort sowie im Allgemeinen

---

23 LAG Berlin-Brandenburg 18.10.2018 – 21 TaBV 1372/17 – zitiert nach juris.
24 BAG NZA 2008, 103.

Gleichbehandlungsgesetz enthaltenen Benachteiligungsverbote.[25] Bei Arbeitnehmern, die mit einem Lebensalter von ca. 60 Jahren aus dem Arbeitsverhältnis ausscheiden, können die Betriebsparteien somit die Tatsache berücksichtigen, dass diese geringere Überbrückungsleistungen bis zum Rentenalter benötigen.[26]

Häufig werden in Sozialplänen daher sehr detaillierte Regelungen vereinbart, die die möglichen Nachteile für solche Arbeitnehmer auf einer anderen Basis ermitteln als für jüngere Arbeitnehmer. Hierbei wird in der Regel unter anderem betrachtet, ob die Möglichkeit des Eintritts in eine Transfergesellschaft für meist 12 Monate besteht, wie lange im Anschluss Arbeitslosenbezug und in welcher Höhe erfolgt und ob und in welcher Höhe Abschläge von der Rente wegen der vorzeitigen Inanspruchnahme derselben gegeben sind. Solche Regelungen sind auch unter dem Aspekt der Altersdiskriminierung grundsätzlich wirksam.

Allerdings hat das Bundesarbeitsgericht zuletzt klargestellt, dass dabei eine mittelbare Benachteiligung wegen Behinderung auszuschließen ist. Behinderte Menschen haben in der Regel die Möglichkeit, noch früher Rente in Anspruch zu nehmen (§ 37 SGB VII). Das Bundesarbeitsgericht führt aus, dass die Regelungen in einem Sozialplan, wonach bei der Berechnung des als Abfindung zu zahlenden fiktiven Differenzbetrages auf den sog. "frühest möglichen Renteneintritt" als eine die Höhe bestimmende Bezugsgröße abgestellt wird, eine mittelbar auf dem Kriterium der Behinderung beruhende Ungleichbehandlung enthält.[27] Für die Praxis bedeutet dies, dass bei solchen Berechnungsmethoden der Bezug auf die Rente gem. § 36 SGB VI nicht möglich ist und es auch für diese Arbeitnehmer dann bei der Rente für langjährig Versicherte oder anderen Rentenarten verbleibt.

Aktuell ist auch eine Entscheidung des Landesarbeitsgerichts Berlin-Brandenburg vom 25.08.2017, in der ein Ausschluss von sog. rentennahen Arbeitnehmern bezüglich einer Bleibeprämie als diskriminierend angesehen wurde.[28]

---

25 BAG NZA-RR 2009, 588; BAG NZA 2010, 63.
26 BAG NZA 2017, 398.
27 BAG BB 2021, 61.
28 DB 2021, 1075.

d) Diskriminierung von Zuschlägen für Kinder in den Lohnsteuermerkmalen

Mit der Frage Diskriminierung der Regelungen hat sich auch das Landesarbeitsgericht Hessen im Hinblick auf pauschale Zuschläge für Kinder beschäftigt und entschieden, dass eine Regelung in einem Sozialplan, die für einen pauschalen Zuschlag auf die Abfindung für unterhaltsberechtigte Kinder an die "Eintragung des Kindes auf der Lohnsteuerkarte" anknüpft, d.h. an einen Kinderfreibetrag als Lohnsteuerabzugsmerkmal mittelbar Frauen benachteiligt, weil bei der Steuerklasse V Kinderfreibeträge als Lohnsteuerabzugsmerkmal nicht vorgesehen sind und noch deutlich mehr Frauen als Männer die Lohnsteuerklasse V wählen.[29]

4. Ansprache-/Freiwilligenprogramme

Solche Programme bedeuten einen planmäßigen Personalabbau im Wege einvernehmlicher Arbeitsvertragsbeendigungen insofern, als die betreffenden Arbeitnehmer aufgrund von vom Arbeitgeber geschaffener Anreize zustimmen, ohne dass zuvor Kündigungen ausgesprochen werden.

Solche Programme werden heute häufig zumindest bei planmäßigem einseitigem Personalabbau durch Kündigung vorgeschaltet. Viele Unternehmen dürfen unter Umständen innerhalb gewisser Zeiträume aufgrund tarifvertraglicher oder betriebsverfassungsrechtlicher Regelungen keine betriebsbedingten Kündigungen aussprechen, z.B. wenn sie dies im Zusammenhang mit Veränderungen der Arbeitsbedingungen gemäß II. zugesagt haben. Auch sprechen unternehmenspolitische Gründe manchmal dagegen, betriebsbedingte Kündigungen zur Umsetzung von Personalabbaumaßnahmen zu nutzen. Wichtige Inhalte von solchen mit den Betriebsräten zu vereinbarenden Programmen sind unter anderem Verfahrensregeln zur Ansprache des Arbeitgebers oder des Arbeitnehmers durch das Unternehmen. Ein bestimmender Grundsatz ist hier der sog. "Doppelte Freiwilligkeitsvorbehalt", d.h. jede der beiden Vertragsparteien kann das Angebot auf Abschluss eines Aufhebungsvertrages auch zurückweisen, d.h. ein Rechtsanspruch besteht nicht. Wichtig sind unter anderem Inkrafttreten, Laufzeit und die Festlegung der Obergrenze der abzubauenden Arbeitnehmerkapazitäten. Bei hoher Attraktivität des Programmes ist nicht selten festzustellen, dass sich mehr Arbeitnehmer des Betriebes melden, als der Arbeitgeber vertragen kann. Übliche Inhalte sind wie in Sozialplänen

29 BeckRS 2020, 35854.

Abfindungsformeln mit Deckelungen, Sockelbeträge, sog. Sprinterprämien, Outplacement-Regelungen, Ausgleiche für mögliche Sperrzeiten beim Arbeitslosengeldbezug und ggf. Ausgleiche für mögliche Rentennachteile.

Die Vorteile von Ansprache- und Freiwilligenprogrammen sind unter anderem die schnelle Umsetzbarkeit, die Rechtssicherheit durch den Abschluss von Aufhebungsverträgen, der geringe Imageverlust und die deutlich geringere Unruhe im Betrieb als bei einem einseitigen Personalabbau.[30]

IV. Fazit

Nach vielen Monaten der Kurzarbeit stehen viele Unternehmen vor der Frage, ob sich die wirtschaftliche Lage wieder normalisiert oder leider doch nachhaltig verschlechtert hat, so dass weitere Maßnahmen erforderlich sind. Das Erfordernis zur Einsparung von Kosten im Bereich des Personals stellt sich dann intensiv und kurzfristig. Wenn auch die große Welle von Insolvenzen und Personalabbaumaßnahmen ausgeblieben ist, so sind die Fragen im Zusammenhang mit der Anpassung und Veränderung, aber auch Flexibilisierung von Arbeitsbedingungen hochaktuell, ebenso wie die Fragen im Zusammenhang mit dem Personalabbau. Geschäftsmodelle ändern sich, Verhalten von Verbrauchern und Kunden ebenso, neue Arbeitsformen treten in den Vordergrund, die künstliche Intelligenz übernimmt Aufgaben und zahlreiche neue Berufe entstehen, auf die Arbeitnehmer teilweise nicht qualifiziert werden können trotz umfassender Bemühungen. Bei Personalabbaumaßnahmen ist derzeit ein durchaus kritischerer Blick auf die Höhe der Sozialplanabfindungen von Seiten der Unternehmen bemerkbar in Zeiten eines wieder sehr guten Arbeitsmarktes, vor allem für qualifizierte Kräfte.

---

30 *Däubler* NZA 2020, 10; *Holger Meyer/Röger* NZA-RR 2011, 393.

Workshop Insolvenzarbeitsrecht

Rechtsanwältin Dr. Hannah Krings, Köln, und Rechtsanwalt Knut Rebholz, Berlin

I. Ablauf und Ziel des Workshops

Wie in den Vorjahren handelt es sich auch in diesem Jahr wieder um einen moderierten Workshop. Der Workshop 2021 ist zeitlich limitiert (75 Minuten).

Wie gewohnt, erhalten Sie nachstehend einen Sachverhalt, der an den Sachverhalt des vergangenen Jahres anknüpft. Auch in diesem Jahr soll nicht die Lösung der aufgeworfenen Probleme im Vordergrund stehen, sondern die Entwicklung von praxisnahen, rechtlich belastbaren Ergebnissen hochaktueller rechtlicher Fragestellungen.

Zu Beginn des Workshops erfolgt wie auch in den vergangenen Jahren eine kurze Einführung in die Abläufe und Themen, bevor wir in den neuen Sachverhalt einsteigen und diesen diskutieren. Die letzten Minuten sollen in bewährter Weise der kritischen Schlussbetrachtung dienen.

II. Sachverhalt

Die X-GmbH hat die Schließung von 30 Filialen inzwischen erfolgreich bewältigt und auch die mit den Personalmaßnahmen einhergegangenen Kündigungsrechtsstreite gelöst. Damit betreibt die X-GmbH nunmehr noch 70 Filialgeschäfte mit 1.000 Mitarbeitern und plant die Aufhebung des Insolvenzverfahrens in Eigenverwaltung.

In dieser zuversichtlichen Stimmung wurde die X-GmbH im Frühjahr 2021 von einem zweiten Lockdown überrascht, der sie erneut zur Schließung aller Filialen zwang. Das Online-Geschäft hatte sich seit dem Beginn der Pandemie und den ersten damit einhergehenden Einschränkungen zwar positiv entwickelt, der Umsatzanteil des Onlinehandels konnte die durch die Filialschließungen erwirtschafteten Verluste trotz erneuten Bezugs von Kurzarbeitergeld aber bei Weitem nicht kompensieren. Die X-GmbH hatte davon gehört, dass der Arbeitgeber im Falle der Anordnung von Kurzarbeit Null berechtigt ist, den Jahresurlaub der betroffenen Mitarbeiter anteilig zu kürzen. Als die Geschäftsführung mit dieser Erkenntnis auf den Betriebsrat zuging, verweigerte er die Verlängerung der Betriebsvereinbarung zur Kurzarbeit. Die Geschäftsführung stimmte dann einer Verlängerung ohne ausdrückliche Aufnahme des Rechts zur Kürzung des Jahresurlaubs zu, ist sich nun aber nicht sicher, ob sie die Kürzung durchsetzen darf.

Die wirtschaftliche Entwicklung besserte sich nicht und die Geschäftsführung wusste keinen Ausweg mehr. Sie legte daraufhin durch Rücknahme des Antrags auf Eigenverwaltung den Grundstein für den Übergang in ein Regelinsolvenzverfahren. Diese Maßnahme versetzte den Betriebsrat in Angst und Schrecken, hatte er doch die mit dem letzten Personalabbau verbundenen Einschnitte der Belegschaft schon nur schwer verständlich machen können. Zudem bangen die Betriebsratsmitglieder nunmehr selbst um ihre Arbeitsplätze.

Nach wie vor existiert bei der X-GmbH nur ein Betriebsrat, der nicht für sämtliche Filialen gewählt worden ist. Es wurden vielmehr – historisch bedingt – nur die in Nordrhein-Westfalen beschäftigten Mitarbeiter, also die Mitarbeiter der Zentrale, des Lagers und aus 30 Filialen – zur Betriebsratswahl eingeladen. Die Filialen in Nordrhein-Westfalen bilden auch gemeinsam mit der Zentrale und dem Lager der X-GmbH keinen Betrieb im Sinne des BetrVG. Jeweils 10 Filialen werden von einem sog. Regionalleiter in personellen und wirtschaftlichen Angelegenheiten geführt. In der einzelnen Filiale sind je nach Größe zwischen 5 und 15 Mitarbeiter beschäftigt. Der Betriebsrat wurde von dem Arbeitgeber zwischenzeitlich mit Laptops und einer Teams-Lizenz ausgestattet und hält seine Sitzungen regelmäßig als Videokonferenz ab. Dem Insolvenzverwalter gefällt das nicht. Er ist der Auffassung, dass online abgehaltene Sitzungen weniger effektiv sind als Zusammenkünfte in Präsenz.

Der Betriebsrat vertraut dem nun eingesetzten Insolvenzverwalter nicht und ruft die Belegschaft auf, sich auf die Wahllisten für die Betriebsratswahl im Frühjahr 2022 setzen zu lassen. Diesem Aufruf folgen im September 2021 insgesamt 99 Mitarbeiter aus dem in die Zuständigkeit des aktuellen Betriebsrats fallenden Unternehmensteils. Der Betriebsrat ist der Auffassung, dass er zur ordnungsgemäßen Erfüllung seiner Aufgaben dringend eine Assistenz mit 20 Wochenarbeitsstunden benötigt; der Insolvenzverwalter ist der Auffassung, dass das freigestellte Betriebsratsmitglied die zusätzlich anfallenden Arbeiten selbst erledigen sollen. Diese Ansage war für das freigestellte Betriebsratsmitglied zu viel, es folgte die Einreichung einer Arbeitsunfähigkeitsbescheinigung für die nächsten sieben Tage. Der Betriebsrat informiert den Insolvenzverwalter über die Ersatzfreistellung eines anderen Betriebsratsmitglieds; der Insolvenzverwalter fragt, ob er sich das gefallen lassen muss und schickt den Mitarbeiter zurück an seinen Arbeitsplatz.

Auch in Filialen, die bislang nicht von einem Betriebsrat vertreten wurden, macht sich Unruhe breit. Die Belegschaft einer Filiale mit 10 vollzeitbeschäftigten Arbeitnehmern initiiert daraufhin ebenfalls eine Betriebsratswahl und möchte diese möglichst schnell durchführen. Dieser Filiale steht ein Filialleiter vor, dem die Leitungsmacht der Filiale bezüglich sämtlicher personeller und organisatorischer Angelegenheiten übertragen worden ist.

Parallel konkretisieren sich die Pläne des Insolvenzverwalters, entweder einen Käufer für das Unternehmen finden zu wollen oder aber alternativ sämtliche Filialen zu schließen. Kurzentschlossen versetzt er ein Mitglied des bereits bestehenden Betriebsrats, auf dessen Initiative die ausgeuferte Wahlliste zurückzuführen ist, in eine bislang betriebsratslose Filiale. Den Betriebsrat hat er vor Ausspruch der Versetzung nach § 103 Abs. 3 BetrVG angehört; der Betriebsrat gab keine Erklärung ab. Der Insolvenzverwalter vollzieht die Versetzung.

In den folgenden Wochen laufen die Mietverträge zweier Filialen aus, die ohnehin auf der Liste der unrentablen Standorte stehen. Der Insolvenzverwalter entschließt sich, die Mietverträge nicht zu verlängern und gegenüber den in den Filialen beschäftigen Arbeitnehmern mangels Weiterbeschäftigungsmöglichkeiten in einem Umkreis von 50 km betriebsbedingte Beendigungskündigungen auszusprechen. Drei der von Kündigung betroffenen Arbeitnehmer stehen auf der Liste für die nächste Betriebsratswahl.

Die Arbeitnehmer der X-GmbH vernetzen sich zusehends und tauschen sich auch über ihr Arbeitsentgelt aus. Frau Müller hört von einem Kollegen einer nahegelegenen Filiale, dessen Monatsgehalt trotz vergleichbarer Tätigkeit 200 Euro brutto mehr beträgt als ihr eigenes Gehalt. Sie zieht vor das Arbeitsgericht und klagt auf gleiches Arbeitsentgelt für gleiche Arbeit.

III. Fragestellungen

1. Ist für die anteilige Kürzung des Jahresurlaubs im Falle von Kurzarbeit Null eine ausdrückliche Regelung durch Betriebsvereinbarung erforderlich?
2. Ist der Betriebsrat berechtigt, sämtliche Sitzungen per Videokonferenz durchzuführen?
3. Zu welchem Zeitpunkt darf die Liste der Wahlbewerber für eine Betriebsratswahl aufgestellt werden? Gibt es eine Obergrenze für die Anzahl der Wahlbewerber?

4. Unter welchen Voraussetzungen hat ein Betriebsrat Anspruch auf eine Assistenz?
5. Muss der Insolvenzverwalter die Ersatzfreistellung dulden?
6. Welche Möglichkeit hat die Filiale, die nun auch einen Betriebsrat wählen möchte, um die Wahl zu beschleunigen?
7. Kann sich das versetzte Betriebsratsmitglied erfolgreich gegen seine Versetzung wehren?
8. Hat der Insolvenzverwalter eine Möglichkeit, die Arbeitsverhältnisse mit den drei Wahlbewerbern wirksam aus betriebsbedingten Gründen zu kündigen?
9. Hat die Klage von Frau Müller Aussicht auf Erfolg?

IV. Lösung

1. Ist für die anteilige Kürzung des Jahresurlaubs im Falle von Kurzarbeit Null eine ausdrückliche Regelung durch Betriebsvereinbarung nötig?

Die Kürzung des Jahresurlaubs im Falle von Kurzarbeit Null ergibt sich nach der Rspr.[1] aus dem Gesetz. Daher ist keine Betriebsvereinbarung nötig.

Der Urlaubsanspruch setzt nach § 1 BUrlG allein das Bestehen des Arbeitsverhältnisses voraus. Für das Entstehen des Anspruchs ist keine Arbeitsleistung notwendig. Allerdings bemisst sich danach nicht die Höhe des Anspruches.

§ 3 Abs. 1 BUrlG setzt dagegen die Höhe des Anspruches in Relation zur Anzahl der Tage mit einer Arbeitspflicht. Daher sind die Urlaubstage unter Berücksichtigung der für das Urlaubsjahr maßgeblichen, vertraglich vorgesehenen Verteilung der Arbeitszeit auf die Wochentage zu ermitteln. Abzustellen ist dabei auf die für das ganze Jahr arbeitsvertraglich vorgesehene Verteilung der Arbeitszeit auf die Wochentage. Wechselt diese Anzahl unterjährig, ist eine Umrechnung notwendig. Gerade um einen solchen Wechsel der Tage mit Arbeitspflicht handelt es sich im Falle der Kurzarbeit Null. Aufgrund der vorübergehenden Suspendierung der Arbeitspflicht handelt es sich um eine vergleichbare Tätigkeit wie die Teilzeitbeschäftigter. Diese Auffassung vertritt auch der EuGH.[2] Dementsprechend entsteht in der Zeit der suspendierten Arbeitspflicht kein Urlaubsan-

1 LAG Düsseldorf, Urt. v. 12.03.2021 – 6 Sa 824/20.
2 EuGH v. 08.11.2021 – C-229/11 und C-230/11.

spruch. Insofern ist auch unerheblich, dass die Kurzarbeit Null keine planbare Freizeit enthält und somit eben nicht einem Erholungsurlaub gleichkommt.

Der Jahresurlaub ist dabei nach der folgenden Formel zu berechnen:

$$\frac{\textit{Werktage Urlaub x Anzahl der Tage mit Arbeitspflicht}}{\textit{Werktage}}$$

2. *Ist der Betriebsrat berechtigt, sämtliche Sitzungen per Videokonferenz durchzuführen?*

Nein. Es gilt gemäß § 30 Abs. 1 S. 5 BetrVG der Vorrang der Präsenzsitzungen.

Bis zum 30.06.2020 konnte durch den pandemiebedingt eingeführten § 129 BetrVG eine dauerhafte Verlegung der Betriebsratssitzungen auf Video- oder Telefonkonferenz erfolgen. Diese Regelung lief allerdings aus. Anstelle dessen hat der Gesetzgeber nun in §§ 30, 33 und 34 BetrVG ergänzende Regelungen zur Möglichkeit der digitalen Durchführung konstituiert.[3] Allen Voran steht allerdings der in § 30 Abs. 1 S. 5 BetrVG normierte Vorrang von Präsenzsitzungen. Insofern widerspricht dieser dem Vorhaben des Betriebsrates, sämtliche Sitzungen digital abzuhalten. Allerdings reicht es zur Einhaltung des Präsenzvorranges aus, die Zahl der komplett digital durchgeführten Sitzungen zu begrenzen oder nur bestimmte Themen per Video- oder Telefonkonferenz abzuhandeln. Die notwendigen Rahmenbedingungen dafür muss der Betriebsrat vorab in seiner Geschäftsordnung festlegen. Wird die Betriebsratssitzung demnach (auch) per Konferenz durchgeführt, gelten die zugeschalteten Mitglieder gemäß § 33 Abs. 1 S. 2 (bzw. beim Gesamtbetriebsrat gemäß § 51 Abs. 3 S. 1, beim Konzernbetriebsrat gemäß §§ 59 Abs. 1, 51 Abs. 3 BetrVG) als anwesend. Für die Teilnahmebestätigung reicht nach § 34 Abs. 1 BetrVG eine Bestätigung gegenüber dem Vorsitzenden in Schriftform (§ 126b BGB) aus.

Der Arbeitgeber hat dabei keine Einflussmöglichkeit darauf, ob eine Sitzung in Präsenz, per Video- oder Telefonkonferenz oder in einem Hybridmodell abgehalten wird. Da der Insolvenzverwalter gemäß § 80 InsO die Arbeitgeberfunktionen verwaltet, trifft dies auch auf ihn zu. Die Auffassung des Insolvenzverwalters spielt dahingehend also keine Rolle.

---

3 *Schiefer/Worzalla*, NZA 2021, 817.

3. Zu welchem Zeitpunkt darf die Liste der Wahlbewerber für eine Betriebsratswahl aufgestellt werden? Gibt es eine Obergrenze für die Anzahl der Wahlbewerber?

Mit dem Wahlausschreiben wird die Betriebsratswahl gemäß § 3 Abs. 1 S. 2 WO eingeleitet. Ab diesem Zeitpunkt beginnt die zweiwöchige Frist zur Einreichung der Wahlvorschläge gemäß § 6 Abs. 1 S. 2 WO. Zwischen dem Erlass des Wahlausschreibens und dem ersten Tag der Betriebsratswahl müssen mindestens sechs Wochen liegen, § 3 Abs. 1 S. 1 WO. Demnach kann die Liste nach Ablauf der zweiwöchigen Frist aufgestellt werden.

Die Aufstellung der Liste und selbst der Zeitpunkt des Wahlausschreibens müssen allerdings nicht zwingend für den Status als Wahlbewerber sein. Dieser kann bereits entstehen, wenn die Bewerbung schon „vorfristig“, also vor Erlass des Wahlausschreibens genügend Stützunterschriften gesammelt wurden und es sich somit um eine realistische Bewerbung handelt. Da eine enge Verknüpfung zu Wahl bestehen muss, reicht es, wenn immerhin bereits ein Wahlvorstand existiert.

Eine Obergrenze kennt das Gesetz dagegen nicht. Gerichtich bestätigt wurde sogar eine Betriebsratswahl, bei der 80% aller Arbeitnehmer sich zur Wahl aufgestellt hatten.[4] Damit können aus einer überdurchschnittlich hohen Zahl an Wahlbewerbern keine Rechtsfolgen entstehen.

4. Unter welchen Voraussetzungen hat ein Betriebsrat Anspruch auf eine Assistenz?

Rechtsgrundlage für den Überlassungsanspruch einer Bürokraft ergibt sich aus § 40 Abs. 2 BetrVG. Demnach hat der Arbeitgeber dem Betriebsrat für Sitzungen, Sprechstunden und die laufende Geschäftsführung neben Büropersonal auch Räume, sachliche Mittel, Informations- und Kommunikationstechnik zur Verfügung zu stellen. Dieser Anspruch untersteht einem Erforderlichkeitsvorbehalt. Nur, wenn der Betriebsrat ansonsten nicht in der Lage wäre, seine ihm durch das BetrVG auferlegten Pflichten ordnungsgemäß wahrzunehmen, kommt ein derartiger Anspruch gegen den Arbeitgeber in Betracht.[5] Dabei sind die konkreten Umstände festzustellen und die Interessen – des Betriebsrates und des Arbeitgebers – gegeneinan-

4 LAG Köln, Beschl. v. 29.03.2001 – 5 TaBV 22/01; BAG, Urt. v. 19.04. 2012 – 2 AZR 299/11.

5 *Althoff*, ArbRAktuell 2018, 546; BAG, Beschl. v. 20.04.2005 – 7 ABR 14/04.

der abzuwägen. Es steht dem Betriebsrat allerdings ein Ermessensspielraum zu, der nur beschränkt überprüfbar ist. Da er seine Aufgaben eigenständig und unabhängig wahrnimmt, hat er auch selbst zu bestimmen, auf welche Weise und mit welchen Hilfsmitteln er dies tut. Gerichtlich überprüfbar ist nur, ob er die Belange abgewogen hat und ob „das geforderte Büropersonal im begehrten Umfang auf Grund der konkreten betrieblichen Situation der Erledigung gesetzlicher Aufgaben des Betriebsrats dient"[6]. Es sind im Ergebnis also die Grundsätze anwendbar, die zu Sachmitteln entworfen wurden.

5. Muss der Insolvenzverwalter die Ersatzfreistellung dulden?

Ein Anspruch auf Ersatzfreistellung bei einem verhinderten Betriebsratsmitglied ergibt sich aus § 37 Abs. 2 BetrVG. Demnach kann der Betriebsrat verlangen, dass ein anderes Betriebsratsmitglied für die Dauer der Verhinderung freigestellt wird, sofern dies für die ordnungsmäßige Durchführung der Aufgaben aus dem BetrVG erforderlich ist. Bei der Entscheidung, ob die sofortige und völlige Freistellung notwendig ist, müssen die konkreten Umstände des Einzelfalls berücksichtigt und vom Betriebsrat ausführlich dargelegt werden. Eine pauschale Ersatzfreistellung ist nicht möglich. Wesentliche Faktoren sind dabei die Dauer der Verhinderung, die insgesamte Anzahl der freigestellten Betriebsratsmitglieder, sowie allgemeine organisatorische Belange. Je größer der Betriebsrat und je höher die Anzahl der freigestellten Mitglieder, desto geringer scheint die Dringlichkeit, gerade bei nur kurzer Abwesenheit des in Rede stehenden Mitglieds einen Ersatz freizustellen. Zudem ist davon auszugehen, dass der Gesetzgeber bei der Aufstellung der Mindestanzahl von Mitgliedern aus § 38 Abs. 1 BetrVG die üblichen Fehlzeiten berücksichtigt hat und die Zahl angesichts kurzer Ausfälle als ausreichend erachtet.[7]

Im Ergebnis ist also eine konkrete Bewertung der dargelegten Situation notwendig. Vorliegend gibt es laut Sachverhaltsangaben ein freigestelltes Betriebsratsmitglied.

---

6 BAG, Beschl. v. 20.04.2005 – 7 ABR 14/04.

7 BAG, Beschl. v. 22.05.1973 – 1 ABR 26/72; *Fitting*, BetrVG § 38 Rn. 26.

6. Welche Möglichkeiten hat die Filiale, die nun auch einen Betriebsrat wählen möchte, um die Wahl zu beschleunigen?

Es müsste sich zuallererst um einen eigenständigen Betrieb handeln. Mit 10 vollzeitbeschäftigten Arbeitnehmern erfüllt die Filiale jedenfalls die Voraussetzung des § 1 Abs. 1 S. 1 BetrVG. Nach ständiger Rechtsprechung des BAG und der herrschenden Lehre ist als Betrieb die organisatorische Einheit anzusehen, innerhalb derer der Unternehmer allein oder zusammen mit seinen Mitarbeitern mit Hilfe sächlicher und immaterieller Mittel bestimmte arbeitstechnische Zwecke fortgesetzt verfolgt.[8] Hier steht der Filiale ein Filialleiter vor, dem die Leitungsmacht der Filiale bezüglich sämtlicher organisatorischer und personeller Angelegenheiten übertragen worden ist. Er bestimmt schwerpunktmäßig die Arbeitsbedingungen und Organisationsfragen. Es handelt sich somit um einen eigenständigen Betrieb.

Da in der in Rede stehenden Filiale nur 10 Vollzeitmitarbeiter beschäftigt sind, handelt es sich zudem um einen Kleinbetrieb (§ 14a BetrVG: bis zu 100 wahlberechtigte Arbeitnehmer). Daher ist das vereinfachte Wahlverfahren für Kleinbetriebe nach §§ 14a, 17a BetrVG anwendbar, welches aus nur zwei Stufen besteht:

Auf der ersten Stufe wird der Wahlvorstand gemäß § 17a Nr. 3 BetrVG gewählt. Da in der Filiale noch kein Betriebsrat ansässig war und auch kein Gesamt- oder Konzernbetriebsrat besteht, wird der Wahlvorstand in einer Betriebsversammlung gewählt (§ 17 Abs. 2 S. 1 BetrVG). Anschließend folgt auf einer zweiten Wahlversammlung, die eine Woche nach der Vorstandswahl stattfindet, die eigentliche Wahl des Betriebsrates. Die Wahl ist geheim und unmittelbar (§ 14a Abs. 1 BetrVG) und findet als Mehrheitswahl anstelle einer Verhältniswahl statt (§§ 14 Abs. 2 S. 2, 14a BetrVG). Die Wahlvorschläge müssen gemäß § 14 Abs. 4 S. 1 BetrVG bis zu einer Betriebsgröße von 20 Arbeitnehmern nun auch nicht mehr unterschrieben werden, da die Gefahr völlig aussichtsloser Wahlvorschläge bei dieser Größe nicht die Betriebsratswahl gefährden kann. Somit kann auch die Aufstellung der Kandidaten beschleunigt werden. Zudem sind Wahlvorschläge noch bei der Wahlversammlung zur Wahl des Wahlvorstands ohne Schriftformerfordernis möglich (§ 14a Abs. 2 BetrVG).

8 *Schiefer/Worzalla*, NZA 2021, 817.

7. *Kann sich das versetzte Betriebsratsmitglied erfolgreich gegen seine Versetzung wehren?*

Grds. bedarf die Versetzung eines Betriebsratsmitglieds der Zustimmung des Betriebsrats nach § 103 Abs. 3 BetrVG, wenn dadurch der Verlust des Amtes oder der Wählbarkeit folgt. Da sich der Betriebsrat nicht geäußert hat, hat er seine Zustimmung nicht gegeben; diese gilt als verweigert. Durch die Versetzung in eine betriebsratlose Filiale verliert das BR-Mitglied die Wählbarkeit, wodurch die Mitgliedschaft nach § 24 Nr. 4 BetrVG erlischt und somit die Zustimmung notwendig gewesen wäre. Da auch nicht ersichtlich ist, dass das BR-Mitglied sein Einverständnis gegeben hat oder dass die Zustimmung durch ein ArbG ersetzt wurde, ist die Versetzung unwirksam.

Analog § 101 BetrVG kann der BR die Aufhebung der Versetzung verlangen. Nach einer Ansicht ist dies auch mit einer einstweiligen Verfügung durchsetzbar.[9]

8. *Hat der Insolvenzverwalter eine Möglichkeit, die Arbeitsverhältnisse mit den drei Wahlbewerbern wirksam aus betriebsbedingten Gründen zu kündigen?*

Gemäß § 15 Abs. 3 S. 1 2. Alt. KSchG ist die Kündigung von Wahlbewerbern zulässig, wenn der AG auch zur fristlosen Kündigung aus wichtigem Grund berechtigt wäre und die Zustimmung des Betriebsrates, alternativ die Zustimmungsersetzung durch ein ArbG, nach § 103 Abs. 1 BetrVG eingeholt wurde. Davon machen § 15 Abs. 4 und 5 KSchG allerdings eine Ausnahme. Demnach sind ordentliche Kündigungen möglich, wenn entweder der Betrieb oder eine Betriebsabteilung stillgelegt wird.

Hier werden zwei unrentable Filialen geschlossen. Um einen Betrieb handelt es sich bei den beiden betroffenen Filialen eben nicht, da jeweils zehn Filialen einem Regionalleiter unterstellt sind und diese zehn eine betriebliche Organisationseinheit darstellen (s.o). Damit könnte es sich bei den beiden Filialen um eine Betriebsabteilung handeln. Eine solche Betriebsabteilung ist eine Einheit, die zwar in die Organisation eines Betriebs eingegliedert und an dessen Zweck ausgerichtet ist, dabei jedoch organisatorisch abgrenzbar bleibt relativ verselbständigt agiert. Maßgeblich für die Unterscheidung ist hier der Grad der Selbständigkeit.

---

9 BeckOK ArbR/*Besgen*, BetrVG § 24 Rn. 10; *Fitting*, BetrVG § 103 Rn. 64 ff.

Vorliegend handelt es sich um zwei von acht Filialen, die einem Regionalleiter unterstehen. Eine einzelne oder auch beide Filialen zusammen stellen somit keinen Betrieb dar. Allerdings ist ihre Organisation insoweit verselbständigt, dass eine Filiale als solche mit ihrem eigenen Zweck funktionieren kann, auch wenn sie sich nicht auf die personelle oder organisatorische Leitungsmacht erstreckt.

Im Ergebnis handelt es sich somit um eine Betriebsabteilung. § 15 Abs. 5 KSchG sieht für die Stilllegung eine Ausnahme vor. Somit ist eine ordentliche Kündigung entgegen § 15 Abs. 1 KSchG ausnahmsweise ab dem Zeitpunkt der Stilllegung zulässig, wenn die Übernahme in eine andere Abteilung aufgrund betrieblicher Gründe nicht möglich ist. Hier sind die Mitverträge der Filialen ausgelaufen und diese wurden geschlossen. Im Umkreis von 50 KM war keine Weiterbeschäftigung möglich. Es ist allerdings fraglich, ob dies für die Unmöglichkeit der Weiterbeschäftigung reicht. Es liegt vielmehr beim Arbeitnehmer zu entscheiden, welche angebotene Weiterbeschäftigungsmöglichkeit er wahrnimmt. Grenze ist allerdings die Kündigung eines anderen Arbeitnehmers, um eine Beschäftigungsmöglichkeit zu schaffen. Nach h.M. ist der Arbeitgeber dazu nicht verpflichtet.[10]

Der Insolvenzverwalter konnte also gemäß § 15 Abs. 4 KschG die Arbeitnehmer mangels vollumfänglicher Suche nach einer Weiterbeschäftigung nicht kündigen.

9. *Hat die Klage von Frau Müller Aussicht auf Erfolg?*

Der Anspruch auf gleiches Entgelt für gleiche und gleichwertige Arbeit ergibt sich aus Art. 157 AEUV sowie aus §§ 3 Abs. 1 und 7 EntgTranspG. Demnach hätte Frau Müller einen Anspruch auf Nachzahlung, wenn sie aufgrund ihres Geschlechts bei gleicher oder gleichwertiger Arbeit weniger Lohn als ihre männlichen Kollegen erhalten würde. Dabei würde es sich um eine unmittelbare Entgeltbenachteiligung handeln. Nach § 4 Abs. 1 EntgTranspG liegt gleiche Arbeit vor, wenn sie an verschiedenen Arbeitsplätzen oder nacheinander an demselben Arbeitsplatz eine identische oder gleichartige Tätigkeit ausführen.

---

10 BeckOK ArbR/*Stoffels*, BGB § 626 Rn. 161; BAG, Urt. v. 24.09.2015 – 2 AZR 562/14; BAG, Urt. v. 23.03.1972 – 2 AZR 216/71; BeckOK ArbR/*Volkening*, KSchG § 15 Rn. 113.

Vorliegend handelt es sich bei der Tätigkeit von Frau Müller und der ihres männlichen Kollegen in einer nahegelegenen Filiale um eine vergleichbare Tätigkeit. Dieser verdient dort 200 Euro brutto mehr. Dieser Unterscheid könnte darauf zurückzuführen sein, dass hier eine ungleiche Behandlung aufgrund des Geschlechts vorliegen könnte.

Fraglich ist allerdings, wer die Darlegungs- und Beweislast innehat, eine auf Geschlecht beruhende Entgeltdiskriminierung nachzuweisen. Maßgebend ist dabei § 22 AGG, der vom EntgTranspG unberührt bleibt. Wenn im Streitfall eine Partei Indizien darlegen kann, die eine Benachteiligung wegen eines in § 1 AGG genannten Grundes vermuten lassen, trägt die gegnerische Partei die Beweislast, diese Vermutung zu entkräften. Es stellt sich folgend daher die Frage, ob Frau Müller durch den Vergleich zu ihrem männlichen Kollegen ausreichend Indizien dargelegt hat, die eine Beweislastumkehr hervorrufen. Gerichtlich bestätigt ist diese Indizienwirkung, wenn ein Auskunftsanspruch aus §§ 10 ff. EntgTranspG ergibt, dass der Entgeltmedian der Vergleichsgruppe des anderen Geschlechts höher liegt als das zugrunde liegende Gehalt.[11] Mit 1.000 Mitarbeitern übertrifft die X-GmbH auch den Schwellenwert von 200 Arbeitnehmern zur Anwendbarkeit der §§ 10 ff. EntgTranspG.

Hier hat Frau Müller jedoch nur den Vergleich zu einem männlichen Kollegen gezogen. Es ist daher zu klären, ob dadurch schon Indizwirkung eintreten kann.

Angesichts dessen, dass der Gesetzgeber mit §§ 10 ff. EntgTranspG einen Auskunftsanspruch geschaffen hat, der mit dem Median einen verlässlichen Vergleichswert bildet, und dieser als Indiz anerkannt ist, haben Arbeitnehmer ein wirksames Instrument zur Darlegung einer Ungleichbehandlung zur Hand. Durch die ergänzende Regelung des § 15 Abs. 5 EntgTranspG, die eine Beweislastumkehr auch vorsieht, wenn der Arbeitgeber seiner Auskunftspflicht nicht nachkommt, birgt der Auskunftsanspruch darüber hinaus auch keine Gefahren der Verschleppung. Insofern ist Frau Müller darauf zu verweisen, entweder ein Auskunftsersuchen nach §§ 10 ff. EntgTranspG zu stellen oder anderweitige Indizien vorzulegen, die eine Ungleichbehandlung aufgrund ihres Geschlechtes vermuten lassen. Der alleinige Verweis auf einen einzelnen Kollegen mit einem höheren Gehalt begründet in sich noch keinen Diskriminierungsverdacht. Mit den bisher vorgebrachten Tatsachen hat die Klage von Frau Müller noch keine Aussicht auf Erfolg.

---

11 BAG, Urt. v. 21.01.2021 – 8 AZR 488/19; *Jesgarzewski*, BB 2021, 1464.

Workshop Insolvenzrecht

Rechtsanwalt Henrik Brandenburg und Rechtsanwalt Franz Hackl, München

I. *Sachverhalt und Aufgabenstellung*

1. *Fall 1*

Über das Vermögen der P-GmbH (Schuldnerin) wurde am 01.04.2019 das Insolvenzverfahren eröffnet und Rechtsanwalt R zum Insolvenzverwalter bestellt. Der zur Insolvenzeröffnung führende Eigeninsolvenzantrag der Schuldnerin ging am 02.01.2019 beim zuständigen Insolvenzgericht ein.

Die Schuldnerin ist im Bereich der Papierverarbeitung tätig und Teil des Konzernverbunds der M-Media-Group. Die Mehrheit der Anteile an der Schuldnerin wird dabei von der M-GmbH gehalten, über deren Vermögen zum selben Zeitpunkt das Insolvenzverfahren eröffnet wurde.

Die Schuldnerin befand sich seit Anfang des Jahres 2017 in einer ernsthaften wirtschaftlichen Krise. Die Auswertung der zur Insolvenztabelle angemeldeten Forderungen ergab, dass am 01.06.2018 bereits fällige Verbindlichkeiten der Schuldnerin in Höhe von mindestens € 150.000,00 bestanden, die letztlich bis zur Eröffnung des Insolvenzverfahrens nicht mehr beglichen werden konnten.

Anfang des Jahres 2018 kam es bei der Schuldnerin noch zu einer steuerlichen Außenprüfung. Hierbei hat das zuständige Finanzamt bestandskräftig festgestellt, dass zwischen der Schuldnerin und der M-GmbH rückwirkend ab dem Jahr 2012 eine umsatzsteuerliche Organschaft anzunehmen ist. Bis dahin hatte die Schuldnerin die auf ihre eigenen Umsätze entfallende Umsatzsteuer stets selbst aus eigenen Mitteln beglichen. Die nachträgliche Feststellung der Umsatzsteuerorganschaft hatte zur Folge, dass die Schuldnerin rückwirkend ab dem Jahr 2012 als Organgesellschaft anzusehen ist und damit zur Bezahlung der von ihr im Zeitraum 2012 bis 2017 abgeführten Umsatzsteuer nicht verpflichtet war. Die Steuerschuldnerin dieser Umsatzsteuerverbindlichkeiten war vielmehr alleine die M-GmbH als Organträgerin.

Aus diesem Grund erließ das zuständige Finanzamt infolge der durchgeführten Außenprüfung gegenüber der Schuldnerin für die Veranlagungszeiträume (VZ) 2012 bis 2017 entsprechende Aufhebungsbescheide, aus denen sich insgesamt Umsatzsteuererstattungsansprüche der Schuldnerin in Höhe von € 2,5 Mio. ergaben. Diese gliedern sich im Einzelnen wie folgt:

- VZ 2012 bis 2014: € 1,0 Mio.
- VZ 2015 bis 2016: € 1,2 Mio.
- VZ 2017: € 300 T.

Gleichzeitig setzte das zuständige Finanzamt gegenüber der M-GmbH als Organträgerin die entsprechende Umsatzsteuer für die Jahre 2012 bis 2017 in Höhe von ebenfalls € 2,5 Mio. nachträglich fest.

Hinsichtlich ihrer Umsatzsteuererstattungsansprüche erteilte die Schuldnerin dem zuständigen Finanzamt schließlich die folgenden Umbuchungsgenehmigungen (UG):

- UG vom 05.07.2018 für VZ 2012 bis 2014 i.H.v. € 1,0 Mio.
- UG vom 10.10.2018 für VZ 2015 bis 2016 i.H.v. € 1,2 Mio.
- UG vom 03.12.2018 für VZ 2017 i.H.v. € 300 T.

Auf Basis dieser Umbuchungsgenehmigungen hat das Finanzamt die zugunsten der Schuldnerin bestehenden Umsatzsteuererstattungsansprüche vollständig auf die M-GmbH umgebucht und mit deren neu festgesetzten Umsatzsteuerverbindlichkeiten verrechnet.

Ausgangsfrage:

Welche Insolvenzanfechtungsansprüche kommen in Betracht und haben diese Aussicht auf Erfolg?

Hinweise:

Auf Fragen der steuerrechtlichen Verjährung ist nicht einzugehen.

Es ist zu unterstellen, dass die Summe der von der Schuldnerin in den einzelnen VZ erbrachten Umsatzsteuerzahlungen dem Betrag des Umsatzsteuererstattungsanspruchs für den jeweiligen VZ entspricht.

Zusatzfrage:

Welcher Rechtsweg wäre für die in Betracht kommenden Ansprüche eröffnet?

2. *Fall 2*

Die H-GmbH (Schuldnerin) hat den überregionalen Betrieb mehrerer Restaurants und Hotels zum Geschäftsgegenstand. Während die Schuldnerin im Jahr 2019 noch ein positives Jahresergebnis erzielt hatte, kam es ab Anfang des Jahres 2020 aufgrund der umfassenden Beschränkungen im Zusammenhang mit der COVID-19-Pandemie zu einem massiven Einbruch ihrer Umsätze. Aus diesem Grund sah sich die Geschäftsleitung der Schuldnerin am 01.07.2020 zur Stellung eines Antrages auf Eröffnung des Insolvenzverfahrens in Eigenverwaltung gezwungen. Mit Beschluss des zuständigen Insolvenzgerichts vom selben Tag wurde Rechtsanwalt R zum vorläufigen Sachwalter bestellt.

Mit Schreiben vom 10.07.2020 hat die Schuldnerin die zuständigen Finanzämter über die erfolgte Insolvenzantragstellung und die Anordnung des vorläufigen Insolvenzverfahrens in Eigenverwaltung informiert. Bis zur Eröffnung des Insolvenzverfahrens in Eigenverwaltung am 01.10.2020 wurden von der Schuldnerin noch die folgenden Lohnsteuerzahlungen an das zuständige Finanzamt geleistet:

Datum	**Betrag**	**Zeitraum**
14.07.2020	30.000,00 €	06/20
07.08.2020	35.000,00 €	07/20
24.09.2020	25.000,00 €	08/20
Gesamt	**90.000,00 €**	

Der mit dem Insolvenzeröffnungsbeschluss vom 01.10.2020 zum Sachwalter bestellte Rechtsanwalt R möchte diese Lohnsteuerzahlungen im Wege der Insolvenzanfechtung rückgängig machen.

Ausgangsfrage:

Hat die Insolvenzanfechtung des Sachwalters Erfolg?

Hinweis:

Auf die Gesetzesbegründung zum COVInsAG – BT-Drs. 19/18110 – wird hingewiesen.

Zusatzfrage:

Das Finanzamt hält dem anfechtenden Sachwalter u.a. den Einwand entgegen, eine Anfechtbarkeit der o.g. Lohnsteuerzahlungen scheitere im vorliegenden Fall bereits am Bargeschäftsprivileg gem. § 142 InsO. Mit Recht?

II. Lösungshinweise

1. Fall 1 – Ausgangsfrage

Bevor die in Betracht kommenden Insolvenzanfechtungsansprüche geprüft werden, sind zunächst die möglichen Anknüpfungspunkte für die Insolvenzanfechtung, d.h. die nach den §§ 129 ff. InsO angreifbaren Rechtshandlungen, zu bestimmen. Insoweit kann vorliegend zwischen den von der Schuldnerin vorgenommenen Umsatzsteuerzahlungen und den erteilten Umbuchungsgenehmigungen differenziert werden.

a) Anfechtung der Umbuchungsgenehmigungen

Die Umbuchungsgenehmigungen führten bei der gebotenen wirtschaftlichen Betrachtung dazu, dass das Finanzamt durch Verrechnung der Umsatzsteuererstattungsansprüche der Schuldnerin mit den offenen Umsatzsteuerverbindlichkeiten der M-GmbH Befriedigung suchen konnte und die Umsatzsteuererstattungsansprüche der Schuldnerin in der Folge zu Lasten der Gläubigergesamtheit untergingen. Insoweit ist daher von einer gläubigerbenachteiligenden Rechtshandlung i.S.d. § 129 Abs. 1 InsO auszugehen. Es stellt sich jedoch die Frage, welche Anfechtungstatbestände gem. §§ 130 ff. InsO vorliegend eingreifen.

aa) Unentgeltliche Leistung gem. § 134 Abs. 1 InsO

Zunächst ist eine Anfechtbarkeit der Umbuchungsgenehmigungen als unentgeltliche Leistung der Schuldnerin gem. § 134 Abs. 1 InsO in Betracht zu ziehen.

(1) Anwendungsbereich gem. § 134 Abs. 1 InsO

Nach § 134 Abs. 1 InsO ist eine unentgeltliche Leistung des Schuldners im Zeitraum von längstens vier Jahren vor dem Antrag auf Eröffnung des Insolvenzverfahrens erforderlich. Der grundsätzlich weit zu verstehende Leistungsbegriff des § 134 Abs. 1 InsO umfasst dabei sämtliche Rechtshandlungen, die dazu führen, dass dem Schuldnervermögen ein zugriffsfähiger Vermögenswert entzogen wird.[1]

Die von der Schuldnerin gegenüber dem zuständigen Finanzamt erteilten Umbuchungsgenehmigungen erfolgten allesamt im anfechtungsrelevanten Vierjahreszeitraum und führten durch den damit verbundenen Untergang der entsprechenden Umsatzsteuererstattungsansprüche auch zu einer Verminderung der zugriffsfähigen Vermögenswerte auf Seiten der Schuldnerin, sodass sowohl der zeitliche als auch der sachliche Anwendungsbereich des § 134 Abs. 1 InsO eröffnet ist.

(2) Unentgeltlichkeit gem. § 134 Abs. 1 InsO

Fraglich ist jedoch, ob die erteilten Umbuchungsgenehmigungen das Merkmal der Unentgeltlichkeit i.S.d. § 134 Abs. 1 InsO erfüllen.

Im Grundsatz ist von der Unentgeltlichkeit einer Leistung i.S.d. § 134 Abs. 1 InsO auszugehen, wenn dieser nach dem Inhalt des Rechtsgeschäfts, d.h. nach der zumindest konkludenten Vereinbarung der Parteien, keine Gegenleistung gegenüberstehen soll, wobei der Begriff der Gegenleistung prinzipiell ebenfalls weit auszulegen ist und beispielsweise auch die durch

1 BGH, U. v. 10.06.2021, Az. IX ZR 157/20, in: ZInsO 2021, 1977 (1978); *Borries/ Hirte*, in: Uhlenbruck, § 134 InsO Rn. 14; *Kayser/Freudenberg*, in: MüKo, § 134 InsO Rn. 5.

Tilgung einer gesetzlichen (Steuer-) Verbindlichkeit bewirkte Schuldbefreiung erfasst.[2]

Von diesem Grundsatz ist jedoch dann eine Ausnahme zu machen, wenn es sich um eine Leistung im Dreipersonenverhältnis handelt, genauer gesagt, wenn der Insolvenzschuldner auf die Verbindlichkeit eines Dritten leistet. In diesen Fällen erweist sich die o.g. Formel als nicht brauchbar, da zwischen dem Insolvenzschuldner als Leistendem und dem Zuwendungsempfänger in aller Regel keine Vereinbarung vorliegt, aus der sich eine potentielle Gegenleistung ergeben könnte. Nach ständiger Rechtsprechung des BGH ist insoweit für die Beurteilung der Unentgeltlichkeit i.S.d. § 134 Abs. 1 InsO vielmehr entsprechend dem sog. Vermögensopfergedanken darauf abzustellen, ob der Zuwendungsempfänger durch die Leistung, die er gem. § 267 Abs. 2 BGB nur bei einem Widerspruch seines eigentlichen Schuldners ablehnen kann, einen werthaltigen Anspruch verloren hat. Nur in diesem Fall kann schließlich von einem ausgleichenden Vermögensopfer des Leistungsempfängers und damit von der Entgeltlichkeit der entsprechenden Leistung ausgegangen werden. War der Anspruch des Leistungsempfängers hingegen bereits wirtschaftlich wertlos und hätte dieser daher ohnehin nicht mehr erfolgreich durchgesetzt werden können, etwa aufgrund der Insolvenzreife des eigentlichen Schuldners, hatte dieser bei der gebotenen wirtschaftlichen Betrachtung im Zusammenhang mit der erhaltenen Leistung auch kein entsprechendes Vermögensopfer zu verzeichnen, das als ausgleichende Gegenleistung angesehen werden könnte. In diesem Fall ist daher von der Unentgeltlichkeit und damit Anfechtbarkeit der Leistung gem. § 134 Abs. 1 InsO auszugehen, da der Leistungsempfänger entsprechend der Grundwertung der Insolvenzanfechtung nach § 134 InsO mangels eines zu erbringenden Vermögensopfers als nicht schutzwürdig zu betrachten ist.[3]

Vor diesem Hintergrund könnten die Voraussetzungen einer unentgeltlichen Leistung i.S.d. § 134 Abs. 1 InsO im Dreipersonenverhältnis auch im vorliegenden Fall erfüllt sein. Wie bereits im Sachverhalt dargestellt, hatte die Annahme der umsatzsteuerlichen Organschaft schließlich zur Folge, dass die Schuldnerin als Organgesellschaft nicht zur Zahlung der

---

2 BGH, U. v. 10.06.2021, Az. IX ZR 157/20, in: ZInsO 2021, 1977 (1978); BGH, U. v. 22.10.2020, Az. IX ZR 208/18, in: NZI 2021, 26 f.; BGH, U. v. 29.10.2015, Az. IX ZR 123/13, in: NZI 2016, 80; *Borries/Hirte*, in: Uhlenbruck, § 134 InsO Rn. 25, 43; *Kayser/Freudenberg*, in: MüKo, § 134 InsO Rn. 17, 26.

3 BGH, U. v. 27.02.2020, Az. IX ZR 337/18, in: NZI 2020, 422 (423); BGH, U. v. 29.10.2015, Az. IX ZR 123/13, in: NZI 2016, 80; *Borries/Hirte*, in: Uhlenbruck, § 134 InsO Rn. 66; *Kayser/Freudenberg*, in: MüKo, § 134 InsO Rn. 17a, 31a.

auf sie entfallenden Umsatzsteuer verpflichtet war, sondern ausschließlich die M-GmbH als Organträgerin und damit alleinige Steuerschuldnerin. Durch die von der Schuldnerin genehmigte Umbuchung und Verrechnung ihrer Umsatzsteuererstattungsansprüche wurde somit im Ergebnis auf die Umsatzsteuerverbindlichkeiten der M-GmbH als Dritter geleistet. Auch muss vorliegend davon ausgegangen werden, dass sich die entsprechenden Umsatzsteuerforderungen des Finanzamts gegenüber der M-GmbH als wertlos erwiesen, da diese ebenfalls insolvenzreif war.

Allerdings ist zu beachten, dass die besagten Grundsätze der Insolvenzanfechtung gem. § 134 Abs. 1 InsO im Dreipersonenverhältnis nach der gefestigten Rechtsprechung des BGH keine Anwendung finden können, wenn der Insolvenzschuldner als Leistender selbst für die getilgten Verbindlichkeiten (mit-)haftet, z.B. aufgrund eines Schuldbeitritts, einer Bürgschaft oder einer gesetzlichen (akzessorischen) Haftungsanordnung. In diesen Fällen handelt es sich schließlich streng genommen nicht mehr um die Zahlung auf eine fremde, sondern vielmehr auf eine eigene (Haftungs-)Schuld. Die Unentgeltlichkeit einer solchen Leistung ist somit wiederum primär nach Inhalt und Natur der dem Verhältnis zwischen Leistendem und Leistungsempfänger zugrundeliegenden Verpflichtung zu beurteilen. Soweit daher durch die Leistung des Insolvenzschuldners ein entgeltlich begründeter oder gesetzlicher (Haftungs-)Anspruch des Leistungsempfängers zum Erlöschen gebracht wird, ist darin eine ausgleichende Gegenleistung zu erblicken, mit der Folge, dass die entsprechende Leistung als entgeltlich zu qualifizieren ist.[4]

Wie bereits dargestellt, ist die Organgesellschaft im Rahmen der umsatzsteuerlichen Organschaft zwar nicht originäre Steuerschuldnerin der ihre eigenen Umsätze betreffenden Umsatzsteuer. Nach § 73 AO ist diese jedoch Haftungsschuldnerin, d.h. sie haftet für sämtliche Umsatzsteuerverbindlichkeiten des Organträgers und damit konsequenterweise auch für ihren eigenen Umsatzsteueranteil. Im Einklang mit der Rechtsprechung des BGH handelt es sich damit um die entgeltliche Leistung auf eine eigene Verbindlichkeit, wenn die Organgesellschaft im Rahmen der umsatzsteuerlichen Organschaft die auf sie selbst oder auf den Organträger entfallenden Umsatzsteuerschulden begleicht. Schließlich wird sie dadurch von dem Haftungsanspruch gem. § 73 AO frei, der materiell-rechtlich bereits mit der entsprechenden Steuerschuld des Organträgers entsteht und damit

4 BGH, U. v. 29.10.2015, Az. IX ZR 123/13, in: NZI 2016, 80; *Borries/Hirte*, in: Uhlenbruck, § 134 InsO Rn. 77 f.; *Kayser/Freudenberg*, in: MüKo, § 134 InsO Rn. 31a.

insbesondere nicht von einer Festsetzung mittels Haftungsbescheid i.S.d. § 191 Abs. 1 S. 1 AO abhängt.[5]

Nach den soeben dargestellten Grundsätzen muss im vorliegenden Fall davon ausgegangen werden, dass die Schuldnerin durch die erteilten Genehmigungen zur Umbuchung und Verrechnung ihrer Umsatzsteuererstattungsansprüche mit den gegenüber der M-GmbH als Organträgerin festgesetzten Umsatzsteuerverbindlichkeiten im Ergebnis den gegen sie gerichteten Haftungsanspruch aus § 73 AO und damit eine eigene gesetzliche Verbindlichkeit zum Erlöschen gebracht hat. Damit sind die dargestellten Grundsätze zur Ermittlung der Unentgeltlichkeit einer Leistung i.S.d. § 134 Abs. 1 InsO im Dreipersonenverhältnis insoweit nicht anwendbar und es ist vielmehr von einer entgeltlichen Leistung der Schuldnerin auszugehen.

(3) Zwischenergebnis

In Ansehung der von der Schuldnerin erteilten Umbuchungsgenehmigungen sind die Voraussetzungen der Insolvenzanfechtung gem. § 134 Abs. 1 InsO somit nicht erfüllt.

bb) Inkongruente Deckung gem. § 131 Abs. 1 InsO

Möglicherweise kommt jedoch eine Anfechtbarkeit der Umbuchungsgenehmigungen als inkongruente Deckung gem. § 131 Abs. 1 InsO in Betracht.

(1) Anfechtungszeitraum gem. § 131 Abs. 1 InsO

Die Umbuchungsgenehmigung vom 10.10.2018 in Höhe von € 1,2 Mio. erfolgte im anfechtungsrelevanten Zeitraum des § 131 Abs. 1 Nr. 2 InsO, das heißt innerhalb von drei Monaten vor der Antragstellung auf Eröffnung des Insolvenzverfahrens am 02.01.2019. Die Umbuchungsgenehmigung vom 03.12.2018 in Höhe von € 300.000,00 erfolgte im anfechtungsrelevanten Zeitraum des § 131 Abs. 1 Nr. 1 InsO, das heißt innerhalb des

5 BGH, B. v. 24.09.2020, Az. IX ZR 260/19, in: ZInsO 2020, 2540; BGH, U. v. 19.01.2012, Az. IX ZR 2/11, in: NZI 2012, 177 (181).

letzten Monats vor der Insolvenzantragstellung am 02.01.2019. Insoweit ist daher der zeitliche Anwendungsbereich von § 131 Abs. 1 Nr. 1 und Nr. 2 InsO eröffnet.

(2) Insolvenzgläubigerstellung des Finanzamts gem. § 131 Abs. 1 InsO

Das Finanzamt als Anfechtungsgegner müsste gem. § 131 Abs. 1 InsO zudem Insolvenzgläubiger sein.

Die Insolvenzgläubigerstellung i.S.d. § 131 Abs. 1 InsO erfordert grundsätzlich, dass der entsprechende Anfechtungsgegner ohne die betreffende Rechtshandlung in Ansehung der dadurch befriedigten Forderung in dem späteren Insolvenzverfahren als Insolvenzgläubiger i.S.d. §§ 38, 39 InsO teilgenommen hätte. Im klassischen Fall der Leistung im Dreipersonenverhältnis, d.h. der Zahlung des Insolvenzschuldners auf die Verbindlichkeit eines Dritten, muss eine Insolvenzgläubigerstellung des Leistungsempfängers damit grundsätzlich ausscheiden, da dieser in der Regel keinen Anspruch gegen den Insolvenzschuldner hatte und die befriedigte Forderung in dem entsprechenden Insolvenzverfahren damit gerade nicht zur Insolvenztabelle hätte anmelden können.[6]

In Anknüpfung an die bereits im Rahmen des § 134 Abs. 1 InsO dargestellten Grundsätze zur Anfechtbarkeit im Dreipersonenverhältnis ist jedoch nach der Rechtsprechung des BGH eine hiervon abweichende Beurteilung geboten, wenn der leistende Insolvenzschuldner, wie in den Fällen nach § 73 AO oder § 128 HGB, ohnehin für die befriedigte Forderung (mit-)haftet. Schließlich handelt es sich dabei im Ergebnis um die Leistung auf eine eigene Verbindlichkeit, mit der Folge, dass der entsprechende Leistungsempfänger die befriedigte Forderung auch in dem später über das Vermögen des Leistenden eröffneten Insolvenzverfahren zur Insolvenztabelle hätte anmelden können, wenn die entsprechende Leistung nicht erfolgt wäre.[7]

---

6 *Borries/Hirte*, in: Uhlenbruck, § 130 InsO Rn. 12, 23; *Kayser/Freudenberg*, in: MüKo, § 130 InsO Rn. 17.

7 BGH, U. v. 19.01.2012, Az. IX ZR 2/11, in: NZI 2012, 177; *Borries/Hirte*, in: Uhlenbruck, § 130 InsO Rn. 24 f.; *Kayser/Freudenberg*, in: MüKo, § 130 InsO Rn. 19 f.; a.A. BFH, U. v. 23.09.2009, Az. VII R 43/08, in: ZInsO 2010, 141 (142 ff.), der im Fall einer freiwilligen Umsatzsteuerzahlung der Organgesellschaft aufgrund der aus § 219 S. 1 AO folgenden allgemeinen Subsidiarität der Haftung aus § 73 AO eine grundsätzliche Insolvenzgläubigerstellung des Finanzamts ablehnt. Der BFH stellt insoweit entscheidend darauf ab, ob die Voraussetzungen einer Haftungsinan-

Wie bereits dargestellt, haftet die Schuldnerin im vorliegenden Fall der umsatzsteuerlichen Organschaft als Organgesellschaft gem. § 73 AO für sämtliche Umsatzsteuerverbindlichkeiten der M-GmbH als Organträgerin. Mit den erteilten Umbuchungs- und Verrechnungsgenehmigungen hat die Schuldnerin damit letztlich auf den gegen sie gerichteten Haftungsanspruch aus § 73 AO, den das Finanzamt ansonsten als Insolvenzforderung gem. § 38 InsO zur Insolvenztabelle hätte anmelden können, geleistet. Insoweit ist das Finanzamt daher auch als Insolvenzgläubiger i.S.d. § 131 Abs. 1 InsO anzusehen.

(3) Inkongruente Deckung i.S.d. § 131 Abs. 1 InsO

Bei den von der Schuldnerin erteilten Umbuchungsgenehmigungen müsste es sich schließlich auch um inkongruente Deckungshandlungen i.S.d. § 131 Abs. 1 InsO handeln, mithin um die Gewährung bzw. Ermöglichung einer Befriedigung, die das Finanzamt nicht, nicht in der Art oder nicht zu der Zeit zu beanspruchen hatte.

Im Einklang mit der Rechtsprechung des BGH beinhaltet der Zahlungsanspruch der Finanzverwaltung grundsätzlich keinen Anspruch auf eine Befriedigung von Steuerschulden im Wege der Umbuchung bzw. Verrechnung. In derartigen Fällen hat das Finanzamt daher eine Befriedigung erlangt, die es jedenfalls nicht in dieser Art zu beanspruchen hatte. Eine Ausnahme hiervon käme allenfalls dann in Betracht, wenn die Umbuchung bzw. Verrechnung zwischen den Parteien gesondert vereinbart worden wäre.[8]

Da jedoch im vorliegenden Fall eine derartige Vereinbarung und damit ein Anspruch des Finanzamts auf die von der Schuldnerin erteilten Umbuchungsgenehmigungen nicht ersichtlich ist, muss von einer inkongruenten Deckung gem. § 131 Abs. 1 InsO ausgegangen werden.

Die Inkongruenz der vom Finanzamt erlangten Deckung kann sich im vorliegenden Fall der Leistung der Organgesellschaft auf deren Haftungsverbindlichkeit aus § 73 AO nach der Rechtsprechung des BGH zudem da-

---

spruchnahme gem. § 73 AO in Form des Erlasses eines entsprechenden Haftungsbescheids i.S.d. § 191 Abs. 1 S. 1 AO bereits vollständig eingetreten sind. Zudem verweist der BFH auf einen allgemeinen Vorrang der Insolvenzanfechtung gegenüber dem leistungsfähigen Organträger gem. §§ 130 f. InsO.

8 *Borries/Hirte*, in: Uhlenbruck, § 131 InsO Rn. 51 ff., 107; *Kayser/Freudenberg*, in: MüKo, § 131 InsO Rn. 17.

raus ergeben, dass der grundsätzlich steuerpflichtige Organträger im Zeitpunkt der entsprechenden Leistung (noch) leistungsfähig und der Haftungsanspruch aus § 73 AO somit aufgrund der insoweit gem. § 219 S. 1 AO angeordneten Subsidiarität (noch) nicht fällig war. In diesem Fall hat das Finanzamt schließlich eine Befriedigung erlangt, die es zu dieser Zeit (noch) nicht zu beanspruchen hatte.[9]

Da jedoch der Sachverhalt über den Eintritt der Zahlungsunfähigkeit auf Seiten der Organträgerin keine tiefergehenden Angaben enthält, kann an dieser Stelle insoweit keine abschließende Beurteilung erfolgen.

(4) Zahlungsunfähigkeit gem. § 131 Abs. 1 Nr. 2 InsO i.V.m. § 17 Abs. 2 InsO

Hinsichtlich der Umbuchungsgenehmigung vom 10.10.2018 erfordert eine Anfechtbarkeit gem. § 131 Abs. 1 Nr. 2 InsO, dass die Schuldnerin zu diesem Zeitpunkt bereits zahlungsunfähig i.S.d. § 17 Abs. 2 InsO war. Ausweislich der Angaben im Sachverhalt bestanden bereits am 01.06.2018 fällige Verbindlichkeiten der Schuldnerin in Höhe von mindestens € 150.000,00, die schließlich bis zur Insolvenzeröffnung am 01.04.2019 nicht mehr beglichen werden konnten. Spätestens zu diesem Zeitpunkt hatte die Schuldnerin damit ihre Zahlungen eingestellt und war dementsprechend zahlungsunfähig gem. § 17 Abs. 2 InsO,[10] sodass vorliegend auch die Voraussetzungen des § 131 Abs. 1 Nr. 2 InsO erfüllt sind.

(5) Zwischenergebnis

Hinsichtlich der Umbuchungsgenehmigungen vom 10.10.2018 und vom 03.12.2018 in Höhe von insgesamt € 1,5 Mio. ist damit ein Insolvenzanfechtungsanspruch gem. §§ 129 Abs. 1, 131 Abs. 1 Nr. 1 und Nr. 2, 143 Abs. 1 InsO zu bejahen.

---

9 BGH, U. v. 19.01.2012, Az. IX ZR 2/11, in: NZI 2012, 177 (179); *Borries/Hirte*, in: Uhlenbruck, § 131 InsO Rn. 8, 107; *Kayser/Freudenberg*, in: MüKo, § 131 InsO Rn. 17.

10 Vgl. zur Zahlungsunfähigkeit in Form der Zahlungseinstellung i.S.d. § 17 Abs. 2 InsO u.a. BGH, U. v. 12.10.2017, Az. IX ZR 50/15, in: NZI 2018, 34 (35).

cc) Vorsätzliche Benachteiligung gem. § 133 InsO

In Betracht zu ziehen ist ferner die Anfechtung der Umbuchungsgenehmigungen, insbesondere derjenigen außerhalb des besonderen Dreimonatszeitraums i.S.d. §§ 130, 131 InsO vom 05.07.2018 in Höhe von € 1,0 Mio., aufgrund einer vorsätzlichen Benachteiligung der Insolvenzgläubiger gem. § 133 InsO. Die Umbuchungsgenehmigungen stellen schließlich Rechtshandlungen der Schuldnerin i.S.d. § 133 Abs. 1 InsO dar, die auch in dem insoweit gem. § 133 Abs. 2 InsO anfechtungsrelevanten Zeitraum von vier Jahren vor der Insolvenzantragstellung am 02.01.2019 erfolgten. Zudem befand sich die Schuldnerin schon seit Anfang des Jahres 2017 in einer ernsthaften wirtschaftlichen Krise und war – wie bereits dargestellt – infolge ihrer Zahlungseinstellung spätestens zum 01.06.2018 zahlungsunfähig i.S.d. § 17 Abs. 2 InsO. Da vorliegend davon ausgegangen werden muss, dass die Schuldnerin auch Kenntnis dieser wirtschaftlichen Umstände hatte, liegen durchaus gewichtige Anhaltspunkte für ein Handeln mit Gläubigerbenachteiligungsvorsatz gem. § 133 Abs. 1 InsO vor. Allerdings enthält der Sachverhalt keine weitergehenden Angaben zu den subjektiven Anfechtungsvoraussetzungen des § 133 Abs. 1 InsO, insbesondere hinsichtlich einer etwaigen Kenntnis des Finanzamts von der Zahlungsunfähigkeit i.S.d. § 17 Abs. 2 InsO und damit von einem potentiellen Gläubigerbenachteiligungsvorsatz der Schuldnerin gem. § 133 Abs. 1 InsO,[11] sodass die Frage einer Anfechtbarkeit der Umbuchungsgenehmigungen nach § 133 InsO an dieser Stelle offenbleiben muss.

b) Anfechtung der Umsatzsteuerzahlungen direkt

Alternativ bestünde für den Insolvenzverwalter auch die Möglichkeit, die den erteilten Umbuchungsgenehmigungen letztlich zugrundeliegenden Umsatzsteuerzahlungen der Schuldnerin direkt gem. §§ 129 ff. InsO anzufechten.

---

11 Insbesondere zu den subjektiven Anfechtungsvoraussetzungen gem. § 133 Abs. 1 InsO vgl. auch die neueste Rechtsprechung des BGH mit U. v. 06.05.2021, Az. IX ZR 72/20, in: NZI 2021, 720.

aa) Möglichkeit der direkten Anfechtung der Umsatzsteuerzahlungen

Grundsätzlich ist davon auszugehen, dass auch eine Insolvenzanfechtung der Umsatzsteuerzahlungen direkt möglich bzw. eine darauf gerichtete Klage zulässig wäre. Ein möglicher Einwand der Finanzverwaltung könnte sich insoweit allerdings daraus ergeben, dass die Erstattung dieser Umsatzsteuerzahlungen, die nunmehr im Wege der Insolvenzanfechtung rückgängig gemacht werden sollen, ohnehin bereits in einem bestandskräftigen Bescheid festgesetzt und der daraus folgende Anspruch der Schuldnerin dem Grunde nach auch zu keinem Zeitpunkt bestritten wurde. Schließlich dreht sich die vorliegende Streitigkeit im Wesentlichen nur um die Zulässigkeit bzw. Insolvenzfestigkeit der erteilten Umbuchungs- und Verrechnungsgenehmigungen.

(1) Keine Beseitigung der Gläubigerbenachteiligung i.S.d. § 129 Abs. 1 InsO

Als Ansatzpunkt käme insoweit wohl insbesondere die Frage nach einer Beseitigung der durch die Umsatzsteuerzahlungen der Schuldnerin ausgelösten Gläubigerbenachteiligung i.S.d. § 129 Abs. 1 InsO in Betracht. Jedoch ist hierbei zu beachten, dass nach ständiger Rechtsprechung des BGH an die Beseitigung der Gläubigerbenachteiligung gem. § 129 Abs. 1 InsO aufgrund ihres absoluten Ausnahmecharakters besonders hohe Anforderungen zu stellen sind und diese daher in aller Regel überhaupt nur dann angenommen werden kann, wenn die eingetretene Vermögensverkürzung vollständig und in derselben Form wieder rückgängig gemacht wird.[12]

Vor diesem Hintergrund kann vorliegend nicht schon aufgrund des bloßen Umsatzsteuererstattungsbescheids von einer nachträglichen Beseitigung der durch die vorherigen Umsatzsteuerzahlungen eingetretenen Gläubigerbenachteiligung i.S.d. § 129 Abs. 1 InsO ausgegangen werden, da hierfür in jedem Fall eine tatsächliche Rückzahlung der zuvor abgeflossenen Mittel erforderlich gewesen wäre. Der direkten Anfechtung der Umsatzsteuerzahlungen stünde somit nicht das Fehlen einer Gläubigerbenachteiligung gem. § 129 Abs. 1 InsO entgegen.

12 Hierzu ausführlich *Brandenburg/Hackl*, in: NZI 2019, 591 (593 f.).

(2) Bestehendes Rechtsschutzbedürfnis

Auch ist davon auszugehen, dass einer direkt auf die Anfechtung der entsprechenden Umsatzsteuerzahlungen gestützten Klage des Insolvenzverwalters nicht das im Rahmen der Zulässigkeit zu prüfende Rechtsschutzbedürfnis fehlen würde. Schließlich kann nicht davon ausgegangen werden, dass ein direktes Vorgehen gegen die von der Schuldnerin erteilten Umbuchungsgenehmigungen im Wege der Insolvenzanfechtung für den Insolvenzverwalter einen einfacheren und effizienteren Weg zur Erreichung des entsprechenden Rechtsschutzbegehrens darstellt.[13]

bb) Mögliche Anfechtungstatbestände

Aufgrund der Tatsache, dass sämtliche Umsatzsteuerzahlungen der Schuldnerin im Zeitraum 2012 bis 2017 und damit weit außerhalb des besonderen Dreimonatszeitraums der §§ 130, 131 InsO erfolgten, kommt insoweit lediglich eine Anfechtbarkeit aufgrund unentgeltlicher Leistung gem. § 134 InsO und vorsätzlicher Gläubigerbenachteiligung gem. § 133 InsO in Betracht. Der grundsätzlich vierjährige Anfechtungszeitraum der §§ 134 Abs. 1, 133 Abs. 2 InsO umfasst dabei aber auch nur die im Zeitraum 2015 bis 2017 erfolgten Umsatzsteuerzahlungen in Höhe von insgesamt € 1,5 Mio.[14]

Hinsichtlich der übrigen Anfechtungsvoraussetzungen kann an dieser Stelle umfassend nach oben verwiesen werden. Die Insolvenzanfechtung gem. § 134 InsO scheitert in Ansehung der Umsatzsteuerzahlungen somit ebenfalls an der Haftung der Schuldnerin als Organgesellschaft aus § 73 AO, die letztlich einer Unentgeltlichkeit der entsprechenden Leistungen i.S.d. § 134 Abs. 1 InsO entgegensteht. Auch die Frage der Anfechtbarkeit gem. § 133 InsO kann vorliegend aufgrund der fehlenden Informationen zu den insoweit erforderlichen subjektiven Voraussetzungen nicht abschließend beurteilt werden. Da sich die Schuldnerin aber ohnehin erst seit Anfang des Jahres 2017 in einer ernsthaften wirtschaftlichen Krise befand, käme insoweit wohl ohnehin nur eine Anfechtung der in diesem

13 Vgl. hierzu *Greger*, in: Zöller, Vor. § 253 ZPO Rn. 18 ff.

14 Nach den Hinweisen im Sachverhalt soll die Summe der im jeweiligen VZ erbrachten Umsatzsteuerzahlungen aus Vereinfachungsgründen schließlich dem Betrag der Umsatzsteuererstattungsansprüche für den jeweiligen VZ entsprechen.

Jahr erfolgten Umsatzsteuerzahlungen in Höhe von € 300.000,00 in Betracht.

c) Ergebnis

Da eine Anfechtbarkeit der Umsatzsteuerzahlungen direkt gem. § 133 InsO vorliegend nicht abschließend beurteilt werden kann, erweist sich für den Insolvenzverwalter der Weg über eine Anfechtung der Umbuchungsgenehmigungen als wesentlich aussichtsreicher und damit grundsätzlich vorzugswürdig. Schließlich ist jedenfalls in Ansehung der Umbuchungsgenehmigungen vom 10.10.2018 und vom 03.12.2018 in Höhe von insgesamt € 1,5 Mio. ein Insolvenzanfechtungsanspruch gem. §§ 129 Abs. 1, 131 Abs. 1 Nr. 1 und Nr. 2, 143 Abs. 1 InsO zu bejahen.

2. Fall 1 – Zusatzfrage

Da sich die vorliegend in Betracht kommenden Insolvenzanfechtungsansprüche auf Umsatzsteuerzahlungen bzw. umgebuchte und verrechnete Umsatzsteuererstattungsansprüche der Schuldnerin beziehen, stellt sich die Frage, ob für eine entsprechende Klage des Insolvenzverwalters der Zivil- oder der Finanzrechtsweg eröffnet wäre.

An diesem Punkt kommt schließlich der bereits herausgearbeiteten Differenzierung zwischen den potentiellen Anknüpfungspunkten der Insolvenzanfechtung, d.h. zwischen den von der Schuldnerin erteilten Umbuchungsgenehmigungen einerseits und den früheren Umsatzsteuerzahlungen andererseits, eine entscheidende Bedeutung zu.

a) Anfechtung der Umbuchungsgenehmigungen

Der einschlägige Rechtsweg bestimmt sich nach der ständigen Rechtsprechung des BGH im Grundsatz nach der Natur des Rechtsverhältnisses, aus dem sich der geltend gemachte Klageanspruch ergibt.[15] Für insolvenzrechtliche Anfechtungsansprüche ist daher in aller Regel der Zivilrechts-

15 BGH, U. v. 28.02.1991, Az. III ZR 53/90, in: NJW 1991, 1686 (1687); BGH, U. v. 01.12.1988, Az. IX ZR 61/88, in: NJW 1989, 303 (304); BGH, U. v. 23.02.1988, Az. VI ZR 212/87, in: NJW 1988, 1731.

weg eröffnet. Schließlich folgt der insolvenzrechtliche Rückgewähranspruch gem. § 143 Abs. 1 InsO aus den Regelungen des Insolvenzanfechtungsrechts gem. §§ 129 ff. InsO und ist daher bürgerlich-rechtlicher Natur, mit der Folge der Zuweisung einer daraus resultierenden Streitigkeit zu den ordentlichen Gerichten gem. § 13 GVG.[16] Im vorliegenden Fall der Anfechtung der Umbuchungsgenehmigungen ist jedoch zu beachten, dass das klägerische Begehren letztlich auf die Geltendmachung des ohne die entsprechenden Umbuchungen bzw. Verrechnungen fortbestehenden Umsatzsteuererstattungsanspruchs der Schuldnerin gerichtet ist. Dieser ergibt sich aber gerade nicht aus den Regelungen der Insolvenzordnung, insbesondere handelt es sich dabei gerade nicht um den insolvenzrechtlichen Rückgewähranspruch aus § 143 Abs. 1 InsO. Wie in den Fällen der Unzulässigkeit der Aufrechnung gem. § 96 Abs. 1 Nr. 3 InsO findet dieser Anspruch seine Grundlage vielmehr in dem ursprünglichen Erstattungsbescheid und damit in den Regelungen des Umsatzsteuerrechts. Die Frage der Insolvenzanfechtung der erteilten Umbuchungs- und Verrechnungsgenehmigungen ist insoweit lediglich eine inzident zu klärende Vorfrage und in Übereinstimmung mit der Rechtsprechung des BGH zu § 96 Abs. 1 Nr. 3 InsO damit nicht rechtswegbestimmend. In diesen Fällen handelt es sich somit um die Geltendmachung eines Anspruchs aus dem Steuerschuldverhältnis und damit um eine öffentlich-rechtliche Streitigkeit in einer Abgabenangelegenheit, für die gem. § 33 Abs. 1 Nr. 1 FGO der Finanzrechtsweg eröffnet ist.[17]

b) Anfechtung der Umsatzsteuerzahlungen direkt

Im Fall der Anfechtung der von der Schuldnerin vorgenommenen Umsatzsteuerzahlungen folgt der geltend gemachte Klageanspruch hingegen

---

16 BGH, U. v. 07.05.1991, Az. IX ZR 30/90, in: NJW 1991, 2147 (2148); BGH, B. v. 24.03.2011, Az. IX ZB 36/09, in: NZI 2011, 323.

17 Vgl. hierzu BGH, U. v. 21.09.2006, Az. IX ZR 89/05, in: NZI 2007, 103; BGH, B. v. 02.06.2005, Az. IX ZB 235/04, in: NZI 2005, 499; insoweit ist zudem zu beachten, dass eine in derartigen Fällen dennoch zu den Zivilgerichten erhobene Klage wohl selbst bei rügeloser Einlassung keine Aussicht auf Erfolg haben könnte, da sich das Zivilgericht nicht über einen bestandskräftigen Umbuchungs- bzw. Verrechnungsbescheid hinwegsetzen darf und im Rahmen seiner Entscheidung daher daran gebunden ist, mit der Folge der Unbegründetheit einer entsprechenden Klage. Die Prüfungs- und Verwerfungskompetenz liegt insoweit ausschließlich bei den Fachgerichten, im vorliegenden Fall also beim zuständigen Finanzgericht.

direkt aus § 143 Abs. 1 InsO und findet seine Grundlage damit unmittelbar in den insolvenzrechtlichen Anfechtungsregelungen gem. §§ 129 ff. InsO. Insoweit stellt die Insolvenzanfechtung daher nicht mehr nur eine bloße Vorfrage zu dem eigentlich begehrten Klageanspruch dar, sondern ist vielmehr selbst rechtswegbestimmend. Da es sich bei dem Rückgewähranspruch aus § 143 Abs. 1 InsO um einen bürgerlich-rechtlichen Anspruch handelt, ist insoweit von einer bürgerlichen Rechtsstreitigkeit auszugehen, für die gem. § 13 GVG der Zivilrechtsweg eröffnet ist.[18]

c) Ergebnis

Soweit sich der Insolvenzverwalter für die Insolvenzanfechtung der Umbuchungsgenehmigungen entscheidet, hat dieser somit gem. § 33 Abs. 1 Nr. 1 FGO den Finanzrechtsweg zu beschreiten. Im Fall der direkten Insolvenzanfechtung der früheren Umsatzsteuerzahlungen der Schuldnerin wäre hingegen der Zivilrechtsweg gem. § 13 GVG eröffnet. An dieser Stelle wird daher deutlich, dass die verschiedenen in Betracht kommenden Ansatzpunkte der Insolvenzanfechtung – im vorliegenden Fall also die Umbuchungsgenehmigungen einerseits und die eigentlichen Umsatzsteuerzahlungen andererseits – für den Insolvenzverwalter eine gewisse Stellschraube darstellen können, um zu einem bestimmten Rechtsweg zu gelangen. Dies kann insbesondere dann von nicht unerheblicher Bedeutung sein, wenn die höchstrichterliche bzw. obergerichtliche Rechtsprechung des jeweiligen Rechtsweges die gleichen Fragen – wie so oft – verschiedentlich beantwortet.

3. Fall 2 – Ausgangsfrage

Die nach Insolvenzantragstellung noch erbrachten Lohnsteuerzahlungen in Höhe von insgesamt € 90.000,00 könnten gem. §§ 129 Abs. 1, 130 Abs. 1 S. 1 Nr. 2 InsO anfechtbar und daher gem. § 143 Abs. 1 InsO an die Insolvenzmasse zurückzugewähren sein.

---

18 Vgl. hierzu BGH, U. v. 07.05.1991, Az. IX ZR 30/90, in: NJW 1991, 2147 (2148); BGH, B. v. 24.03.2011, Az. IX ZB 36/09, in: NZI 2011, 323.

a) Anfechtungsvoraussetzungen gem. §§ 129 Abs. 1, 130 Abs. 1 S. 1 Nr. 2 InsO

Die Lohnsteuerzahlungen führten bei der gebotenen wirtschaftlichen Betrachtung zu einer Verkürzung der schuldnerischen Aktivmasse und damit einhergehend der Befriedigungsaussichten der Insolvenzgläubiger, sodass von einer Gläubigerbenachteiligung i.S.d. § 129 Abs. 1 InsO auszugehen ist. Auch hat das zuständige Finanzamt als Insolvenzgläubiger dadurch eine von diesem grundsätzlich zu beanspruchende Befriedigung erhalten, nachdem es von der Schuldnerin bereits am 10.07.2020 über die am 01.07.2020 erfolgte Insolvenzantragstellung informiert worden war. Damit sind die Voraussetzungen des Insolvenzanfechtungstatbestands der kongruenten Deckung gem. § 130 Abs. 1 S. 1 Nr. 2 InsO dem Grunde nach ebenfalls erfüllt.

b) Anfechtungsausschluss gem. § 2 Abs. 1 Nr. 4 COVInsAG

Es stellt sich im vorliegenden Fall jedoch die Frage, ob eine Anfechtbarkeit dieser kongruenten Deckungen möglicherweise nach § 2 Abs. 1 Nr. 4 COVInsAG ausgeschlossen sein könnte.

Nach § 2 Abs. 1 Nr. 4 COVInsAG sind schließlich alle kongruenten Deckungen in anfechtungsrechtlicher Hinsicht privilegiert, soweit die Insolvenzantragspflicht gem. § 1 Abs. 1 COVInsAG ausgesetzt war, die entsprechenden Leistungen im Aussetzungszeitraum des § 1 COVInsAG gewährt wurden[19] und dem anderen Teil eine potentielle Ungeeignetheit der Sanierungs- und Finanzierungsbemühungen des Schuldners zur Beseitigung einer eingetretenen Zahlungsunfähigkeit nicht bekannt war. Die Aussetzung der Insolvenzantragspflicht erfordert gem. § 1 Abs. 1 S. 1, S. 2 COVInsAG grundsätzlich, dass der Eintritt der Insolvenzreife zumindest mitursächlich auch auf den Folgen der COVID-19-Pandemie beruht und Aussichten auf die Beseitigung einer potentiellen Zahlungsunfähigkeit bestehen. Nach § 1 Abs. 1 S. 3 COVInsAG greift hierfür neben der gem. § 1 Abs. 1 S. 2 COVInsAG ohnehin bereits zu Lasten des anfechtenden Insolvenzverwalters umgekehrten Beweislast zudem eine grundsätzlich widerlegbare gesetzliche Vermutung, wenn der Schuldner bis einschließlich

---

19 Diese Einschränkung kommt im Wortlaut des § 2 Abs. 1 Nr. 4 COVInsAG nicht zum Ausdruck, findet seine Grundlage jedoch im Sinn und Zweck sowie in der Systematik dieser gesetzlichen Regelung; hierzu auch *Borries*, in: Uhlenbruck, § 2 COVInsAG Rn. 88.

zum 31.12.2019 nicht zahlungsunfähig war. Sind diese Voraussetzungen erfüllt, war die Insolvenzantragspflicht im Fall der Zahlungsunfähigkeit gem. § 1 Abs. 1 S. 1 COVInsAG grundsätzlich vom 01.03.2020 bis zum 30.09.2020 und im Fall der Überschuldung gem. § 1 Abs. 2 COVInsAG grundsätzlich vom 01.03.2020 bis zum 31.12.2020 ausgesetzt.

Ausweislich der Angaben im vorliegenden Fall ist davon auszugehen, dass die Insolvenzreife der Schuldnerin auf den Folgen der COVID-19-Pandemie beruht, da diese zum 31.12.2019 aufgrund ihrer bis dahin positiven Ergebnisse noch zahlungsfähig war und erst ab Anfang des Jahres 2020 aufgrund der Restriktionen im Zuge der COVID-19-Pandemie in eine ernsthafte wirtschaftliche Krise geriet. Zudem sind keinerlei Anhaltspunkte für die Aussichtslosigkeit der Beseitigung einer etwaigen Zahlungsunfähigkeit ersichtlich, sodass die Pflicht der Schuldnerin zur Stellung eines Insolvenzantrages gem. § 1 Abs. 1 S. 1 bis 3 COVInsAG im Zeitpunkt der entsprechenden Lohnsteuerzahlungen ausgesetzt war. Da darüber hinaus auch keinerlei Indizien für ein Eingreifen der Ausnahmeregelung des § 2 Abs. 1 Nr. 4 Hs. 2 COVInsAG, d.h. für die Kenntnis des Finanzamts von einer potentiellen Nichteignung von Sanierungs- und Finanzierungsbemühungen der Schuldnerin zur Beseitigung einer eingetretenen Zahlungsunfähigkeit,[20] vorliegen, scheinen die von § 2 Abs. 1 Nr. 4 COVInsAG aufgestellten Voraussetzungen für eine anfechtungsrechtliche Privilegierung der im Aussetzungszeitraum des § 1 Abs. 1, Abs. 2 COVInsAG in Form der entsprechenden Lohnsteuerzahlungen gewährten kongruenten Deckungen grundsätzlich erfüllt zu sein.

Nach der jüngsten Rechtsprechung des LG München I ist im vorliegenden Fall der Erbringung von Steuerzahlungen an das Finanzamt nach bereits erfolgter Eigeninsolvenzantragstellung jedoch aufgrund einer insoweit gebotenen restriktiven teleologischen Auslegung weder der zeitliche noch der persönliche Anwendungsbereich des Anfechtungsausschlusses gem. § 2 Abs. 1 Nr. 4 COVInsAG eröffnet und damit von einer uneinge-

20 Die Ausnahmeregelung gem. § 2 Abs. 1 Nr. 4 Hs. 2 COVInsAG läuft im Ergebnis weitgehend leer, da im Fall der objektiven Ungeeignetheit von Sanierungs- und Finanzierungsbemühungen konsequenterweise auch keine Aussichten auf eine Beseitigung einer eingetretenen Zahlungsunfähigkeit bestehen, sodass insoweit schon nicht von einer Aussetzung der Insolvenzantragspflicht gem. § 1 Abs. 1 COVInsAG ausgegangen werden kann; hierzu auch Borries, in: Uhlenbruck, § 2 COVInsAG Rn. 98.

schränkten Anfechtbarkeit der insoweit gewährten kongruenten Deckungen gem. §§ 129 Abs. 1, 130 Abs. 1 S. 1 Nr. 2 InsO auszugehen.[21]

aa) Zeitlicher Anwendungsbereich

Der zeitliche Anwendungsbereich der anfechtungsrechtlichen Privilegierung gem. § 2 Abs. 1 Nr. 4 COVInsAG erfasst demnach keine Zahlungen, die noch nach der Stellung eines Eigeninsolvenzantrages vorgenommen werden. Dies wird dabei insbesondere mit dem Sinn und Zweck des COVInsAG begründet, der nicht mehr eingreift, wenn der Schuldner auf die sich aus der Aussetzung der Insolvenzantragspflicht gem. § 1 Abs. 1 COVInsAG ergebenden Vorteile durch die Stellung eines Eigeninsolvenzantrages verzichtet und damit den Schutzbereich des COVInsAG bewusst verlässt.[22] Schließlich hat das COVInsAG insbesondere zum Ziel,

> „*die Fortführung von Unternehmen zu ermöglichen und zu erleichtern, die infolge der COVID-19-Pandemie insolvent geworden sind oder wirtschaftliche Schwierigkeiten haben. Den betroffenen Unternehmen und ihren organschaftlichen Vertretern soll Zeit gegeben werden, um die notwendigen Vorkehrungen zur Beseitigung der Insolvenzreife zu treffen* [...]“.[23]

Die von dem Ausschlusstatbestand des § 2 Abs. 1 Nr. 4 COVInsAG zugleich bewirkte Privilegierung des jeweiligen Anfechtungsgegners ist hingegen selbst nicht Gesetzeszweck, sondern lediglich ein Mittel zur mög-

---

21 LG München I, U. v. 13.07.2021, Az. 6 O 17571/20, in: ZInsO 2021, 1817; es wird darauf hingewiesen, dass gegen dieses Urteil Berufung zum OLG München – Az. 5 U 4809/21 – eingelegt wurde und insoweit daher bislang keine rechtskräftige Entscheidung vorliegt.

22 LG München I, U. v. 13.07.2021, Az. 6 O 17571/20, in: ZInsO 2021, 1817 (1818); hierzu auch Liepmann, in: ZInsO 2021, 1767 (1768 ff.); das LG München I trifft dabei allerdings keine Aussage zu der Frage, ob diese Grundsätze auch für die Stellung von Fremdinsolvenzanträgen gelten, die nur in den Grenzen des § 3 COVInsAG beschränkt und damit im Aussetzungszeitraum des § 1 COVInsAG grundsätzlich ebenfalls möglich sind. Richtigerweise müssen jedoch die zur Eigeninsolvenzantragstellung aufgestellten Grundsätze auch für die Fremdinsolvenzantragstellung gelten, da auch insoweit die im Wesentlichen in der Ermöglichung der Unternehmensfortführung und -sanierung liegende Ratio des COVInsAG nicht mehr zum Tragen kommt.

23 Amtl. Begründung, BT-Drs. 19/18110, S. 17.

lichst effektiven Verwirklichung des nach der gesetzgeberischen Intention übergeordneten Zwecks des Schuldnerschutzes.[24]

bb) Persönlicher Anwendungsbereich

Der persönliche Anwendungsbereich des Anfechtungsausschlusses gem. § 2 Abs. 1 Nr. 4 COVInsAG erfasst nach dem restriktiv teleologischen Auslegungsergebnis des LG München I zudem keine Zahlungen, die an Nicht-Vertragsgläubiger erbracht werden. Dies betrifft insbesondere die institutionellen Gläubiger, wie Finanzämter, Sozialversicherungsträger und Berufsgenossenschaften, die mit dem Schuldner schließlich nicht in einer freiwilligen Geschäftsbeziehung infolge eines privatautonom vereinbarten Vertragsverhältnisses stehen. Die Beschränkung der Ausschlusswirkung des § 2 Abs. 1 Nr. 4 COVInsAG auf die sog. Vertragsgläubiger wird dabei ebenfalls mit dem Sinn und Zweck dieser anfechtungsrechtlichen Privilegierung sowie mit dem Wortlaut der Gesetzesbegründung, der ausdrücklich nur entsprechende Vertragspartner des Schuldners in Bezug nimmt, begründet.[25] Denn,

> *„wenn solche Vertragspartner befürchten müssten, erhaltene Zahlungen im Falle des Scheiterns der Sanierungsbemühungen des Krisenunternehmens mit anschließender Eröffnung des Insolvenzverfahrens aufgrund einer Anfechtung zurückzahlen zu müssen, wären sie geneigt, die Vertragsbeziehung auf dem schnellsten Wege zu beenden, was wiederum die Sanierungsbemühungen vereiteln würde“*.[26]

Das primäre Ziel des Anfechtungsausschlusses gem. § 2 Abs. 1 Nr. 4 COVInsAG ist es daher, für die Vertragspartner des Schuldners einen Anreiz zur Aufrechterhaltung der Geschäftsbeziehung zu schaffen, da die dem COVInsAG immanente Ratio der Ermöglichung der Fortführung und Sanierung des schuldnerischen Geschäftsbetriebes nur so erfolgreich durchgesetzt werden kann. Diese Anreizfunktion des § 2 Abs. 1 Nr. 4 COVInsAG kommt nach der Rechtsprechung des LG München I aber gerade nicht in Ansehung solcher Gläubiger zum Tragen, die dem Schuldner qua ihrer institutionellen Stellung ex-lege aufgezwungen sind und damit auch nicht

---

24 LG München I, U. v. 13.07.2021, Az. 6 O 17571/20, in: ZInsO 2021, 1817 (1818); *Liepmann*, in: ZInsO 2021, 1767 (1769).

25 LG München I, U. v. 13.07.2021, Az. 6 O 17571/20, in: ZInsO 2021, 1817 (1818); hierzu auch *Liepmann*, in: ZInsO 2021, 1767 (1770).

26 Amtl. Begründung, BT-Drs. 19/18110, S. 24.

zur Aufrechterhaltung einer Geschäftsbeziehung motiviert zu werden brauchen.[27]

c) Ergebnis

Nach der Rechtsprechung des LG München I werden somit die nach der Eigeninsolvenzantragstellung der Schuldnerin noch an das zuständige Finanzamt erbrachten Lohnsteuerzahlungen in Höhe von € 90.000,00 nicht von dem Ausschlusstatbestand des § 2 Abs. 1 Nr. 4 COVInsAG erfasst und unterliegen daher uneingeschränkt der Kongruenzanfechtung gem. §§ 129 Abs. 1, 130 Abs. 1 S. 1 Nr. 2 InsO. Nach § 143 Abs. 1 InsO sind diese damit vollumfänglich an die Insolvenzmasse zurückzuerstatten.

4. Fall 2 – Zusatzfrage

Es stellt sich die Frage, ob der von der Finanzverwaltung im Rahmen der insolvenzrechtlichen Anfechtung der entsprechenden Lohnsteuerzahlungen in Höhe von € 90.000,00 gem. §§ 129 Abs. 1, 130 Abs. 1 S. 1 Nr. 2, 143 Abs. 1 InsO entgegengebrachte Bargeschäftseinwand gem. § 142 InsO durchdringt.

Die grundlegende Voraussetzung für das Vorliegen eines Bargeschäfts i.S.d. § 142 InsO ist nach der ständigen Rechtsprechung des BGH stets ein unmittelbarer Leistungsaustausch. Hiervon ist grundsätzlich auszugehen, wenn der vom Schuldner erbrachten Leistung in einem engen zeitlichen Zusammenhang eine nach der entsprechenden Parteivereinbarung damit verknüpfte gleichwertige Gegenleistung gegenübersteht.[28]

---

27 LG München I, U. v. 13.07.2021, Az. 6 O 17571/20, in: ZInsO 2021, 1817 (1818); *Liepmann*, in: ZInsO 2021, 1767 (1770); jedenfalls insoweit kann die Entscheidung des LG München I durchaus als gewagt bezeichnet werden, da Folge davon eine von den Regeln des COVInsAG völlig unabhängige und damit uneingeschränkte Anfechtbarkeit von sämtlichen im Aussetzungszeitraum des § 1 COVInsAG gegenüber den institutionellen Gläubigern erbrachten Zahlungen ist. Insoweit darf jedoch insbesondere nicht unberücksichtigt bleiben, dass auch die institutionellen Gläubiger die mit dem COVInsAG bezweckte Fortführung und Sanierung des schuldnerischen Geschäftsbetriebes, z.B. durch die Stellung eines Fremdinsolvenzantrages, konterkarieren können.

28 BGH, U. v. 09.06.2005, Az. IX ZR 152/03, in: NZI 2005, 497; BGH, U. v. 11.02.2010, Az. IX ZR 104/07, in: NZI 2010, 985; BGH, U. v. 10.07.2014, Az. IX ZR 192/13, in: NZI 2014, 775.

Im Einklang mit der Rechtsprechung des BGH sowie der jüngsten Rechtsprechung des LG München I fehlt es im vorliegenden Fall von Lohnsteuerzahlungen bereits an dieser grundlegenden Voraussetzung des vereinbarungsgemäßen unmittelbaren Leistungsaustauschs. Schließlich liegt zwischen Steuerschuldner und Finanzamt schon keinerlei rechtsgeschäftliche Vereinbarung vor, durch die das von § 142 InsO grundsätzlich geforderte Gegenseitigkeitsverhältnis hergestellt werden könnte. Der Schuldner ist als Arbeitgeber vielmehr von Gesetzes wegen zur Einbehaltung und Abführung der Lohnsteuern verpflichtet. Im Übrigen steht der Zahlung von Steuern natur- bzw. definitionsgemäß ohnehin niemals eine konkrete Gegenleistung des Staates gegenüber, da diese nach dem Steuerbegriff des § 3 Abs. 1 AO vielmehr der allgemeinen Finanzierung eines öffentlich-rechtlichen Gemeinwesens dienen. Ein entsprechendes Austauschverhältnis kann auch nicht mit der Begründung konstruiert werden, die Lohnsteuern seien ein Bestandteil des den Arbeitnehmern zustehenden Arbeitslohns, mit der Folge, dass die dafür erbrachte Arbeitsleistung als Gegenleistung i.S.d. § 142 InsO anzusehen sei. Schließlich erfolgt die Zahlung von Lohnsteuern genauso wie die Abführung von Sozialversicherungsbeiträgen stets aus dem Vermögen des Arbeitgebers, während die Arbeitnehmer lediglich einen schuldrechtlichen Anspruch gegen diesen auf die Einbehaltung und Abführung der gesetzlich vorgeschriebenen Anteile haben. Für die Beurteilung eines bargeschäftlichen Leistungsaustauschs gem. § 142 InsO kommt es auch in diesen Fällen damit ausschließlich auf das dem geltend gemachten Insolvenzanfechtungsanspruch gem. §§ 129 ff. InsO zugrundeliegende Rechtsverhältnis zwischen dem Schuldner als Arbeitgeber und dem zuständigen Finanzamt bzw. Sozialversicherungsträger als Zahlungsempfänger an. Das Rechtsverhältnis zwischen dem Schuldner und den Arbeitnehmern ist für diese Beurteilung hingegen völlig irrelevant, sodass die von den Arbeitnehmern erbrachte Arbeitsleistung niemals eine Gegenleistung i.S.d. § 142 InsO für die Abführung von Lohnsteuern oder Sozialversicherungsbeiträgen darstellen kann.[29]

Der vom Insolvenzverwalter geltend gemachten Insolvenzanfechtung der Lohnsteuerzahlungen in Höhe von € 90.000,00 gem. §§ 129 Abs. 1, 130 Abs. 1 S. 1 Nr. 2, 143 Abs. 1 InsO kann der Bargeschäftseinwand der Finanzverwaltung gem. § 142 InsO damit nicht erfolgreich entgegengehalten werden.

---

29 BGH, U. v. 22.01.2004, Az. IX ZR 39/03, in: NZI 2004, 206 (208 f.); LG München I, U. v. 13.07.2021, Az. 6 O 17571/20, in: ZInsO 2021, 1817 (1819).

Haftungsrisiken vor und bei Restrukturierungsverfahren

Professor Dr. Moritz Brinkmann, LL.M., Universität Bonn

I. Einführung und Übersicht

Das am 01.01.2021 in Kraft getretene SanInsFoG und das darin enthaltene Unternehmensstabilisierungs- und -restrukturierungsgesetz (StaRUG) haben eine Flut von Publikationen ausgelöst, die bisher nicht abgeebbt ist. Diese Fülle an literarischen Befassungen steht in bemerkenswertem Widerspruch zu der Zahl von Restrukturierungsverfahren, die seit dem Jahreswechsel rechtshängig gemacht wurden. Man hört von gerade einmal 10 Verfahren, wobei der Hemdenhersteller Eterna der vielleicht prominenteste Fall sein dürfte.

Die niedrige Zahl der StaRUG-Verfahren beruht (mutmaßlich) auf zwei Faktoren. Zum einen ist ein Schluss von der niedrigen Zahl anhängig gemachter Verfahren auf eine geringe praktische Bedeutung des StaRUG unzulässig. Es dürfte vielmehr so sein, dass in zahlreichen außergerichtlichen Sanierungsverfahren die Möglichkeit, ins Restrukturierungsverfahren zu gehen, die Verhandlungen dergestalt prägt, dass auf außergerichtlichem Weg eine Einigung erzielt werden kann. Denn wenn die Zustimmung einzelner Beteiligter im Rahmen eines StaRUG-Verfahrens ersetzt werden könnte, dann werden sich diese auch in außergerichtlichen Verhandlungen entsprechend kompromissbereit zeigen und sich nach dem Motto „besser heute wenig als später nichts" schon mit geringfügigen Wertzuweisungen begnügen. Als „bargaining in the shadow of the law" wurde dieser Effekt – in anderem Zusammenhang – in der anglo-amerikanischen Literatur beschrieben.[1]

Zum anderen lassen sich die niedrigen Verfahrenszahlen mit der nach wie vor großen Rechtsunsicherheit in StaRUG-Verfahren erklären. Denn Rechtsunsicherheit bedeutet auch unklare Haftungsfragen, sodass das Zögern der Geschäftsleiter mehr als verständlich ist. Der folgende Beitrag soll einen Ariadnefaden durch das Haftungslabyrinth spannen und wird sich dabei vom Bekannten zum Unbekannten vorantasten, indem zunächst die

---

1 *Mnookin/Kornhauser*, Bargaining in the Shadow of the Law, Yale Law Journal 88 (1979), 950 ff.

insolvenzrechtlich fundierte Haftung betrachtet wird – hier insbesondere § 15b InsO –, um dann zur restrukturierungsrechtlich fundierten Haftung überzugehen. Schließlich wird die Haftung im Vorfeld von Restrukturierungsverfahren erörtert werden, die, wie zu zeigen sein wird, ausschließlich gesellschaftsrechtlich fundiert ist.

II. Insolvenzrechtlich fundierte Haftung ab materieller Insolvenzreife

1. Haftung in der Eigenverwaltung

Behandelt sei also zunächst die insolvenzrechtlich fundierte Haftung und hier die Haftung in der Eigenverwaltung. Im Hinblick auf die Haftung der Geschäftsleiter in der Eigenverwaltung hat der Gesetzgeber durch die Neuregelung in § 276a Abs. 2 InsO die vom Bundesgerichtshof eingeschlagene Richtung fortgesetzt und dadurch Rechtssicherheit geschaffen. Denn schon im Jahr 2018 hatte der BGH entschieden, dass der eigenverwaltende Geschäftsführer den Beteiligten des Insolvenzverfahrens wie ein Insolvenzverwalter hafte.[2] In der Literatur war dies begrüßt worden[3] und dies ist auch exakt der Weg, den der Gesetzgeber mit der Schaffung von § 276a Abs. 2 InsO und dem darin enthaltenen Verweis auf § 60 InsO eingeschlagen hat.

Von Bedeutung ist in diesem Zusammenhang auch die Entscheidung des Bundesgerichtshofs aus dem März 2020, mit der der IX. Senat entschieden hatte, dass § 93 Abs. 1 S. 2 AktG, also die Business Judgement Rule, im Rahmen der Haftung des Insolvenzverwalters nach § 60 InsO nicht entsprechend anzuwenden sei.[4] Dies wird auch im Rahmen der Haftung der eigenverwaltenden Geschäftsleiter zu beachten sein, eben weil der neue § 276a Abs. 2 InsO auf § 60 InsO verweist. Die Organe sollten sich also bewusst sein, dass sie sich jedenfalls ab Antragstellung und Anordnung der vorläufigen Eigenverwaltung nicht mehr auf ein unternehmerisches Ermessen berufen können.

---

2 BGHZ 218, 290.

3 *Bitter*, ZIP 2018, 986; *Hofmann*, ZIP 2018, 1429; zumindest i.E. zustimmend *Thole*, EWiR 2018, 339; *Schwartz*, NZG 2018, 1013.

4 BGH ZIP 2020, 1080.

2. *Haftung in der vorläufigen Eigenverwaltung*

Hinsichtlich der vorläufigen Eigenverwaltung war schon unmittelbar nach der Entscheidung des BGH zur Anwendung von § 60 InsO auf die Geschäftsleiter im Eigenverwaltungsverfahren gefordert worden, diese Haftung auch schon in der vorläufigen Eigenverwaltung eingreifen zu lassen.[5]

Der Gesetzgeber hat dies aufgenommen und in § 276a Abs. 3 InsO ausdrücklich das Eingreifen dieser Haftung auch in der vorläufigen Eigenverwaltung angeordnet. In der Begründung hat er zusätzlich klargestellt, dass diese Haftung die sogleich näher zu erörternde Haftung wegen verbotener Zahlungen nach § 15b Abs. 4 InsO verdrängt.[6] Im (vorläufigen) Eigenverwaltungsverfahren haften die Geschäftsleiter somit (nur) nach § 276a Abs. 2, Abs. 3 i.V.m. § 60 InsO.

Im Ergebnis ähnelt die Haftung in der (vorläufigen) Eigenverwaltung damit der später noch zu besprechenden Haftung der Organe während eines Restrukturierungsverfahrens, wie noch auszuführen sein wird (s.u. III.1.).

3. *Haftung für Zahlungen ab materieller Insolvenz*

Mit der Aussage, dass die Haftung aus § 60 InsO schon in der vorläufigen Eigenverwaltung die Haftung wegen Verstoßes gegen die Zahlungsverbote verdrängt, ist der Bogen zum neuen § 15b InsO geschlagen, der ab materieller Insolvenz greift.

a) *Umhängung ins Insolvenzrecht*

Die für die Praxis der Geschäftsleiterhaftung in der Krise so wichtigen Zahlungsverbote, die sich früher aus § 64 GmbHG, § 92 Abs. 2 i.V.m. § 93 Abs. 3 Nr. 6 AktG und § 130a Abs. 1, Abs. 2 und § 177a HGB ergaben, wurden mit dem SanInsFOG in § 15b InsO zusammengefasst. Durch diese „Umhängung“ im Rahmen der Reform wird auch gesetzessystematisch

---

5 *Bitter*, ZIP 2018, 986, 988; *Hofmann*, in Kübler, HRI, § 7 Rn. 228; *ders.*, ZIP 2018, 1429, 1430.

6 Begründung zu § 15a InsO.

verdeutlicht, dass diese Haftung insolvenzrechtlich zu qualifizieren ist, wie es bereits zuvor im internationalen Insolvenzrecht anerkannt war[7].

b) Rechtsformneutralität der Regelung

Mit der rechtsformneutralen Fassung der Regelung – sie erfasst ja alle antragspflichtigen Geschäftsleiter juristischer Personen, die ihr COMI in Deutschland haben – stellt der Gesetzgeber sicher, dass auch Geschäftsleiter von Gesellschaften, die ein ausländisches Gesellschaftsstatut haben, der Ersatzpflicht unterliegen. Auch die Geschäftsführer einer nach niederländischem Recht inkorporierten BV, die ihren Verwaltungssitz in Deutschland hat, haften daher nach § 15b InsO.

c) (Mittelbare) Veränderungen im zeitlichen Anwendungsbereich

aa) Verkürzung des Prognosezeitraums

Änderungen im zeitlichen Anwendungsbereich des Zahlungsverbots ergeben sich zunächst daraus, dass die Überschuldung nunmehr frühestens zwölf Monate und eben nicht mehr wie früher noch bis zu 24 Monate vor dem voraussichtlichen Eintritt von Zahlungsunfähigkeit eintreten kann. Zahlungen, die beispielsweise 16 Monate vor dem voraussichtlichen Eintritt der Zahlungsunfähigkeit getätigt werden, sind damit von vornherein nicht mehr erfasst.

Ob die sich im Vergleich zum alten Recht ergebende „Haftungslücke" durch andere, insbesondere gesellschaftsrechtliche Vorschriften geschlossen werden kann, wird noch zu erörtern sein.

bb) Zahlungsverbot während der Anhängigkeit eines Restrukturierungsverfahrens

Die Haftung aus § 15b InsO greift grundsätzlich auch dann, wenn während eines laufenden Restrukturierungsverfahrens Zahlungsunfähigkeit oder Überschuldung eintritt. Allerdings kann sich ein Geschäftsleiter in

---

7 EuGH ZIP 2015, 196 Rn. 24; Karsten Schmidt/*Brinkmann*, InsO, Art. 4 EuInsVO Rn. 13; *Madaus*, in Brinkmann, EIR, Art. 6 Rn. 16.

diesem Fall auf § 89 Abs. 3 StaRUG berufen, wenn er das Vorliegen eines Insolvenzgrunds dem Restrukturierungsgericht angezeigt hat. Danach gilt bis zur Aufhebung der Restrukturierungssache durch das Restrukturierungsgericht jede Zahlung im Rahmen des ordnungsgemäßen Geschäftsgangs als grundsätzlich mit der Sorgfalt eines ordentlichen Geschäftsleiters vereinbar. Dies gilt jedoch gem. Abs. 3 S. 2 nicht für solche Zahlungen, die bis zu der absehbar zu erwartenden Entscheidung des Restrukturierungsgerichts zurückgehalten werden können, ohne dass damit Nachteile für eine Fortsetzung des Restrukturierungsvorhabens verbunden sind. Daher sind insbesondere solche Zahlungen nicht verboten, die für die Fortsetzung der gewöhnlichen Geschäftstätigkeit und die Vorbereitung und Umsetzung des Restrukturierungsvorhabens erforderlich sind.

Diese Regelung ist vor allem dann wichtig, wenn das Restrukturierungsgericht nach der Anzeige der Zahlungsunfähigkeit (§ 32 Abs. 3 StaRUG) ausnahmsweise nicht von der Möglichkeit (§ 33 Abs. 2 Nr. 1 StaRUG) Gebrauch macht, das Restrukturierungsverfahren aufzuheben.

cc) Zahlungsverbot im Insolvenzeröffnungsverfahren

Stellen die Geschäftsleiter einen Antrag auf Eröffnung des Insolvenzverfahrens, können sie sich damit weitgehend von der Haftung nach § 15b InsO befreien. Denn nach § 15b Abs. 2 S. 3 InsO gelten solche Zahlungen als erlaubt, die im Insolvenzeröffnungsverfahren, also nach Antragstellung aber vor Verfahrenseröffnung, mit Zustimmung eines vorläufigen Insolvenzverwalters erfolgen. Kommt es zur Anordnung der vorläufigen Eigenverwaltung, so ist die Haftung aus § 276a Abs. 3 i.V.m. § 60 InsO, wie schon ausgeführt wurde, spezieller. Hierdurch wird der durch das MoMiG etwas verloren gegangene, aber richtigerweise schon immer bestehende innere Zusammenhang zwischen Verletzung der Antragspflicht und Ersatzpflicht in sinnvoller Weise verdeutlicht.

d) Änderungen bei der gegenständlichen Reichweite

Von der grundsätzlichen Ersatzpflicht für Zahlungen nach Insolvenzreife ausgenommen bleiben wie bisher auch solche Zahlungen, die mit der Sorgfalt eines ordentlichen und gewissenhaften Geschäftsleiters vereinbar sind (§ 15b Abs. 1 S. 2 InsO). In der Regel nicht mit der Sorgfalt eines ordentlichen und gewissenhaften Geschäftsleiters vereinbar sind gemäß

§ 15b Abs. 3 InsO Zahlungen nach dem Ablauf der in § 15a Abs. 1 S. 1 und 2 InsO geregelten Karenzzeiten, also der drei bzw. sechswöchigen Frist, die das Gesetz den Geschäftsleitern nach Eintritt von Zahlungsunfähigkeit bzw. Überschuldung noch gewährt, wenn der Antragspflichtige trotz Fristablaufs keinen Antrag gestellt hat. Auch diese Regelung bestätigt den Zusammenhang zwischen Insolvenzverschleppung und Haftung nach § 15b InsO.

Erfolgt die Zahlung dagegen innerhalb der Karenzzeit, so ist sie dann mit der Sorgfalt eines ordentlichen und gewissenhaften Geschäftsleiters vereinbar, wenn sie im Rahmen des ordnungsgemäßen Geschäftsgangs erfolgte – insbesondere der Aufrechterhaltung des Geschäftsbetriebs diente (vgl. § 2 Abs. 1 Nr. 1 COVInsAG) – und die Antragspflichtigen Maßnahmen zur nachhaltigen Beseitigung der Insolvenzreife oder zur Vorbereitung eines Insolvenzantrags mit der Sorgfalt eines ordentlichen und gewissenhaften Geschäftsleiters betrieben haben (§ 15b Abs. 2 S. 2 InsO). Das ist vernünftig, denn die ratio hinter der Einräumung der Karenzfristen ist es ja gerade, in einem kurzen Zeitraum nach materieller Insolvenz noch Sanierungen außerhalb eines Insolvenzverfahrens zu ermöglichen.

e) Steuerliche Pflichten nach Eintritt der materiellen Insolvenz

Gesonderter Behandlung bedürfen Zahlungen auf Steuerforderungen des Fiskus. Auch solche Zahlungen unterfallen nach Eintritt von Zahlungsunfähigkeit oder Überschuldung einerseits grundsätzlich dem Verbot des § 15b Abs. 1 S. 1 InsO. Andererseits besteht eine gemäß §§ 34, 69 AO haftungsrechtlich bewehrte Pflicht zur Abführung der Steuer.[8]

Den Konflikt zwischen der Massesicherung einerseits und der Steuerabführungspflicht andererseits regelt § 15b Abs. 8 InsO nun neu. Danach hat die Massesicherung jedenfalls im Eröffnungsverfahren Vorrang. Der Geschäftsführer muss und darf also die Steuerforderungen nicht begleichen. In der noch früheren Phase vor Antragstellung gilt dies nur, solange die drei bzw. sechswöchigen Karenzzeiten des § 15a Abs. 1 S. 2 InsO nicht überschritten sind.

Vor wie nach Antragstellung greift die Privilegierung ohne Weiteres nur dann, wenn am Ende auch tatsächlich ein Insolvenzverfahren eröffnet wird. Wird der Insolvenzantrag z.B. mangels Masse abgelehnt, so ist zu prüfen, ob dies auf einer Pflichtverletzung des Antragspflichtigen beruht

8 § 266a StGB, §§ 34, 69 AO.

(§ 15b Abs. 8 S. 3 InsO). Sofern das der Fall ist, haftet der Geschäftsleiter der Gesellschaft auch für die an den Fiskus während der Karenzzeit oder im Eröffnungsverfahren geleisteten Zahlungen.

Anders als im Hinblick auf die Steuerabführungspflicht enthält das neue Recht keine Regelung für das parallele Problem hinsichtlich der vom Arbeitgeber abzuführenden Sozialversicherungsbeiträge. Auch hier stellt sich die Frage, ob der Geschäftsleiter nach § 15b Abs. 4 InsO haftet, wenn er der Pflicht zur Abführung dieser Beiträge nachkommt, wobei zu unterscheiden ist zwischen den Arbeitgeber- und den Arbeitnehmeranteilen, denn nur für die Abführung letzterer greift § 266a StGB. Die in der Literatur geforderte analoge Anwendung von § 15b Abs. 8 InsO auf die Arbeitnehmeranteile[9] dürfte methodisch zu gewagt sein. Denn von einer unbewussten Regelungslücke wird man nicht ernsthaft sprechen können: Das Problem ist schon lange bekannt, sodass man nicht annehmen kann, dass der Gesetzgeber die Frage unbewusst offengelassen hat. Geschäftsleitern muss man angesichts der insoweit bestehenden Unsicherheit jedenfalls raten, die Arbeitnehmeranteile zur Sozialversicherung auch während der Karenzzeit und während des Eröffnungsverfahrens zu zahlen und sich die Zahlungen von den Sozialversicherungsträgern nach Verfahrenseröffnung im Wege der Anfechtung zurückzuholen.[10]

f) Änderungen beim Haftungsumfang

Neben den bisher beschriebenen Änderungen enthält § 15b InsO eine weitere Neuerung, die diese Haftung in qualitativer Hinsicht verändert:

Nach § 15b Abs. 4 S. 2 InsO ist künftig die Haftung für Zahlungen nach Insolvenzreife der Höhe nach begrenzt auf den der Gläubigerschaft entstandenen Schaden.

Bisher hielt der BGH demgegenüber ein Aufsummieren der im fraglichen Zeitraum erfolgten Zahlungen für zulässig. Eine gewisse Einschränkung des Haftungsumfangs ergab sich allein dadurch, dass geprüft wurde, ob im Rahmen eines „unmittelbaren wirtschaftlichen Zusammenhangs" mit einer konkreten Zahlung eine die Masseverkürzung ausgleichende

---

9 *Bitter*, ZIP 2021, 321, 328.

10 *Thole*, BB 2021, 1347, 1354. Auch für zuvor geleistete Zahlungen wird der Insolvenzverwalter die Anfechtbarkeit zu prüfen haben. Soweit er hier erfolgreich Ansprüche geltend macht, verkürzt dies die Haftung der Geschäftsleiter entsprechend, s. dazu BGH GmbHR 2020, 587.

Gegenleistung in das verwertbare Gesellschaftsvermögen gelangt ist. Ein reiner Aktivtausch war dadurch auch haftungsrechtlich neutral.

Die sich aus § 15b Abs. 4 S. 2 InsO ergebende Neuerung, die den Geschäftsleitern den Vollbeweis eines geringeren Schadens eröffnet, nimmt der Haftung jedenfalls theoretisch ihre enorme und geradezu überschießende Schärfe, indem sie das Anliegen der Ersatzpflicht wieder klar konturiert, nämlich die Gläubiger vor Verkürzungen des Haftungssubstrats nach Eintritt der Antragspflicht zu schützen. Wo es per Saldo gar nicht zu Masseverkürzungen und damit verbundenen Quotenschäden gekommen ist, sollte auch keine Ersatzpflicht eingreifen.

Hinsichtlich der Frage, wie diese Begrenzung genau zu verstehen ist, lassen sich in der Literatur drei Auffassungen ausmachen: Einige meinen, dass der Nachweis eines geringeren Schadens auf die einzelne Zahlung zu beziehen sei, sodass § 15b Abs. 4 InsO gleichsam an die Stelle der bisherigen Rechtsprechung zu "kompensierenden Gegenleistungen" trete, wobei allenfalls darüber nachgedacht wird, ob auch fortführungsrelevante Dienstleistungen solche schadensmindernden Gegenleistungen sein könnten.[11] Der Effekt dieser Neuerung bliebe dann wohl sehr begrenzt.

Andere meinen, dass der Geschäftsleiter nachweisen könne, dass das „Projekt", in dessen Rahmen die Zahlung erfolgt, insgesamt Gewinn gemacht oder jedenfalls einen geringeren Schaden verursacht hat.[12] Diese Lösung wirft allerdings ganz offensichtlich Abgrenzungsprobleme auf. Man denke nur an Zahlungen für Strom, die nicht ohne Weiteres einem konkreten „Projekt" zugerechnet werden können.

Vorzugswürdig erscheint es, auf den Gesamtschaden abzustellen, der den Gläubigern während des Zeitraums entstanden ist, in dem das Zahlungsverbot eingriff. Hierfür spricht entscheidend der normative Bezug der Haftung aus § 15b Abs. 4 InsO zur Verletzung der Insolvenzantragspflicht: Weil der Geschäftsleiter nach Eintritt der materiellen Insolvenz noch den Betrieb weitergeführt hat und seiner Pflicht, Insolvenzantrag zu stellen, nicht nachgekommen ist, trägt er das Risiko, dass dadurch Gläubiger geschädigt werden.

Der Sache nach zielt § 15b Abs. 4 InsO also auf die Begrenzung der Geschäftsleiterhaftung auf den Insolvenzverschleppungsschaden.

Abzuwarten bleibt allerdings, ob den Geschäftsleitern auch tatsächlich der Vollbeweis eines geringeren Verschleppungsschadens gelingt. Insbesondere wenn sie zwischenzeitlich nicht mehr im Unternehmen tätig

---

11 *Thole*, BB 2021, 1347, 1353.
12 *Bitter*, ZIP 2021, 321, 330.

sind, kann es schwierig für die geschassten Geschäftsführer sein, an die entsprechenden Informationen zu kommen. Denkbar wäre es, dass die Rechtsprechung hier auf die Grundsätze zur sekundären Darlegungslast zurückgreift, um die Geschäftsleiter aus ihrer Beweisnot zu befreien.

Erwähnt sei abschließend, dass nach der hier vertretenen Auffassung die Rechtsprechung zur ausgleichenden Gegenleistung damit nicht ausgedient hat. Vielmehr sind auch künftig bei der Bestimmung der nach Abs. 4 S. 1 zu ersetzenden Zahlungen solche Zahlungen nicht zu berücksichtigen, für die eine ausgleichende Gegenleistung in das Vermögen des Schuldners geflossen ist.

III. Restrukturierungsrechtlich fundierte Haftung

Der nächste Schritt zurück führt in die Phase vor dem Eintritt von Zahlungsunfähigkeit oder Überschuldung, also in das Stadium der Krise, in dem nunmehr das mit dem SanInsFoG neu geschaffene Restrukturierungsverfahren als Sanierungsinstrument zur Verfügung steht.

1. Haftung aus § 43 Abs. 1 StaRUG

Während eines Restrukturierungsverfahrens sind die Geschäftsleiter des Schuldners gemäß § 43 Abs. 1 S. 1 StaRUG persönlich verpflichtet, darauf hinzuwirken, dass die schuldnerische Gesellschaft die Interessen der Gesamtheit der Gläubiger wahrt. Für die Verletzung dieser Pflicht haften die Geschäftsleiter gemäß § 43 Abs. 1 S. 2 StaRUG gegenüber der Gesellschaft. Für die Höhe des Ersatzanspruchs ist aber nicht ein etwaiger Schaden der Gesellschaft maßgeblich, zu ersetzen ist vielmehr der den Gläubigern entstandene Schaden.

Damit ähnelt die Haftung der Geschäftsleiter nach Anzeige des Restrukturierungsvorhabens wie schon erwähnt der Haftung in der Eigenverwaltung (dazu oben II. 1.). Die dort eingreifende Haftung für Schäden der Gläubiger nach § 60 InsO ist zwar eine Direkthaftung gegenüber den Gläubigern, über § 92 InsO wird diese Außenhaftung im Insolvenzverfahren jedoch de facto zu einer Innenhaftung, denn diese Ansprüche werden gemäß § 280 InsO vom Sachwalter geltend gemacht und durch Zahlung in die Masse befriedigt. Mit gleichsam doppelt umgekehrten Vorzeichen kommt § 43 StaRUG zu demselben Ergebnis: Die Vorschrift ordnet in Abs. 1 S. 2 zwar eine Innenhaftung gegenüber der Gesellschaft an, die Höhe des zu leistenden Ersatzes bemisst sich aber nach dem Schaden der Gläubiger. In beiden Fällen wird der Gesamtschaden der Gläubiger also durch Zahlung in das Vermögen der Gesellschaft ausgeglichen.

Die beiden Haftungsmodelle entsprechen sich auch dahingehend, dass sich die Geschäftsleiter insoweit nicht auf ein unternehmerisches Ermessen nach der Business Judgement Rule berufen können.[13] Gerade weil Restrukturierungs- und Eigenverwaltungsverfahren alternative Instrumente zur Sanierung des Unternehmens sind, überzeugt diese Parallelität der Haftungslagen. Sonst bestünde die Gefahr, dass die Auswahl der Sanierungsinstrumente auch von den unterschiedlichen Haftungsrisiken abhängig gemacht würde. Das wäre sachfremd.

2. *(Persönliche) Pflicht zur Anzeige d. Eintritts von ZU od. Überschuldung während des Verfahrens, § 32 Abs. 3, § 42 Abs. 1 S. 2 StaRUG*

Tritt während des Restrukturierungsverfahrens Zahlungsunfähigkeit oder Überschuldung ein, so löst dies keine Insolvenzantragspflicht aus, denn diese ruht nach § 42 Abs. 1 S. 2 InsO. An die Stelle der Antragspflicht tritt während der Rechtshängigkeit der Restrukturierungssache die Pflicht, dem Restrukturierungsgericht den Eintritt eines zwingenden Insolvenzgrundes anzuzeigen (§ 32 Abs. 3 StaRUG), um diesem Gelegenheit zu geben, über die Aufhebung des Restrukturierungsverfahrens zu entscheiden. Die Verletzung dieser, die Geschäftsleiter auch persönlich treffenden (§ 42 Abs. 1 S. 2 StaRUG) Anzeigepflicht ist straf- (§ 42 Abs. 3 StaRUG) und i.V.m. § 823 Abs. 2 BGB auch haftungsbewehrt.

Im Rahmen dieser „Anzeigeverschleppungshaftung" sind auf der Ebene der haftungsausfüllenden Kausalität die Kontrahierungsschäden der Neugläubiger sowie die Quotenschäden der Gläubiger zu ersetzen. Kommt es später zur Eröffnung eines Insolvenzverfahrens, so ist der Insolvenzverwalter nach § 92 InsO befugt, diese Ansprüche der Gläubiger zur Masse zu ziehen. Ob der BGH seine Rechtsprechung zur Insolvenzverschleppungshaftung, nach der die Abwicklung über die Masse nur für die Quotenschäden der Altgläubiger gilt,[14] auch auf § 44 StaRUG überträgt, bleibt abzuwarten. Eine sehr zu begrüßende Entwicklung wäre es, wenn der BGH die neu ge-

---

13 Für § 43 StaRUG insbes. *Kuntz*, ZIP 2021, 597, 607. A.A. *Guntermann*, WM 2021, 214, 219 f.

14 BGHZ 138, 211, 214 f.

schaffene Haftung zum Anlass nimmt, sich von dieser Rechtsprechung hier sowie für die Insolvenzverschleppungshaftung zu verabschieden.

3. *§ 57 StaRUG: Außenhaftung für Schäden von Gläubigern infolge schuldhaft falscher Angaben*

Nur ganz kurz erwähnt sei, dass die Organe des Schuldners nach § 57 StaRUG für Schäden haften, die Gläubiger dadurch erlitten haben, dass infolge schuldhaft fehlerhafter Angaben eine Stabilisierungsanordnung – also insbesondere ein Vollstreckungsmoratorium – gewährt wurde. Anders als nach § 43 StaRUG können hier also auch einzelne Gläubiger ihren individuellen Schaden ersetzt verlangen.

IV. Gesellschaftsrechtlich fundierte Haftung vor Anzeige des Restrukturierungsverfahrens

Es bleibt das vielleicht spannendste Problemfeld zu erörtern, nämlich die Haftung der Geschäftsleiter vor der Einleitung eines Restrukturierungsverfahrens. Es geht insbesondere um die Phase, in der das Unternehmen drohend zahlungsunfähig i.S.v. § 18 InsO ist. Hier lautet die entscheidende Frage, ob die allgemeinen gesellschaftsrechtlichen Regeln so modifiziert sind, dass die Interessen der Gläubiger auch haftungsrechtlich stärker in den Vordergrund treten.[15]

1. *Geschäftsleiterpflichten während der drohenden Zahlungsunfähigkeit*

Zu betonen ist zunächst, dass weder § 32 noch § 43 StaRUG die beschriebene Lücke hinsichtlich der Geschäftsleiterpflichten im Vorfeld der Einleitung eines Restrukturierungsverfahrens füllen können. Denn diese Vorschriften verpflichten zwar den Schuldner bzw. seine Geschäftsleiter, die Interessen der Gesamtheit der Gläubiger zu wahren. Diese Pflicht betrifft aber nur den Zeitraum ab der Anzeige des Restrukturierungsvorhabens.[16]

---

15 So auch die Andeutungen des Rechtsausschusses, vgl. BT Drucks. 19/25353, S. 6.

16 Ausführlich *Scholz*, ZIP 2021, 219, 223. A.A. *Kuntz*, ZIP 2021, 597, 610 der für eine analoge Anwendung von § 43 StaRUG schon ab dem Eintritt der drohenden Zahlungsunfähigkeit eintritt; dagegen *Skauradszun*, DB 2021, 1317, 1325.

Allerdings wäre es wenig überzeugend, wenn die Pflicht zur Berücksichtigung der Gläubigerinteressen in der Phase der „wahrscheinlichen Insolvenz" ausschließlich davon abhinge, dass die Geschäftsleiter die Restrukturierungssache rechtshängig machen. Für die Frage, ob die Gläubigerinteressen zu berücksichtigen sind, darf es nicht darauf ankommen, ob die Geschäftsleiter sich für eine Sanierung mit den Instrumenten des StaRUG entscheiden. Sinnvollerweise müssen die Gläubigerinteressen auch schon bei der Entscheidung über den Umgang mit der Krise berücksichtigt werden. Dafür spricht auch Art. 19 lit a) der Restrukturierungsrichtlinie, nach dem die Unternehmensleitung bei „wahrscheinlicher Insolvenz" des Schuldners *„die Interessen der Gläubiger, Anteilsinhaber und sonstigen Interessenträger" „gebührend"* berücksichtigen muss.

Haftungsrechtlich kann die Verletzung der Gläubigerinteressen de lege lata allerdings nur gesellschaftsrechtlich, also über § 43 GmbHG bzw. § 93 AktG sanktioniert werden. Denn auf den letzten Metern des Gesetzgebungsverfahrens hat der Gesetzgeber bekanntlich die §§ 2, 3 des Regierungsentwurfs zum StaRUG kassiert. Nach diesen Vorschriften wären die Geschäftsleiter auch in der Phase vor Einleitung eines Restrukturierungsverfahrens verpflichtet gewesen, die Interessen der Gesamtheit der Gläubiger zu wahren. Für Verletzungen dieser Pflicht hätten sie gegenüber den Gläubigern haften müssen. Dass der Gesetzgeber den Geschäftsleitern durch die Streichung dieser Vorschriften einen Gefallen getan hat, muss bezweifelt werden. Die Fülle an Beiträgen, die zum Problem der Geschäftsleiterpflichten bei drohender Zahlungsunfähigkeit in den letzten Wochen erschienen sind, zeigt die große Unsicherheit, die insoweit besteht. Haftungsrechtlich ist das wahrscheinlich der denkbar unglücklichste Zustand, denn wer seine Pflichten nicht kennt, weiß auch nicht, was er tun muss, um sich rechtmäßig zu verhalten.

a) Pflicht zur Krisenfrüherkennung, § 1 Abs. 1 S. 1 StaRUG

Immerhin bietet § 1 StaRUG ein wenig Orientierung hinsichtlich der Geschäftsleiterpflichten während der Krise. Nach § 1 Abs. 1 S. 1 StaRUG muss ein ordentlicher und gewissenhafter Geschäftsleiter jedenfalls ständig die Augen offenhalten, ob sich am Horizont Gefahren für den Fortbestand der Gesellschaft zeigen.[17] In der Sache läuft das auf eine Pflicht zur fortlau-

---

17 Begr. zu § 1 StaRUG-RegE.

fenden Prüfung der langfristigen Zahlungsfähigkeit hinaus. Ihn trifft also eine Solvenzüberwachungspflicht.[18]

Kern dieser Pflicht ist die Aufstellung einer mehr oder weniger genauen Liquiditätsplanung, die mindestens den Zeitraum der nächsten 24 Monate (vgl. § 18 InsO) umfasst. Eine Haftung für die Verletzung dieser Krisenfrüherkennungspflicht ergibt sich dem Grunde nach aus § 43 Abs. 2 GmbHG bzw. § 93 Abs. 2 S. 1 AktG.

Wie scharf diese Haftung in der Praxis ist, wird vor allem davon abhängen, wie die Beweisanforderungen auf der Ebene des haftungsausfüllenden Tatbestands gehandhabt werden. Für eine erfolgreiche Inanspruchnahme müsste immerhin bewiesen werden, dass bei einem frühzeitigeren Erkennen der Krise bestimmte Gegenmaßnahmen ergriffen worden wären, die dazu geführt hätten, dass das Gesellschaftsvermögen vor weiteren Verkürzungen bewahrt worden wäre. Dieser Beweis wird vielleicht gelingen, wenn der Geschäftsleiter nicht erkannt hat, dass ein bestimmter Betriebsteil permanent Verluste macht, die langfristig die Solvenz gefährden. Solche Fälle werden aber selten sein und im Übrigen ist der Geschäftsführer in diesen Fällen ganz unabhängig von § 1 StaRUG nach allgemeinem Gesellschaftsrecht haftpflichtig.

Meist wird strittig sein, ob durch die Verletzung der Solvenzüberwachungspflicht die rechtzeitige Einleitung von Sanierungsmaßnahmen unterblieben ist. Dabei stellen sich ähnliche Beweisschwierigkeiten wie bei einem unterlassenen ärztlichen Heileingriff. In beiden Fällen kann man ex post kaum mit der nötigen Gewissheit sagen, ob die unterlassene Maßnahme zum Erfolg geführt und den Schaden abgewendet hätte.[19] Im Bereich des ärztlichen Heileingriffs hat die Rechtsprechung zur Lösung dieses Problems im Wege der richterlichen Rechtsfortbildung das Institut des groben Behandlungsfehlers entwickelt, das der Gesetzgeber mittlerweile in § 630h Abs. 5 BGB kodifiziert hat. Danach trägt der in Anspruch genommene Arzt die Beweislast für die Kausalität der Unterlassung einer Untersuchung oder Behandlung, wenn sich das Unterlassen als grober Behandlungsfehler darstellt.

Auch wenn die Rechtsprechung in verschiedenen Entscheidungen jenseits des ärztlichen Behandlungsfehlers Erleichterungen des Beweises der Kausalität einer groben Pflichtverletzung gewährt hat, ist nicht zu erwarten, dass die Gerichte diesen Weg auch bei der hier in Rede stehenden Haf-

18 Ebenso *Haghani*, in NZI Sonderbeilage 1/2021, 15, 16.

19 Zur Haftung nach § 3 RegE-StaRUG *Brinkmann*, in VGR, Gesellschaftsrecht in der Diskussion 2020, Rn. 20.

tung der Geschäftsleiter einschlagen werden. Denn bislang ist diese Rechtsprechung auf die Verletzung von Pflichten begrenzt, die dem Schutz von Leib und Leben gelten.[20] Insofern müssen die Geschäftsleiter die Haftung wegen Verletzung der Solvenzüberwachungspflicht möglicherweise auch nach ihrer Ausformulierung in § 1 StaRUG nicht mehr fürchten als früher.

b) Solvenzsicherungspflicht, § 1 Abs. 1 S. 2 StaRUG

Erkennen die Geschäftsleiter in Wahrnehmung ihrer Solvenzüberwachungspflicht Gefahren für die künftige Zahlungsfähigkeit der Gesellschaft, müssen sie im zweiten Schritt nach § 1 Abs. 1 S. 2 StaRUG „geeignete Gegenmaßnahmen" ergreifen. Sie müssen also den erkannten Krisenanzeichen entgegensteuern, um die Insolvenz zu vermeiden. Sie trifft mit anderen Worten eine Solvenzsicherungspflicht. Manche sprechen auch von einer „Krisenmanagementpflicht"[21], aber der Begriff ist unscharf, denn die Pflicht der Geschäftsleiter ist konkret auf die Vermeidung von Schäden der Gläubiger und damit auf die Vermeidung der Insolvenz gerichtet.

Eine solche Pflicht zur Vermeidung der Insolvenz wird schon seit vielen Jahren und von verschiedenen Autoren in der Literatur formuliert bzw. postuliert.[22] Sie war bislang allerdings nicht gesetzlich ausdrücklich normiert. Dieses Normdefizit wird nun durch § 1 Abs. 1 S. 2 StaRUG beseitigt.

Bedeutsam ist die Ausformung der Solvenzsicherungspflicht als echter Rechtspflicht[23] auch, weil es sich bei der Sicherung der Solvenz der Gesellschaft nunmehr um eine Pflichtaufgabe der Geschäftsleiter handelt. Daher können sie sich insoweit auch nicht auf die Business Judgement Rule berufen. Zwar sind auch bei der Wahrnehmung der Solvenzsicherungspflicht Prognoseentscheidungen auf unsicherer Tatsachengrundlage zu treffen, doch macht dieser Umstand allein die Entscheidung nicht zu einer „un-

---

20 BGH NJW 2019, 1809 Rn. 19. In der Vergangenheit hatte der VI. Senat diese für die humanmedizinische Behandlung entwickelte Rechtsprechung auch auf die Haftung eines Tierarztes übertragen BGHZ 210, 197. Zur Kritik an der Figur der Beweislastumkehr bei grobem Behandlungsfehler MüKoBGB/*Wagner*, 8. Aufl. 2020, BGB § 630h Rn. 88; *Jens Prütting*, NJW 2019, 2661.

21 *Skauradszun*, DB 2021, 1317, 1318.

22 *Bork*, ZIP 2011, 101, 106 ff.; *Kleindiek* in Lutter/Hommelhoff, GmbHG, § 43 Rn. 35; *Haas* in Gutachten zum 66. deutschen Juristentag, 2006, E. 104; *Schluck-Amend/Walker*, GmbHR 2001, 375. Siehe auch *Guntermann*, WM 2021, 214, 218.

23 *Skauradszun*, DB 2021, 1317, 1318 spricht von „Hauptpflicht".

ternehmerischen Entscheidung“ im Sinne der Business Judgement Rule. Denn von dieser sind solche Entscheidungen nicht erfasst, bei denen es um die Alternative zwischen einem rechtmäßigen und einem rechtswidrigen Verhalten geht. Insoweit greift vielmehr eine Legalitätspflicht.[24]

Sehr wohl steht den Geschäftsleitern bei der Auswahl der Sanierungsmaßnahmen ein Beurteilungs- oder Ermessensspielraum zu. Solange es verschiedene ex ante geeignete Maßnahmen gibt, die Insolvenz abzuwenden, hat der Geschäftsführer ein Ermessen, welche Maßnahme er wählt. Allerdings ist – anders als im Anwendungsbereich der Business Judgement Rule – die Ausübung dieses Ermessens durch den Zweck der Vermeidung der Insolvenz bestimmt. Im Ergebnis gelten für die Haftung der Geschäftsleiter im Hinblick auf die Wahrnehmung der Solvenzsicherungspflicht somit ganz ähnliche Maßstäbe, wie sie der BGH für die Haftung des Insolvenzverwalters in seiner Entscheidung vom 12.03.2020[25] entwickelt hat.

Es bleibt zu betonen, dass ein Geschäftsleiter sich insbesondere dadurch haftbar macht, dass er während der Phase der wahrscheinlichen Insolvenz passiv bleibt. In der Krise trifft ihn eine Pflicht zum aktiven Gegensteuern. Unterlässt er dies schuldhaft, haftet er wegen Restrukturierungsverschleppung, wobei auch hier auf der Ebene des haftungsausfüllenden Tatbestands die eben für die Solvenzüberwachungspflicht beschriebenen Beweisprobleme hinsichtlich der Kausalität der Pflichtverletzung zu überwinden sind.

2. *Zustimmungserfordernis zur Anzeige des Restrukturierungsvorhabens*

Die Frage, inwieweit die Gesellschafterversammlung oder andere Organe in die Durchführung der Gegenmaßnahmen einzubeziehen sind, ist in zwei Teile zu gliedern. Zunächst ist kurz darauf hinzuweisen, dass § 1 Abs. 1 S. 2 StaRUG eine Pflicht der Geschäftsleiter begründet, den Überwachungsorganen – in der AG also dem Aufsichtsrat und in der GmbH den Gesellschaftern[26] – unverzüglich Bericht zu erstatten, sie also über die Krisenanzeichen und geplante Gegenmaßnahmen zu informieren.

Über diese Pflicht zur nachlaufenden Information hinaus stellt sich die wichtigere Frage, ob die Geschäftsleiter zuvor die Zustimmung der Gesellschafter oder des Aufsichtsrats einholen müssen, wenn sie ihrer Solvenzsi-

---

24 Vgl. auch die Begr. zu § 2 Abs. 1 RegE-StaRUG.
25 BGHZ 225, 90, dazu kritisch *Jacoby*, JZ 2021, 155 ff.
26 A.A *Scholz*, ZIP 2021, 219, 228.

cherungspflicht durch Einleitung eines StaRUG-Verfahrens nachkommen wollen.

Dies dürfte die Gretchenfrage des neuen Rechts sein: „Wie hältst Du es mit den Gesellschaftern?“

§ 1 Abs. 1 S. 3 StaRUG stellt insoweit nur fest, dass die Geschäftsleiter unverzüglich auf die Befassung anderer Organe der Gesellschaft hinzuwirken haben, wenn die zu ergreifenden Maßnahmen deren Zuständigkeiten berühren. Weil sich also die Mitwirkungserfordernisse nicht aus dem StaRUG selbst ergeben, ist im Ausgangspunkt an die Überlegungen anzuknüpfen, die vor dem StaRUG zur Notwendigkeit eines Gesellschafterbeschlusses hinsichtlich der Stellung eines fakultativen Insolvenzantrags wegen drohender Zahlungsunfähigkeit angestellt wurden.[27] Diesbezüglich wird aufgrund der ganz unterschiedlichen Organisationsverfassung zu Recht zwischen der GmbH und der AG differenziert.

a) *In der GmbH*

Bei einer GmbH sind die Geschäftsführer nach herrschender Meinung verpflichtet, einen Gesellschafterbeschluss herbeizuführen, wenn sie beabsichtigen, einen fakultativen Insolvenzantrag wegen drohender Zahlungsunfähigkeit zu stellen.[28]

Dies ergibt sich richtigerweise daraus, dass der freiwillige Gang zum Insolvenzgericht eine sogenannte „ungewöhnliche Maßnahme“ darstellt, über die nach allgemeiner Meinung[29] in einer GmbH die Gesellschafter zu entscheiden haben.[30] Ungewöhnliche Maßnahmen sind nach h.M. solche, die außerhalb des statutarischen Unternehmensgegenstandes oder im Widerspruch zur festgelegten Unternehmenspolitik stehen, sowie Maßnahmen, die wegen ihrer Bedeutung (für Gesellschaft oder Gesellschafter) oder ihres unternehmerischen Risikos Ausnahmecharakter haben. Für die

---

27 *Balthasar*, in NZI Sonderbeilage 1/2021, 15. A.A. *Scholz* ZIP 2021, 219, 228.

28 OLG München ZIP 2013, 1121, 1124; *Haas* in Baumbach/Hueck, GmbHG, 21. Aufl., § 60 Rn. 29, § 64 Rn. 161; *Leinekugel/Skauradszun*, GmbHR 2011, 1121, 1123 ff.

29 *Kleindiek* in Lutter/Hommelhoff, GmbHG, 19. Aufl., § 37 Rn. 10; *Uwe H. Schneider/Sven H. Schneider* in Scholz, GmbHG, 12. Aufl., § 37 Rn. 34 jeweils m.w.N.; differenzierend *Zöllner/Noack* in Baumbach/Hueck, GmbHG, 21. Aufl., § 8 Rn. 8 f., die jedoch in diesem Fall ebenso wie die h.M. eine Beteiligungspflicht bejahen würden.

30 *Uwe H. Schneider/Sven H. Schneider* in Scholz, GmbHG, 12. Aufl., § 37 Rn. 34.

Stellung eines Insolvenzantrags ist jede einzelne dieser Varianten zu bejahen.

Dies wird man grundsätzlich auch für das Restrukturierungsvorhaben so sehen müssen und zwar obwohl die Anzeige des Restrukturierungsverfahrens anders als die Eröffnung des Insolvenzverfahrens nicht zur Auflösung der Gesellschaft führt.[31] Denn auch ein Restrukturierungsvorhaben ist jedenfalls dann eine in diesem Sinn „ungewöhnliche Maßnahme", wenn der ins Auge gefasste Restrukturierungsplan Eingriffe in die Stellung der Gesellschafter vorsieht. Denn dann hat die Maßnahme erhebliche Bedeutung für die Gesellschafter und gehört daher in deren Zuständigkeitsbereich.[32] Anders wird man möglicherweise bei solchen Plänen argumentieren können, die lediglich Eingriffe in Positionen der Gläubiger vorsehen. Doch selbst in diesem Fall wird man dem Geschäftsführer schon zur Vermeidung der eigenen Haftung raten müssen, einen Beschluss über die Anzeige des Restrukturierungsvorhabens herbeizuführen.

Spannend ist nun allerdings die Frage nach den Grenzen des in der GmbH grundsätzlich bestehenden Weisungsrechts der Gesellschafter: Was passiert, wenn die Gesellschafter der Einleitung eines Restrukturierungsverfahrens widersprechen? Bindet ein solcher Beschluss die Geschäftsleiter oder können sie gleichwohl zum Restrukturierungsgericht gehen und die Restrukturierungssache rechtshängig machen?

Anerkannt ist insoweit, dass die Grenzen des sich aus § 37 GmbHG ergebenden Weisungsrechts überschritten sind, wenn das den Geschäftsleitern angewiesene Verhalten rechtswidrig wäre.[33] Dies ist der Fall, wenn die Geschäftsleiter durch Befolgung der Weisung ihre Solvenzsicherungspflicht und dadurch die Interessen der Gläubiger verletzen würden.

Diese schon vor dem StaRUG in Literatur und Rechtsprechung anerkannte Begrenzung des Weisungsrechts besitzt vor allem dann Bedeutung, wenn sich die Krise schon weiter zugespitzt hat. Denn beachten die Geschäftsleiter sorgfältig ihre Solvenzüberwachungspflicht, so werden sie die Krisenanzeichen oft relativ früh erkennen. Zu diesem Zeitpunkt bestehen

---

31 *Thole*, BB 2021, 1347, 1350; *Brünkmans*, ZInsO 2021, 125, 127.

32 *Scholz*, ZIP 2021, 219, 226 bejaht die Einordnung der Anzeige als „außergewöhnliche Maßnahme" unabhängig vom Planinhalt vor dem Hintergrund, dass die Rechtshängigkeit der Restrukturierungssache nach § 43 StaRUG zu einer Veränderung der Pflichtenbindung führe. Gegen ein Beteiligungserfordernis der Gesellschafter *Wollring/Quitzau*, ZRI 2021, 785, 789; ähnlich auch *Skauradszun*, DB 2021, 1317, 1320 f.

33 *Kleindiek* in Lutter/Hommelhoff, GmbHG, 19. Aufl., § 37 Rn. 18; *Uwe H. Schneider/Sven H. Schneider* in Scholz, GmbHG, 12. Aufl., § 37 GmbHG, Rn. 99.

typischerweise noch verschiedene Optionen, wie die Insolvenz verhindert werden kann.[34] Zu denken ist an Kapitalerhöhungen, Gesellschafterdarlehen, die Hineinahme eines Investors etc. So lange verschiedene Sanierungsoptionen bestehen, ist es Sache der Gesellschafter, darüber zu entscheiden, welcher Weg zur Überwindung der Krise verfolgt werden soll. An diese Entscheidung ist der Geschäftsführer gemäß § 37 GmbHG gebunden.

Anders sieht es aber aus, wenn der Weg ins Restrukturierungsverfahren die einzige Alternative zur Insolvenz ist. Zu denken ist insbesondere an eine Situation, in der ein Konzept auf dem Tisch liegt, das voraussichtlich den sonst wahrscheinlichen Eintritt der Insolvenz der Gesellschaft abwenden würde und das auch unter den Gläubigern eine hinreichende Mehrheit finden würde. In einer solchen Lage dürfen sich die Gesellschafter diesem Konzept, das im Zweifel Eingriffe in ihre Rechtsstellung vorsieht, nicht verschließen, ohne zugleich tragfähige Alternativen zu entwickeln.

Entsprechend wäre auch eine Weisung der Gesellschafter, die den Geschäftsleitern den Weg zur Umsetzung dieses Konzepts versperrt, rechtswidrig und daher nicht bindend, es sei denn, dass gleichzeitig andere Maßnahmen zur Abwendung der drohenden Insolvenz ergriffen werden. Die Pflichten der Geschäftsleiter haben sich angesichts der skizzierten Umstände zu konkreten Handlungspflichten verdichtet, wie es in der Begründung zum Regierungsentwurf zum StaRUG hieß.[35] Man könnte auch sagen, dass sich ihr Ermessen, wie der Krise zu begegnen ist, auf null reduziert hat. Steht nach den mit den Gläubigern geführten Verhandlungen fest, dass die Insolvenz realistischer Weise nur durch Verfolgung dieses Plans und den damit verbundenen Eingriffen in die Gesellschafterstellung abgewendet werden kann, so gebietet die Solvenzsicherungspflicht den Geschäftsleitern, dieses Konzept notfalls auch gegen den Widerstand der Gesellschafter umzusetzen.

Dieser Zwang ist die Konsequenz aus der Ausgestaltung der Solvenzsicherungspflicht als Rechtspflicht der Geschäftsführer. Weil § 1 Abs. 1 S. 2 StaRUG eine Pflichtaufgabe der Geschäftsleiter normiert, können die Gesellschafter auch nicht über ihr Weisungsrecht die Geschäftsleitung von der Erfüllung dieser Aufgabe abhalten. Denn rechtswidrige Weisungen sind unbeachtlich. Sie können ihnen allenfalls Weisungen erteilen, welcher Weg aus der Krise zu wählen ist. Die Gesellschafter haben aber keine Möglichkeit, Gegenmaßnahmen komplett zu blockieren.

---

34 S. auch die Begr. zu § 2 RegE-StaRUG.
35 Begr. zu § 2 RegE-StaRUG.

Dieses Ergebnis ist nicht zuletzt europarechtlich geboten. Denn Art. 19 lit a) der Restrukturierungsrichtlinie verpflichtet die nationalen Gesetzgeber sicherzustellen, dass die Geschäftsleitung die Interessen der Gläubiger, Anteilsinhaber und sonstigen Interessenträger gebührend berücksichtigt. Nach Art. 12 Abs. 1 müssen die Mitgliedstaaten ferner dafür sorgen, dass die Anteilsinhaber die Annahme und Bestätigung von Restrukturierungsplänen nicht „grundlos" verhindern können. Diese Verpflichtung bezieht sich nicht nur auf die Möglichkeit des cross-class-cram-down im Rahmen der Abstimmung über den Restrukturierungsplan, sondern aus ihr ergibt sich auch, dass nicht schon der zur langfristigen Sicherung der Solvenz unvermeidliche Gang ins Restrukturierungsverfahren am Widerstand der Gesellschafter scheitern darf.

Nimmt man noch Erwägungsgrund 71 hinzu, so wird dies ganz deutlich. Dort heißt es:

> *„Wenn dem Schuldner die Insolvenz droht, kommt es auch darauf an, die berechtigten Interessen der Gläubiger vor Managemententscheidungen zu schützen, die sich auf die Zusammensetzung des Schuldnervermögens auswirken können, insbesondere wenn diese Entscheidungen eine weitere Wertminderung des Vermögens bewirken könnten, das für Restrukturierungsmaßnahmen oder für die Verteilung an die Gläubiger zur Verfügung steht. Es ist daher notwendig, sicherzustellen, dass die Unternehmensleitung es unter diesen Umständen vermeidet, vorsätzliche oder grob fahrlässige Handlungen vorzunehmen, die auf Kosten der Anteilsinhaber zu persönlichen Vorteilen führen, und vermeidet, Transaktionen unter Marktwert zuzustimmen oder Maßnahmen zu treffen, die eine unfaire Bevorzugung eines oder mehrerer Interessenträger zur Folge haben."*

Es wäre mit anderen Worten nicht mit der Richtlinie zu vereinbaren, könnten die Gesellschafter die Einleitung eines Restrukturierungsverfahrens auch dann blockieren, wenn dessen Durchführung und die damit verbundenen Eingriffe in die Stellung der Gesellschafter zur Sicherung der Solvenz und damit zum Schutz der Gläubiger unvermeidlich sind.[36]

Die Gesellschafter verlieren ihr Weisungsrecht und damit ihre Blockadeposition aber eben erst dann, wenn das Restrukturierungsverfahren objektiv der einzige erfolgversprechende Weg zur Vermeidung der Insolvenz

36 Dazu *Skauradszun*, KTS 2021, 1, 49; *Rauhut*, in NZI Sonderbeilage 1/2021, 52 f. *Guntermann*, WM 2021, 214, 221 hält das deutsche Recht für europarechtswidrig, weil sie meint, dass die Geschäftsleiter auch in der Krise stets an Weisungen der Gesellschafter gebunden seien.

ist. Solange die Gesellschaft sich noch aus eigener Kraft oder durch frisches Kapital seitens der Gesellschafter sanieren kann, ist es den Gesellschaftern vorbehalten, den Weg zu wählen, der ihnen vorzugswürdig erscheint und die Geschäftsführer entsprechend anzuweisen.[37]

Ob solche Situationen, in denen nur noch das Restrukturierungsverfahren als Mittel zur Vermeidung der Insolvenz in Betracht kommt, häufig sein werden, werden wir abwarten müssen.[38] Zu denken ist insbesondere an Fälle, in denen einer der wesentlichen Gläubiger einen Plan auf den Tisch gelegt hat und für den Fall, dass dieser Plan nicht umgesetzt wird, damit droht, durch Kündigung eines Kredits die Zahlungsunfähigkeit des Unternehmens herbeizuführen. Wenn es jetzt nicht gelingt, einen anderen Investor zu finden, oder die Gesellschafter selbst bereit sind, frisches Geld zur Verfügung zu stellen, dann ist dieser Plan die einzige Option zur Vermeidung der Insolvenz. Eine Weisung, ihn nicht umzusetzen, wäre rechtswidrig. So selten wird dieser Fall in der Praxis womöglich gar nicht sein. Insbesondere im Rahmen von Loan to own Strategien einzelner Gläubiger wird es zu solchen Situationen vielleicht sogar vergleichsweise häufig kommen.[39]

Der Geschäftsführer steht damit vor der schwierigen Entscheidung, beurteilen zu müssen, ob der ins Auge gefasste Restrukturierungsplan wirklich der einzige Weg aus der Krise ist. Dann ist er an eine etwaige Unterlassungsanweisung der Gesellschafter nicht gebunden. Leistet er ihr doch Folge, macht er sich schadensersatzpflichtig. Verkennt der Geschäftsführer aber, dass es in Wahrheit doch noch andere Lösungsmöglichkeiten gab, macht er sich durch die Anzeige des Restrukturierungsverfahrens gegen den Willen der Gesellschafter diesen gegenüber schadensersatzpflichtig.

b) In der Aktiengesellschaft

Für die Aktiengesellschaft wird von einigen Autoren[40] vertreten, dass die Hauptversammlung über die Einleitung eines fakultativen Insolvenzverfahrens und (daher) ebenfalls über die Anzeige eines Restrukturierungs-

37 A.A. *Wollring/Quitzau*, ZRI 2021, 785, 789; ähnlich auch *Skauradszun* DB 2021, 1317, 1320 f., der insoweit für eine „Autonomie“ der Geschäftsführer plädiert.

38 Skeptisch *Thole*, BB 2021, 1347, 1350.

39 Dazu demnächst *Ernst*, Publizitätspflichten für schuldenbasierte Übernahmen, Kapitel 2, B, III. 5.

40 *Seibt/Bulgrin*, DB 2020, 2226, 2236; *C. Schäfer*, ZIP 2020, 1950, 1952; *ders.*, ZIP 2020, 2164, 2168; *Rauhut*, NZI-Beilage 1/2021, 52, 53.

verfahrens zu entscheiden habe. Dies wird damit begründet, dass die Antragstellung bzw. die Anzeige nicht nur als „ungewöhnliche Geschäftsführungsmaßnahmen" einzuordnen seien, sondern als sogenannte Grundlagenentscheidungen. Sie erforderten daher einen mit Dreiviertelmehrheit gefassten Hauptversammlungsbeschluss.

Hierfür spricht auf den ersten Blick, dass der Restrukturierungsplan wie ein Insolvenzplan nach § 2 Abs. 3 StaRUG Eingriffe in die Stellung der Aktionäre zulässt und insofern eine Verwässerung, ja sogar einen Entzug ihrer Beteiligung ermöglicht. Doch vermag dieses Argument im Ergebnis nicht zu überzeugen. Man muss sich nämlich vor Augen führen, welche Konsequenzen es hätte, würde man eine Hauptversammlungskompetenz für die Entscheidung über Anzeige nach § 31 StaRUG bejahen. Dann wäre die Möglichkeit, eine Aktiengesellschaft mit den Instrumenten dieses Gesetzes zu restrukturieren, jedenfalls für große und mittelgroße Unternehmen de facto versperrt.[41] Denn aufgrund der mit der Durchführung einer Hauptversammlung verbundenen Publizität, dem administrativen Aufwand und nicht zuletzt den Kosten wäre der ins Auge gefasste Restrukturierungsversuch spätestens im Moment des Versendens der Einladungen zur Hauptversammlung gescheitert.

Es geht also in Wahrheit gar nicht um die Frage, ob der Vorstand die Aktionäre vor einer Anzeige fragen muss, sondern darum, ob einer Aktiengesellschaft überhaupt der Weg des Restrukturierungsverfahrens eröffnet sein soll. Diese Frage ist nun allerdings nicht zuletzt aus europarechtlichen Gründen eindeutig zu bejahen. Es wäre mit der Richtlinie und dem Gebot des effet utile nicht zu vereinbaren, wenn das nationale Gesellschaftsrecht Hürden errichten würde, die einem Unternehmen nur wegen seiner Rechtsform den Weg ins Restrukturierungsverfahren faktisch versperrten.

Aus dogmatischer Sicht spricht für dieses Ergebnis, dass der Eingriff in die Gesellschafterstellung erst durch die Annahme des Plans erfolgt. Erst bei der Beschlussfassung über den Plan sind also die Gesellschafter zwingend zu beteiligen. In welcher Form dies geschieht, ist durch die Abstimmungsregeln des StaRUG speziell geregelt. Indem der StaRUG-Gesetzgeber die Möglichkeit des zwangsweisen Eingriffs in die Rechte der Anteilsinhaber im Wege des cross-class cram-downs geschaffen hat, hat er deren Mitwirkungsrechte bezüglich dieser Grundlagenentscheidung abschließend geregelt.

---

41 Ebenso *Brünkmans*, ZInsO 2021, 125, 127. Auch *Balthasar*, in NZI Sonderbeilage 1/2021, 18, 21 bezeichnet dieses Ergebnis als „höchst misslich".

Gegen die Zuständigkeit der Hauptversammlung zur Entscheidung über die Anzeige eines Restrukturierungsverfahrens spricht schließlich jenseits dieses formalen Arguments, dass die Gefahr von einsamen, unüberlegten oder einseitigen Entscheidungen des Vorstands durch verschiedene Mechanismen hinreichend gebannt sein dürfte. Insbesondere gilt für die Anzeige Gesamtvertretung nach § 78 Abs. 2 S. 1 AktG. Im Übrigen ist schon wegen der sonst drohenden Haftung nach § 93 Abs. 2 AktG kaum zu besorgen, dass der Vorstand leichtfertig den Weg ins Restrukturierungsverfahren wählt.

Entscheidend ist schließlich, dass der Vorstand vor der Anzeige jedenfalls den Aufsichtsrat konsultieren muss. Dieser hat dann die Möglichkeit, ad hoc einen Zustimmungsvorbehalt zu begründen (§ 111 Abs. 4 S. 2 2. Var. AktG), wenn sich ein solcher nicht ohnehin schon aus der Satzung ergibt.[42] Die Aktionäre sind also auch durch die notwendige Mitwirkung des Aufsichtsrats vor einem Handeln des Vorstands geschützt, das dem Gesellschaftsinteresse nicht entspricht.

Verweigert der Aufsichtsrat seine Zustimmung, kann der Vorstand nach § 111 Abs. 4 S. 3 AktG eine Entscheidung der Hauptversammlung verlangen. Indem das Gesetz dem Vorstand diese Möglichkeit gibt, macht es zugleich deutlich, dass der Vorstand nicht die Befugnis hat, eigenständig über die Rechtmäßigkeit der Zustimmungsverweigerung zu entscheiden und sich ggf. über die Entscheidung des Aufsichtsrats hinwegzusetzen.[43]

Die in diesem Fall notwendige Befassung der Hauptversammlung löst dann allerdings die oben beschriebenen massiven praktischen Probleme aus, die den Restrukturierungsversuch in der Praxis scheitern lassen werden. Eine Alternative zur Befassung der Hauptversammlung bei Widerspruch des Aufsichtsrats ist allerdings nicht erkennbar, denn die Entscheidungskompetenzen werden hier durch das Gesetz klar verteilt.

V. Fazit

Die Streichung der §§ 2, 3 RegE-StaRUG hat viele offene Fragen hinterlassen. Klar ist, dass die Haftung in der Phase vor der Anzeige einer Restruk-

---

42 So schon *Kebekus/Zenker* in FS Maier-Reimer, 2010, S. 319, 335. Allgemein für bestandsgefährdende Maßnahmen *Redeke*, ZIP 2010, 150, 166. A.A. *Haas/Mock* in Gottwald, Insolvenzrechts-Handbuch, 5. Aufl., § 93 Rn. 7.

43 Die Nichtigkeitsgründe des § 241 AktG gelten nicht für die Beschlüsse anderer Organe: BGHZ 122, 342, 347 f.; 124, 111, 115; 164, 249, 252; Hüffer/*Koch*, AktG, 15. Aufl., § 108 Rn. 28, § 111 Rn. 72; § 241 Rn. 2.

turierungssache nur gesellschaftsrechtlich fundiert sein kann (§ 43 GmbHG, § 93 AktG). Das bedeutet freilich nicht, dass in dieser Phase auf die Interessen der Gläubiger keine Rücksicht zu nehmen wäre. § 1 Abs. 1 S. 1 u. 2 formuliert gläubigerbezogene Pflichten in Form einer Solvenzüberwachungs- und einer Solvenzsicherungspflicht, für deren Verletzung die Geschäftsleiter haften. Allerdings wird insbesondere die Kausalität der Pflichtverletzung für einen Schaden nur in krassen Fällen zu beweisen sein.

Nach der Anzeige der Restrukturierungssache ähnelt die Haftung der Geschäftsleiter dem Haftungsregime, das auch in der (vorläufigen) Eigenverwaltung greift (§ 276a Abs. 2, 3 i.V.m. §§ 60, 92 InsO): über das Gesellschaftsvermögen abgewickelte Haftung für schuldhaft versursachte Schäden der Gläubiger, keine Berufung auf die Business Judgement Rule.

Die Haftung für verbotene Zahlungen wurde in § 15b InsO rechtsformübergreifend zusammengefasst. Neu ist insbesondere, dass die Geschäftsleiter beweisen können, dass der Insolvenzverschleppungsschaden niedriger ist als die Summe der im Insolvenzverschleppungszeitraum geleisteten und nach Abs. 4 S. 1 zu ersetzenden Zahlungen. Auch hierdurch wird der normative Zusammenhang zwischen Verletzung der Insolvenzantragspflicht und Haftung für Zahlungen während der Insolvenzreife gestärkt.

Aktuelle Rechtsprechung des Bundesgerichtshofes zur Unternehmensinsolvenz

Ilse Lohmann, Richterin am IX. Senat des Bundesgerichtshofes, Karlsruhe

Der IX. Zivilsenat hatte sich im Lauf des Jahres 2021 mit verschiedenen insolvenzrechtlichen Fragestellungen zu befassen. Neben dem immer aktuellen Anfechtungsrecht sind auch Entscheidungen zum Recht des Gläubigerausschusses und zur Kommanditistenhaftung in der Insolvenz der KG von Interesse.

I. Gläubigerausschuss

Der Gläubigerausschuss wird vom Insolvenzgericht (§ 67 InsO) oder von der Gläubigerversammlung (§ 68 InsO) eingesetzt. Zu Mitgliedern des Gläubigerausschusses können auch Personen bestellt werden, die keine Gläubiger sind (§ 67 Abs. 3 InsO). Den Mitgliedern des Gläubigerausschusses obliegt es, den Insolvenzverwalter bei seiner Geschäftsführung zu unterstützen und zu überwachen (§ 69 S. 1 InsO). Dazu stehen ihnen Einsichts- und Prüfrechte zu (§ 69 S. 2 InsO). Die Vergütung der Mitglieder des Gläubigerausschusses richtet sich nach § 17 InsVV (§§ 73 Abs. 2, 64, 65 InsO). Von Amts wegen, auf Antrag des Mitglieds oder auf Antrag der Gläubigerversammlung kann ein Mitglied des Gläubigerausschusses aus wichtigem Grund entlassen werden. Über die Entlassung entscheidet das Insolvenzgericht (§ 70 S. 1 und 2 InsO).

1. Klage auf Feststellung der Vertretung eines Gläubigerausschussmitglieds[1]

Im Insolvenzverfahren I setzte die Gläubigerversammlung einen Gläubigerausschuss ein. Dem Gläubigerausschuss gehörte u.a. die Schuldnerin des später eröffneten Insolvenzverfahrens II an. Diese beauftragte einen Rechtsanwalt mit ihrer Vertretung im Gläubigerausschuss. Nach der Eröff-

---

1 BGH, Urteil vom 11. März 2021 – IX ZR 266/18, WM 2021, 800 = ZIP 2021, 859 = NZI 2021, 536 = ZInsO 2021, 841.

nung des Insolvenzverfahrens II widerrief der Verwalter im Insolvenzverfahren II, der Kläger, die Vollmacht dieses Rechtsanwalts. Die übrigen Mitglieder des Gläubigerausschusses und der Verwalter im Insolvenzverfahren I meinten jedoch, die Schuldnerin werde weiterhin von ihrem Rechtsanwalt vertreten. Der Kläger wurde weder zu Sitzungen eingeladen noch über diese unterrichtet; er erhielt keine Einsicht in Protokolle und sonstige Unterlagen. Der Kläger klagte deshalb gegen die Mitglieder des Gläubigerausschusses auf Feststellung, dass die Schuldnerin im Gläubigerausschuss allein durch ihn vertreten werde, sowie auf Feststellung, dass die Beklagten ihm die Wahrnehmung seiner Rechte ermöglichen und ihm die erforderlichen Informationen zugänglich machen müssten.

Der Senat hat die Klage wegen fehlenden Rechtsschutzbedürfnisses abgewiesen. Offensichtlich ist eine Klage nicht das geeignete Mittel, um die Mitgliedschaft im Gläubigerausschuss zu klären. Die Rechtskraft eines Urteils wirkt nur für und gegen die Prozessparteien. Das wären hier die beklagten Mitglieder des Gläubigerausschusses gewesen, nicht aber der Insolvenzverwalter, die Gläubigerversammlung oder nicht verklagte Ausschussmitglieder. Überdies gab es einen einfacheren, schnelleren und kostengünstigeren Weg, das angestrebte Ziel zu erreichen. Das Insolvenzgericht kann analog § 70 InsO eine Entscheidung über die Mitgliedschaft treffen. Unmittelbar regelt § 70 InsO nur die Entlassung eines Ausschussmitglieds aus wichtigem Grund. Ein wichtiger Grund liegt vor, wenn das Verhalten des Mitglieds die Erfüllung der Aufgaben des Ausschusses nachhaltig erschwert oder unmöglich macht und damit die Erreichung des Verfahrensziels objektiv gefährdet. Ein Streit darüber, wer die Rechte eines Ausschussmitglieds ausübt, kann die Erfüllung der Aufgaben des Gläubigerausschusses ebenfalls nachhaltig erschweren oder unmöglich machen und so die Erreichung der Verfahrensziele objektiv nachhaltig gefährden. Insbesondere wird dadurch die Wirksamkeit von Entscheidungen des Ausschusses in Frage gestellt. Das rechtfertigt eine Analogie. Die Entscheidung des Insolvenzgerichts wirkt inter omnes. Entgegen einer kritischen Anmerkung von *Jungmann*[2] greift die entsprechende Anwendung von § 70 InsO nicht in die Rechte des Gläubigerausschusses oder der Gläubigerversammlung ein. Die Entscheidung des Insolvenzgerichts stellt nur die bestehende Rechtslage klar. Im zu entscheidenden Fall hatte das Insolvenzgericht allerdings ein Tätigwerden abgelehnt. Das stand einer Entscheidung über einen erneuten Antrag jedoch nicht entgegen.

---

2 EWiR 2021, 271; zustimmend dagegen *Schmidt-Burgk*, WuB 2021, 314; *Cranshaw*, jurisPR-InsO 12/2021 Anm. 1).

In der Sache hatte der Kläger vermutlich Recht. Nicht der beauftragte Rechtsanwalt, sondern die Schuldnerin des Insolvenzverfahrens II war zum Mitglied des Gläubigerausschusses gewählt worden. Die Tätigkeit im Gläubigerausschuss war keine insolvenzfreie Angelegenheit. Die Schuldnerin war als Gläubigerin im Insolvenzverfahren I in den Gläubigerausschuss berufen worden. Ihre im Insolvenzverfahren I angemeldete Forderung unterlag der Verwaltungs- und Verfügungsbefugnis des Klägers (§ 80 Abs. 1 InsO. Diesen Bezug zum vom Kläger verwalteten Vermögen hatte bereits das Berufungsgericht erkannt.[3] Die dem Rechtsanwalt erteilte Vollmacht war gemäß § 117 Abs. 1 InsO mit der Eröffnung des Insolvenzverfahrens erloschen.

2. *Vergütungsvereinbarung zwischen den Mitgliedern eines zur Planüberwachung bestellten Gläubigerausschusses und dem Schuldner nach Aufhebung des Insolvenzverfahrens*[4]

Ein Insolvenzplan sah die Einsetzung eines Gläubigerausschusses zur Planüberwachung vor (vgl. §§ 260, 261 InsO). Der Umfang der Tätigkeit und die Vergütung der Ausschussmitglieder sollten nach Aufhebung des Insolvenzverfahrens in einer Geschäftsordnung geregelt werden. Der Beklagte wurde in den Ausschuss gewählt. Nach der Aufhebung des Insolvenzverfahrens schlossen die Ausschussmitglieder und die vormalige Insolvenzschuldnerin eine Vergütungsvereinbarung, die einen Stundensatz von 300 € vorsah. Der Beklagte rechnete insgesamt 116.268,09 € ab.

Noch vor Ende der Überwachung der Planerfüllung wurde erneut das Insolvenzverfahren über das Vermögen der Schuldnerin eröffnet. Der Insolvenzverwalter verlangte gemäß § 812 Abs. 1 BGB die Rückgewähr der Vergütung. Die Klage hatte zunächst Erfolg. Die Vorinstanzen hielten die Vergütungsvereinbarung für unwirksam. Die Vergütung der Mitglieder des Gläubigerausschusses müsse ebenso wie diejenige des Insolvenzverwalters zwingend vom Insolvenzgericht festgesetzt werden. In der Tat können Vereinbarungen über die Vergütung des Insolvenzverwalters nicht Inhalt eines Insolvenzplans sein.[5] Ob dies auch für die Vergütung der Mitglieder

---

3 OLG Celle, NZI 20218, 892, 894 mit Anmerkung *Harbrecht*.

4 BGH, Urteil vom 6. Mai 2021 – IX ZR 57/20, WM 2021, 1197 = ZIP 2021, 1282 = NZI 2021, 733 = ZINsO 2021, 1302 mit zust. Anm. *Möhlenkamp*, EWiR 2021, 469; *Pape*, WuB 2021, 417.

5 BGH, Beschluss vom 16. Februar 2017 – IX ZB 103/15, BGHZ 214, 78 Rn. 17 ff.

des Gläubigerausschusses gilt, war nicht entscheidungserheblich.[6] Die Vergütung der Ausschussmitglieder gehört zwar gemäß § 54 Nr. 2 InsO zu den Verfahrenskosten. Sie wurde hier jedoch nicht im Plan geregelt, sondern war Gegenstand einer nach der Aufhebung des Insolvenzverfahrens getroffenen Vereinbarung zwischen dem Schuldner einerseits, den Ausschussmitgliedern andererseits. Einer derartigen Vereinbarung stehen die Vorschriften der Insolvenzordnung nicht entgegen. Mit der Aufhebung des Insolvenzverfahrens erhält der Schuldner zwingend das Recht zurück, über die Insolvenzmasse frei zu verfügen (§ 259 Abs. 1 S. 2 InsO). Er kann Verträge schließen und erfüllen, wie er es für richtig hält. Verwalter und Gläubigerausschuss dürfen lediglich die Planerfüllung überwachen und dies nur mit den Mitteln, welche die Insolvenzordnung vorsieht. Eine Insolvenzmasse, die zusammengehalten und verteilt werden muss, gibt es nach Aufhebung des Insolvenzverfahrens nicht mehr.

II. Haftung des Kommanditisten

Der Kommanditist haftet den Gesellschaftsgläubigern unmittelbar bis zur Höhe seiner Einlage. Ist die Einlage geleistet, haftet er nicht (§ 171 Abs. 1 S. 1 und 2 HGB). Ist die Einlage zurückbezahlt oder durch Entnahmen herabgemindert worden, lebt die Haftung wieder auf (§ 172 Abs. 4 HGB). Im Insolvenzverfahren werden die aus der Haftung folgenden Rechte vom Insolvenzverwalter geltend gemacht (§ 171 Abs. 2 HGB). Wird der Kommanditist in Anspruch genommen, kann er sich auf mehreren Ebenen verteidigen. Er kann die Zahlung der Einlage nachweisen oder die tatsächlichen Voraussetzungen eines Wiederauflebens bestreiten. Er kann behaupten, die Forderungen der Gläubiger seien anderweitig gedeckt, etwa durch Zahlungen anderer Kommanditisten oder durch eine von vornherein ausreichende Masse. Oder er kann sich darauf berufen, dass er für die geltend gemachte Forderung ihrer Art nach nicht haftet. Z.B. haftet er nicht für Ansprüche der Mitgesellschafter aus dem Gesellschaftsverhältnis auf Auszahlung der Einlage oder auf Rückzahlung von vor der Insolvenz zurückgezahlter Ausschüttungen. Um die letztgenannte Frage geht es im Senatsurteil vom 28. Januar 2021.

6 BGH, Urteil vom 6. Mai 2021 – IX ZR 57/20, aaO Rn. 18.

1. *Haftung des Kommanditisten für Masseverbindlichkeiten*[7]

Schuldnerin des im Jahre 2014 eröffneten Insolvenzverfahrens war eine GmbH & Co. KG. Der Verwalter nahm den beklagten Kommanditisten auf Zahlung von 13.293,59 € in Anspruch. Von diesem Geld sollte die Gewerbesteuer für das Jahr 2014 beglichen werden, die festgesetzt worden war, nachdem die Schuldnerin mit Zustimmung des vorläufigen Insolvenzverwalters das Schiff veräußert hatte.

Die Vorinstanzen hatten die Klage abgewiesen. Die Gewerbesteuer, für deren Bezahlung der Beklagte einstehen sollte, stelle gemäß § 55 Abs. 4 InsO eine Masseverbindlichkeit dar. Für diese hafte ein Gesellschafter nicht, wie der Bundesgerichtshof in einem Urteil aus dem Jahre 2009 ausgesprochen habe.[8] Das damalige Urteil beruhte auf folgender Überlegung: Masseverbindlichkeiten werden vom Verwalter begründet. Der Schuldner haftet hierfür jedoch nur mit den Gegenständen der Insolvenzmasse. Es handelt sich um eine dem Verfahren immanente Haftungsbeschränkung. Wenn der Verwalter nicht berechtigt ist, den Schuldner persönlich mit seinem insolvenzfreien Vermögen zu verpflichten, weil seine aus § 80 InsO folgende Befugnisse auf die Masse beschränkt sind, gilt gleiches für die Haftung der Gesellschafter. Für neu begründete Verbindlichkeiten haften die Gesellschafter nicht mit ihrem Privatvermögen; dieses unterliegt nicht der Verwaltungs- und Verfügungsbefugnis des Verwalters.

Das Urteil vom 28. Januar 2021 sieht das im Ergebnis ebenso, stellt jedoch nicht (insolvenzrechtlich) auf die Einordnung als Masse- oder Insolvenzforderung ab, sondern (gesellschaftsrechtlich) darauf, ob die fragliche Verbindlichkeit noch von der Schuldnerin, der Personengesellschaft also, begründet worden ist. Deren Entscheidungen kann der Kommanditist auch nach Anordnung der vorläufigen Verwaltung noch beeinflussen, solange kein Verfügungsverbot angeordnet worden ist.[9] Für Entscheidungen des Insolvenzverwalters und des verfügungsbefugten vorläufigen Insolvenzverwalters gilt das nicht.

Der IX. Zivilsenat hat sich damit einem Urteil des II. Zivilsenats vom 13. Dezember 2020 angeschlossen.[10] Aus ihm ergibt sich die vom IX. Zivil-

---

7 BGH, Urteil vom 28. Januar 2021 – IX ZR 54/20, WM 2021, 407 = ZIP 2021, 528 = NZI 2021, 440 = ZInsO 2021, 516 = NJW 2021, 938.

8 BGH, Urteil vom 24. September 2009 – IX ZR 234/07, WM 2009, 2181 = ZIP 2009, 2204 = NZI 2009, 841.

9 Krit. hierzu *Jarchow/Hölken*, ZInsO 2021, 1937, 1941.

10 BGH, Urteil vom 15. Dezember 2020 – II ZR 108/19, BGHZ 228, 28 = WM 2021, 186 = ZIP 2021, 255 = NZI 2021, 494 = NJW 2021, 928 = ZInsO 2021, 263.

senat in Bezug genommene gesellschaftsrechtliche Begründung. Der II. Zivilsenat hat die Rechtsstellung eines Gesellschafters nach der Eröffnung des Insolvenzverfahrens über das Vermögen der Gesellschaft mit derjenigen eines ausgeschiedenen Gesellschafters verglichen. Der ausgeschiedene Gesellschafter kann keinen Einfluss mehr auf die Gesellschaft nehmen und profitiert nicht mehr von den Gegenleistungen oder sonstigen Erträgen. Aus diesem Grund ist seine Haftung gemäß § 160 HGB auf die bis zum Ausscheiden begründete Verbindlichkeiten beschränkt, zudem mit zeitlicher Beschränkung auf fünf Jahre. Gleiches gilt für den persönlich haftenden Gesellschafter und den Kommanditisten im Insolvenzverfahren über das Vermögen der Gesellschaft. Seine Haftung wird durch eine teleologische Reduktion der §§ 128, 161 Abs. 2 HGB insoweit beschränkt, wie ein ausgeschiedener Gesellschafter gemäß § 160 HGB haften würde. Entscheidend ist danach, ob die Rechtsgrundlage der Verpflichtung bis zum Ausscheiden des Gesellschafters – im Insolvenzfall: bis zur Eröffnung des Insolvenzverfahrens oder mit der Bestellung eines verfügungsbefugten vorläufigen Insolvenzverwalters – gelegt worden ist, auch wenn die daraus folgenden einzelnen Verpflichtungen erst später entstehen.

2. *Erforderlichkeit der Inanspruchnahme des Kommanditisten*[11]

Grundsätzlich kann der vom Insolvenzverwalter in Anspruch genommene Kommanditist entsprechend §§ 422 Abs. 1 S. 1, 362 Abs. 1 BGB einwenden, seine Inanspruchnahme sei nicht erforderlich, weil andere Kommanditisten bereits ausreichende Zahlungen geleistet hätten. Darlegungs- und beweispflichtig für eine ausreichende Deckung ist der Kommanditist; jedoch obliegt dem Verwalter eine sekundäre Darlegungslast hinsichtlich der für die Befriedigung der Gläubiger bedeutsamen Verhältnisse, sofern nur er zu deren Darlegung im Stande ist. Bei der Prüfung der Erforderlichkeit sind nicht nur die zur Tabelle festgestellten, sondern auch vom Insolvenzverwalter bestrittene Forderungsanmeldungen zu berücksichtigen, sofern eine erfolgreiche Inanspruchnahme der Masse wegen dieser Forderungen noch ernsthaft in Betracht kommt. Der IX. Zivilsenat hat sich dieser Rechtsprechung angeschlossen.[12] Stützt sich der Verwalter auf eine von

11 BGH, Urteil vom 9. Februar 2021 – II ZR 28/20, WM 2021, 455 = ZIP 2021, 473 = NZI 2021, 444 = ZInsO 2021, 722.

12 BGH, Beschluss vom 29. April 2021 – IX ZR 143/20, NZI 2021, 737 = ZInsO 2021, 1459 Rn. 13.

ihm selbst bestrittene Forderung, hat er substantiiert darzulegen, aus welchen Gründen trotz seines Widerspruchs noch mit einer Feststellung der Forderung zur Tabelle gerechnet werden muss und daher vorsorglich eine Inanspruchnahme des Kommanditisten zur Bildung von Rückstellungen erforderlich erscheint. Offengeblieben ist, ob der Verwalter berechtigt ist, mit den von den Kommanditisten eingezogenen Geldern Forderungen zu tilgen, für die diese nicht haften. *Gehrlein* meint in einer Anmerkung, diese Frage sei zu verneinen, damit der Verwalter nicht die Haftungsbegrenzung zum Nachteil der Kommanditisten unterlaufen könne.[13]

3. *Akteneinsichtsrecht des Kommanditisten*[14]

Der Kommanditist als solcher ist nicht Beteiligter des Insolvenzverfahrens über das Vermögen der KG. Sein Akteneinsichtsrecht richtet sich damit nach § 4 InsO, § 299 Abs. 2 ZPO Er muss ein rechtliches Interesse darlegen und glaubhaft machen. Ein solches kann sich aus einer möglichen Inanspruchnahme durch den Insolvenzverwalter ergeben. Weil der Kommanditist nur mit seiner Einlage haftet (§ 172 Abs. 1 HGB), ist Voraussetzung hierfür, dass entweder die Einlage nicht oder nicht vollständig gezahlt wurde oder dass Ausschüttungen erfolgten, welche als Einlagenrückgewähr zu qualifizieren seien (§ 174 Abs. 4 HGB). Die Vorinstanz hatte zusätzlich verlangt, dass der Kommanditist auch zu den übrigen Haftungsvoraussetzungen vortragen sollte. Das hat der Senat nicht für erforderlich gehalten. Zum einen wird dies dem Kommanditisten oft nicht möglich sein. Er braucht hierzu genau diejenigen Informationen, die er sich durch die Akteneinsicht gerade verschaffen will. Zum anderen müsste er gegen sein eigenes Interesse argumentieren, gerade nicht in Anspruch genommen zu werden.

III. *Gesellschafterdarlehen und darlehensgleiche Forderungen*

Nach § 135 Abs. 1 Nr. 2 InsO ist die Rückgewähr eines Darlehens oder die Befriedigung einer gleichgestellten Forderung innerhalb des letzten Jahres vor dem Eröffnungsantrag (oder nach diesem Antrag) anfechtbar. Das Dar-

---

13 *Gehrlein*, NZI 2021, 739.

14 BGH, Beschluss vom 15. Oktober 2020 – IX AR(VZ) 2/19, WM 2020, 2384 = ZIP 2020, 2519 = NZI 2021, 123 = ZInsO 2021, 97.

lehen ist in § 488 BGB definiert. Der Darlehensgeber verpflichtet sich, dem Darlehensnehmer einen Geldbetrag zur Verfügung zu stellen; der Darlehensnehmer hat Zinsen zu zahlen und bei Fälligkeit das Darlehen zurückzuzahlen. In der Insolvenz wird der Rückzahlungsanspruch eines Gesellschafters nur nachrangig befriedigt (§ 39 Abs. 1 Nr. 5 InsO). Darlehensgleich ist jede Forderung eines Gesellschafters auf Rückzahlung eines vom Gesellschafter aus seinem Vermögen der Gesellschaft zur Verfügung gestellten Geldbetrags, sofern ein solcher Rückzahlungsanspruch durchgängig seit der Überlassung des Geldes bestand und sich Gesellschafter und Gesellschaft von vornherein einig waren, dass die Gesellschaft das Geld zurückzuzahlen habe.[15]

1. Anspruch auf Altersruhegeld[16]

Die spätere Schuldnerin hatte ihrem Gesellschafter-Geschäftsführer eine Versorgungszusage erteilt. Nachdem er die Altersgrenze erreicht hatte, zahlte die Schuldnerin ihm eine monatliche Betriebsrente. Etwa zwölf Jahre später wurde das Insolvenzverfahren über das Vermögen der Schuldnerin eröffnet. Der Geschäftsführer hielt zu diesem Zeitpunkt noch 20% der Geschäftsanteile. Der Pensionssicherungsverein übernahm die Zahlungen an den Geschäftsführer und meldete dessen Ansprüche, die auf sie übergegangen waren, zur Tabelle an. Der Insolvenzverwalter widersprach, weil es sich um nachrangige Forderungen gemäß § 39 Abs. 1 Nr. 5 InsO handele.

Die Feststellungsklage des Pensionssicherungsvereins hatte beim Senat Erfolg. Die Forderungen aus der Pensionszusage waren Teil des Gehalts. Zwischen den Parteien des Anstellungsvertrages bestand Einigkeit darüber, dass dieser Teil gezahlt werden musste, nur eben erst vom Eintritt des Ruhestandes an. Stehen gelassene Gehaltsansprüche eines Gesellschafter-Geschäftsführers können durchaus als darlehensgleiche Forderung zu bewerten sein. Es handelte sich jedoch um die verkehrsübliche Ausgestaltung des Anstellungsvertrages eines Geschäftsführers. Die Mittel, aus denen die Betriebsrente gezahlt werden sollten, sollten zudem nach dem Verständnis beider Parteien erst in der Zukunft erwirtschaftet werden; sie waren nicht vorhanden und wurden anderweitig eingesetzt. Es ging also

15 BGH, Urteil vom 27. Juni 2019 – IX ZR 167/18, BGHZ 222, 283 = WM 2019, 1561 = ZIP 2019, 1577 = NJW 2019, 2923 = ZInsO 2019, 1734, Leitsatz 1.

16 BGH, Urteil vom 22. Oktober 2020 – IX ZR 231/19, WM 2020, 2283 = ZIP 2020, 2409 = NZI 2021, 90 = ZInsO 2020, 2649.

nicht darum, temporär die Liquidität der Gesellschaft zu verbessern. Die Forderung des Gesellschafters hatte damit bei wertender Betrachtung nicht eine dem typischen Darlehen entsprechende Finanzierungsfunktion.

2. Anfechtung der Entnahme von einem Kapitalkonto[17]

Der Beklagte war einer von zwei Kommanditisten einer GmbH & Co. KG. Der Gesellschaftsvertrag der KG sah vor, dass für die Kommanditisten vier Konten geführt wurden: ein festes Kapitaleinlagekonto (I), ein gesamthänderisch gebundenes Kapitalrücklagekonto (II), ein gesamthänderisch gebundenes Gewinnrücklagen- und Verlustvortragskonto (III) und ein variables Privatkonto. Die Konten II und III waren nicht verzinslich. Sie sahen eine Verrechnung mit Verlustanteilen vor. Das Privatkonto war verzinslich; hier waren nur Gewinngutschriften und Gewinnentnahmen zu buchen.

Der Beklagte erwarb die Kommanditanteile des anderen Kommanditisten zu einem Kaufpreis von insgesamt 250.000 €. Die Schuldnerin zahlte an den Beklagten zu Lasten seines Privatkontos 250.000 €; dieser bezahlte damit den Kaufpreis. Etwa drei Monate später wurde die Eröffnung des Insolvenzverfahrens über das Vermögen der KG beantragt. Nach der Eröffnung focht der Insolvenzverwalter die Auszahlung der 250.000 € an. Die Auszahlung der 250.000 € unterfiel § 135 Abs. 1 Nr. 2 InsO, wenn darin die Rückgewähr eines Darlehens oder die Befriedigung einer gleichgestellten Forderung lag.

Der Senat hat diese Frage bejaht. Aus dem Gesellschaftsvertrag folgt der allgemeine mitgliedschaftliche Anspruch auf Gewinnbeteiligung. Der Anspruch des Gesellschafters auf Ausschüttung des Bilanzgewinns ist dagegen ein Gläubigerrecht, das zwar aus dem Gesellschaftsverhältnis stammt, sich aber von der Mitgliedschaft gelöst und rechtlich verselbständigt hat, so dass er grundsätzlich wie ein schuldrechtlicher Anspruch zu behandeln ist.[18] Er entsteht erst mit der Feststellung des Jahresabschlusses und dem Beschluss über die Verwendung des Jahresgewinns. Hier hatte es einen Gewinnverwendungsbeschluss gegeben. Der anteilige Gewinn war dem Privatkonto des Beklagten gutgeschrieben worden. Der Beklagte hatte das

---

17 BGH, Urteil vom 17. Dezember 2020 – IX ZR 122/19, WM 2021, 79 = ZIP 2021, 93 = NZI 2021, 180 = ZInsO 2021, 215.

18 BGH, Urteil vom 28. Januar 2020 – II ZR 10/19, BGHZ 224, 235 Rn. 28 = WM 2020, 515 = ZIP 2020, 511 = NZI 2020, 371.

Guthaben auf dem Privatkonto acht Monate lang stehen lassen. Damit handelte es sich um eine darlehensgleiche Forderung.

Gehrlein[19] bezweifelt das Vorliegen eines Gewinnverwendungsbeschlusses, hält das Urteil aber im Ergebnis für richtig. Die Gutschrift auf dem Privatkonto des Gesellschafters stelle klar, dass es sich insoweit nicht mehr um Gesellschaftskapital handelte. Werde ein Gewinnanteil unentziehbar einem Gesellschafterkonto gutgeschrieben, könne das Stehenlassen des hieraus folgenden Guthabens als darlehensgleich bewertet werden.

3. *Anfechtung der Ausschüttung eines Gewinnvortrags*[20]

Die Beklagte war alleinige Gesellschafterin einer GmbH. Auf einer Gesellschafterversammlung am 28. September 2010 stellte sie den Jahresabschluss zum 31. Dezember 2008 fest und beschloss sodann, den im Geschäftsjahr 2008 erwirtschafteten Jahresüberschuss in Höhe von 246.178,14 € auf neue Rechnung vorzutragen. Mit weiterem Beschluss vom 1. Dezember 2009 beschloss sie, für das Geschäftsjahr einen Gewinn von 200.000 € auszuschütten. Am 9. Dezember 2009 überwies die GmbH diesen Betrag an die Beklagte. Auf Eigenantrag vom 31. März 2010 wurde am 1. Juni 2010 das Insolvenzverfahren über das Vermögen der GmbH eröffnet. Der Insolvenzverwalter verlangte die Rückgewähr der 200.000 €.

Die Klage hatte in allen Instanzen Erfolg. Eine Forderung, die einem Darlehen wirtschaftlich entspricht, beruht auf einer Rechtshandlung, die in gleicher Weise wie ein Darlehen der Finanzierung der Gesellschaft dient. Entscheidend ist, dass der Gesellschaft wie bei einem Darlehen zeitweise ein Kapitalwert zur Nutzung überlassen wird. Der Nachrang beruht auf der Bereitschaft des Gesellschafters, der Gesellschaft auf Zeit Mittel zur Finanzierung zur Verfügung zu stellen.

Die Ausschüttung eines Gewinnvortrags unterscheidet sich von der Zahlung aus einem Privatkonto dadurch, dass der Gewinnverwendungsbeschluss fehlt. Es handelt sich noch um Eigenkapital der Gesellschaft, nicht um Fremdkapital. In der Literatur ist vielfach vertreten worden, die Vorschriften der §§ 135 Abs. 1 Nr. 2, § 39 Abs. 1 Nr. 5 InsO seien auf die Überlassung von Eigenkapital nicht anwendbar. Das Eigenkapital werde durch die spezielleren Vorschriften der §§ 30, 31 GmbHG und der Haftung der Geschäftsführer nach § 64 GmbHG a.F., § 15b InsO sowie über die Grund-

---

19 *Gehrlein*, NZI 2021, 165.

20 BGH, Urteil vom 22. Juli 2021 – IX ZR 195/20, WM 2021, 1704 = ZIP 2021, 1822.

sätze über den existenzvernichtenden Eingriff geschützt. Nach Ansicht des Senats trifft das jedenfalls im Fall einer Einmann-Gesellschaft nicht zu. Gemäß § 29 Abs. 1 S. 1 GmbHG hat der Gesellschafter Anspruch auf den Jahresüberschuss zuzüglich eines Gewinnvortrags und abzüglich eines Verlustvortrags. Wird der Gewinn stattdessen gemäß § 29 Abs. 2 GmbHG auf neue Rechnung vorgetragen, liegt darin ebenso eine Finanzierungsentscheidung, wie wenn der Gewinn zunächst an den Gesellschafter ausgeschüttet und der Gesellschaft anschließend wieder zur Verfügung gestellt worden wäre. Das gilt erst recht, wenn der Gewinn zunächst vorgetragen und danach ein Ausschüttungsbeschluss gefasst wurde. In jedem dieser Fälle hat sich der Gesellschafter dafür entschieden, der Gesellschaft Mittel zu überlassen, die ihm im Ergebnis über seine Stellung als Gesellschafter zugutekommen sollen. Der Gewinnvortrag ist bilanziell zwar Eigenkapital der Gesellschaft. Er kann durch Verluste wieder aufgezehrt werden und steht dann nicht mehr für eine Ausschüttung zur Verfügung. Auf die Einordnung als Eigen- oder als Fremdkapital kommt es jedoch nicht an. Entscheidend ist, ob der Gesellschafter die Ausschüttung hätte durchsetzen können, dies aber nicht getan und so der Gesellschaft finanzielle Mittel zur weiteren Nutzung belassen hat.

Weil es auf die Durchsetzbarkeit ankam, hat der Senat abschließend geprüft, ob einer Ausschüttung im Zeitpunkt des Beschlusses über die Vortragung des Gewinns das Verbot der §§ 30, 31 GmbHG entgegenstand. Eine erzwungene Stundung fällt nicht unter §§ 135 Abs. 1 Nr. 2, 39 Abs. 1 Nr. 5 InsO. Das war jedoch nicht der Fall. Ob die Auszahlung selbst gegen §§ 30, 31 GmbHG verstieß und entsprechende Ansprüche bestanden, war unerheblich. Derartige Ansprüche stünden neben dem Anfechtungsanspruch aus § 135 Abs. 1 Nr. 2 InsO, würden ihn also nicht verdrängen.

IV. Vorsatzanfechtung

1. Vorsatzanfechtung bei Deckungshandlungen außerhalb des Vierjahreszeitraums[21]

Der Schuldner war Eigentümer einer Doppelhaushälfte. Unter dem 13. November 2012 unterbreitete er seinen Eltern, den späteren Klägern, ein unbefristetes und unwiderrufliches notarielles Kaufangebot. Er bewil-

21 BGH, Urteil vom 25. März 2021 – IX ZR 70/20, WM 2021, 898 = ZIP 2021, 967 = NZI 2021, 577 = ZInsO 2021, 1077 = NJW 2021, 1538.

ligte die Eintragung einer Auflassungsvormerkung und stellte einen entsprechenden Antrag. Am 20. November 2012 wurde die Auflassungsvormerkung eingetragen. Am 18. Dezember 2014 nahmen die Kläger das Kaufangebot an. Die Beklagten erwirkten Zwangshypotheken auf dem Grundstück, die am 28. April 2015 eingetragen wurden. Am 21. Oktober 2015 wurden die Kläger als Grundstückseigentümer eingetragen.

Die Kläger klagten nunmehr auf Bewilligung der Löschung der Zwangssicherungshypotheken. Die Beklagten verlangten widerklagend die Duldung der Zwangsvollstreckung in das Grundstück. Der Löschungsanspruch der Kläger folgte aus den §§ 883 Abs. 2, 888 Abs. 1 BGB. Die Vormerkung war zeitlich vor den Zwangssicherungshypotheken eingetragen worden. Die Frage war, ob den Beklagten ein Anfechtungsanspruch zustand, welchen sie dem Löschungsanspruch gemäß § 9 AnfG einredeweise entgegenhalten und nach welchem sie die Duldung der Zwangsvollstreckung verlangen konnten.

Eine Anfechtung nach § 4 Abs. 1 AnfG (§ 134 Abs. 1 InsO) kam nicht in Betracht. Es handelte sich zwar um eine (teilweise) unentgeltliche Leistung. Die angefochtene Rechtshandlung, die Veräußerung des Grundstücks, lag jedoch außerhalb der Vier-Jahres-Frist. Maßgeblich war gemäß § 8 Abs. 2 S. 2 AnfG (§ 140 Abs. 2 S. 2 InsO) der Antrag auf Eintragung der Vormerkung, die am 20. November 2012 eingetragen worden war. Die Anfechtungs-Widerklage war erst am 29. Juni 2018 bei Gericht eingegangen. § 8 Abs. 2 S. 2 AnfG (§ 140 Abs. 2 S. 2 InsO) gilt auch bei unentgeltlichem Erwerb. Für eine Differenzierung je nach Art des Grundgeschäftes bietet der Wortlaut des Gesetzes keinen Ansatzpunkt. Ein entsprechender Wille des Gesetzgebers ist nicht zu erkennen; Sinn und Zweck der genannten Vorschriften verlangen ebenfalls keine entsprechende Einschränkung.

Die Anfechtung nach § 3 AnfG (§ 133 InsO) wegen vorsätzlicher Gläubigerbenachteiligung war dagegen berechtigt. Bei einer Deckungsanfechtung gilt zwar gemäß § 3 Abs. 2 AnfG (§ 133 Abs. 2 InsO) ebenfalls eine Frist von nur vier Jahren, beginnend mit dem Antrag auf Eintragung der Vormerkung. Es ist jedoch zusätzlich zu prüfen, ob das Grundgeschäft – der Kaufvertrag, dessen Abschluss der Schuldner seinen Eltern am 13. November 2012 angeboten hatte – nach § 3 Abs. 1 AnfG (§ 133 Abs. 1 InsO) anfechtbar war. Ein wegen Benachteiligungsvorsatzes anfechtbares Grundgeschäft wird nicht dadurch unanfechtbar, dass es außerhalb der Vierjahresfrist des § 3 Abs. 2 AnfG (§ 133 Abs. 2 InsO) erfüllt worden ist. Diese Auslegung entspricht dem Anliegen des Gesetzgebers, der die Vorsatzanfechtung von Deckungshandlungen „maßvoll“ zurücknehmen und hierdurch die Praxis der Vorsatzanfechtung für den Geschäftsverkehr kalkulier- und planbarer machen wollte. Damit sollte einer Entwicklung entgegengesteuert werden, in der vermehrt auch Erfüllungsleistungen der Anfechtung unterworfen worden waren, die nach ihrer äußeren Erscheinungsform nicht ohne weiteres den Verdacht begründeten, anderen Gläubigern werde in ungebührlicher Weise die Haftungsgrundlage entzogen. Die „paradigmatischen“ Fälle der Vorsatzanfechtung wie z.B. Bankrotthandlungen und Vermögensverschiebungen sollen dagegen unverändert der langen Frist von zehn Jahren unterworfen sein.[22]

2. *Neubewertung des Beweisanzeichens der Zahlungsunfähigkeit*[23]

Die spätere Schuldnerin, eine GmbH, hatte den Jahresabschluss für 2006 nicht offengelegt. Mit Schreiben vom 17. März 2008 drohte ihr das Bundesamt für Justiz ein Ordnungsgeld von 2.500 € an und setzte Gebühren und Auslagen in Höhe von 50 € und 3,50 € fest. Am 4. August 2009 setzte das Bundesamt das angedrohte Ordnungsgeld fest. Rechtsmittel blieben erfolglos. Im Mai 2010 einigten sich das Bundesamt und die Schuldnerin „nach eingehender Erörterung der wirtschaftlichen Verhältnisse“ auf Ratenzahlungen. In der Zeit vom 14. Juni 2010 bis zum 23. März 2011 leistete die Schuldnerin Ratenzahlungen von 2.307 €. Am 27. Februar 2012 zahlte die Schuldnerin weitere 53,50 € an Gebühren und Auslagen; nunmehr ging es um den Jahresabschluss für 2010, hinsichtlich dessen das Bundesamt erneut ein Ordnungsgeld angedroht hatte. Auf Antrag vom 8. Oktober 2015 wurde am 3. November 2015 das Insolvenzverfahren über das Vermögen der Schuldnerin eröffnet. Der Insolvenzverwalter verlangte die Rückgewähr sämtlicher Zahlungen.

a) Benachteiligungsvorsatz

Voraussetzung einer Vorsatzanfechtung gemäß § 133 InsO (alter Fassung) ist neben der hier unproblematischen Rechtshandlung des Schuldners der Vorsatz des Schuldners, seine Gläubiger zu benachteiligen. Der Schuldner muss die Benachteiligung seiner Gläubiger im Allgemeinen als Erfolg seiner Rechtshandlung gewollt oder als mutmaßliche Folge erkannt und gebilligt haben; dolus eventualis reicht. Bezugspunkt der Benachteiligung ist

---

22 BT-Drucks. 18/7054, S. 13, 21.

23 BGH, Urteil vom 6. Mai 2021 – IX ZR 72/20, BGHZ 230, 28 = WM 2021, 1339 = ZIP 2021, 1447 = NZI 2021, 720 = NJW 2021, 2651.

aber nicht mehr allein der Zeitpunkt der Rechtshandlung. Der Schuldner muss vielmehr wissen oder für möglich halten, dass er seine übrigen Gläubiger auch später nicht mehr vollständig wird befriedigen können. Auch die künftige Liquiditätslage ist in die Bewertung der Vorstellung des Schuldners einzubeziehen.

Darlegungs- und beweispflichtig für den Benachteiligungsvorsatz, eine Anspruchsvoraussetzung, ist der Verwalter. Das gilt auch hinsichtlich der künftigen Entwicklung, welche der Schuldner im Zeitpunkt der Rechtshandlung vor Augen hatte. Hierin liegt ein wesentlicher Unterschied zur bisherigen Rechtsprechung, nach welcher allein auf die Kenntnis von der Zahlungsunfähigkeit im Zeitpunkt der Rechtshandlung ausreichte und der Anfechtungsgegner nachfolgende günstige Entwicklungen darzulegen und zu beweisen hatte.

b) Vollbeweis (§ 133 Abs. 1 S. 1 InsO)

aa) Vorsatz des Schuldners

(1) Unmittelbarer und mittelbarer Beweis

Der Vorsatz – das Wissen und Wollen – stellt eine innere Tatsache dar. Unmittelbar kann eine innere Tatsache nur durch Vernehmung derjenigen Person bewiesen werden, um deren „Innenleben" es geht. Im Übrigen ist der Beweispflichtige auf einen Indizienbeweis angewiesen. Er muss (Hilfs-)Tatsachen darlegen und erforderlichenfalls beweisen, welche den sicheren Schluss auf die Haupttatsache zulassen. Das gilt auch für den Benachteiligungsvorsatz des Schuldners. Auch der Indizienbeweis ist ein Vollbeweis.

(2) Erkannte Zahlungsunfähigkeit im Zeitpunkt der Rechtshandlung

Zu den Beweisanzeichen (Hilfstatsachen, Indizien), die auf einen Benachteiligungsvorsatz hindeuten, zählt nach wie vor die von ihm erkannte Zahlungsunfähigkeit des Schuldners.

(aa) Zahlungsunfähigkeit ist in der Regel anzunehmen, wenn der Schuldner seine Zahlungen eingestellt hat (§ 17 Abs. 2 S. 2 InsO). Insoweit mahnt das Urteil vom 6. Mai 2021 eine am Beweismaß des § 286 ZPO zu messende, in umfassender und widerspruchsfreier Würdigung des Prozessstoffs zu gewinnende Überzeugung des Tatrichters an, der Schuldner könne aus Mangel an liquiden Zahlungsmitteln nicht zahlen. Diese Überzeugung kann aufgrund der eigenen Erklärung des Schuldners gewonnen werden, eine fällige und nicht unbeträchtliche Verbindlichkeit binnen dreier Woche nicht, auch nicht ratenweise, begleichen zu können oder sogar zahlungsunfähig zu sein. Andere Umstände, die auf eine Zahlungseinstellung deuten könnten, müssen ein der Erklärung entsprechendes Gewicht erreichen. Zahlungsverzögerungen allein, auch wenn sie wiederholt auftreten, reichen dafür häufig nicht aus. Zusätzliche Umstände kann die Nichtbezahlung betriebsnotwendiger Leistungen sein oder ein Mahn- und Vollstreckungsdruck, welchen der Anfechtungsgegner entfaltet hat.

(bb) Bei der Feststellung der Zahlungsunfähigkeit im Zeitpunkt der Rechtshandlung hat bisher die „Fortdauervermutung" eine wichtige Rolle gespielt. Der Verwalter musste lediglich die Zahlungsunfähigkeit zu einem in der Vergangenheit liegenden Zeitpunkt beweisen. Es oblag dann dem Anfechtungsgegner, die Wiederaufnahme der Zahlungen im Allgemeinen darzulegen und zu beweisen.[24] Das Urteil vom 6. Mai 2021 hält im Grundsatz hieran fest. Stärke und Dauer der Vermutung hängen jedoch davon ab, in welchem Ausmaß die Zahlungsunfähigkeit zutage getreten ist. Weitergehend könnte man auch an eine sekundäre Darlegungslast des Verwalters denken, der im Gegensatz zum Anfechtungsgegner die geschäftliche Entwicklung des Schuldners nachvollziehen kann.

(3) Prognose

Stehen die Zahlungsunfähigkeit im Zeitpunkt der Rechtshandlung und die Kenntnis des Schuldners hiervon fest, kommt es zusätzlich darauf an, ob der Schuldner billigend in Kauf nahm, seine übrigen Gläubiger auch später nicht vollständig befriedigen zu können. Auch dies wird sich regelmäßig nur anhand objektiver Umstände (Hilfstatsachen) feststellen lassen. Von Bedeutung ist insbesondere das Ausmaß der Deckungslücke und die aus objektiver Sicht erwartbare und vom Schuldner erkannte Entwicklung. Aussicht auf Besserung besteht insbesondere dann nicht, wenn die Ursache der Zahlungsunfähigkeit nicht beseitigt werden kann.

---

24 BGH, Urteil vom 25. Februar 2016 – IX ZR 109/15, WM 2016, 560 Rn. 24 = ZIP 2016, 627 = NZI 2016, 627 = NJW 2016, 627.

(4) Zeitraum?

Problematisch ist die Frage, welchen Zeitraum man dem Schuldner insoweit zubilligen kann. Der Schuldner handelt mit Gläubigerbenachteiligungsvorsatz, wenn er einen Zeitraum in seine Überlegungen einbezieht, der ihm unter Berücksichtigung des Verhaltens seiner übrigen Gläubiger, die einen Insolvenzantrag stellen könnten, ersichtlich nicht zur Verfügung steht.

In einigen Anmerkungen ist die Frage nach der Insolvenzantragspflicht des Schuldners (§ 15a InsO) aufgeworfen worden.[25] Kann ein zahlungsunfähiger antragspflichtiger Schuldner ohne Gläubigerbenachteiligungsvorsatz handeln, kann er also annehmen, früher oder später alle Gläubiger befriedigen zu können, wenn er spätestens drei Wochen nach Eintritt der Zahlungsunfähigkeit einen Eröffnungsantrag stellen muss? Das Urteil sagt hierzu nichts. Es beruht jedoch auf der Annahme, dass der zur Schuldentilgung erforderliche Zeitraum, mit welchem der Schuldner rechnen darf, sich auch in den Fällen des § 15a InsO nicht notwendig auf die dort genannten drei Wochen (oder sechs Wochen nach Eintritt der Überschuldung) beschränkt. Damit wird die Antragspflicht des § 15a InsO nicht suspendiert. Bei § 133 Abs. 1 InsO geht es um den Gläubigerbenachteiligungsvorsatz, der ex post festgestellt wird, und nicht um die Durchsetzung der Antragspflicht.

(5) Indizwirkung der drohenden Zahlungsunfähigkeit

Aus der erkannten drohenden Zahlungsunfähigkeit des Schuldners allein kann nicht auf die subjektiven Voraussetzungen des § 133 Abs. 1 InsO geschlossen werden. Die drohende Zahlungsunfähigkeit ist nur dann ein Eröffnungsgrund, wenn der Schuldner den Antrag stellt (§ 18 InsO). Gegen den Willen des Schuldners kann ein Insolvenzverfahren also nicht eröffnet werden. Diese gesetzgeberische Wertung soll nicht dadurch ausgehebelt werden, dass die drohende Zahlungsunfähigkeit anfechtungsrechtlich der bereits eingetretenen Zahlungsunfähigkeit ohne weiteres gleichgestellt wird.

---

25 Z.B. *Thole*, ZRI 2021, 609, 612; *Gehrlein*, WuB 2021, 364; *Pape/Gehrlein*, ZInsO 2021, 2061, 2066; *Flury*, Tagungsbericht „Forum Insolvenzpraxis Dresden, INDat-Report 2021, 62, 64.

bb) Kenntnis des Anfechtungsgegners

An die Kenntnis des Anfechtungsgegners vom Gläubigerbenachteiligungsvorsatz des Schuldners sind die nämlichen Anforderungen zu stellen wie an den Benachteiligungsvorsatz des Schuldners. Die Kenntnis muss sich auf die tatsächlichen Voraussetzungen des Gläubigerbenachteiligungsvorsatzes beziehen. Es reicht nicht, dass der Anfechtungsgegner die Zahlungsunfähigkeit des Schuldners im Zeitpunkt der angefochtenen Rechtshandlung erkannt hat. Er muss zusätzlich wissen, dass der Schuldner seiner Vorstellung nach seine übrigen Gläubiger auch künftig nicht wird befriedigen können.

cc) Darlegungs- und Beweislast

Darlegungs- und beweispflichtig für die tatsächlichen Voraussetzungen eines Anfechtungstatbestandes, damit auch für diejenigen Umstände, die den Schluss auf einen Gläubigerbenachteiligungsvorsatz des Schuldners zulassen, ist der Insolvenzverwalter. Das gilt auch für die negativen Tatsachen (Beispiel: keine Aussicht auf Beseitigung der Illiquidität). Ebenso ist der Verwalter darlegungs- und beweispflichtig für die tatsächlichen Umstände, die den Schluss auf eine Kenntnis des Anfechtungsgegners vom Benachteiligungsvorsatz des Schuldners zulassen.

c) Vermutung des § 133 Abs. 1 S. 2 InsO a.F.

aa) Reichweite der Vermutung

Die gesetzliche Vermutung des § 133 Abs. 1 S. 2 InsO betrifft nicht den Benachteiligungsvorsatz des Schuldners, sondern die Kenntnis des Anfechtungsgegners. Gemäß § 133 Abs. 1 S. 2 InsO wird vermutet, dass der Gläubiger den Benachteiligungsvorsatz des Schuldners kannte, wenn er wusste, dass die Zahlungsunfähigkeit des Schuldners drohte und dass die Rechtshandlung die Gläubiger benachteiligte. Die Vermutung hat also zwei Voraussetzungen: Die Kenntnis von der drohenden oder bereits eingetretenen Zahlungsunfähigkeit und das Wissen um die Benachteiligung der anderen Gläubiger.

bb) Kenntnis der drohenden Zahlungsunfähigkeit

Die erste Voraussetzung, die Kenntnis der (drohenden) Zahlungsunfähigkeit, ist erfüllt, wenn der Gläubiger im maßgeblichen Zeitpunkt der Rechtshandlung Umstände kennt, die auf eine (drohende) Zahlungsunfähigkeit oder eine Zahlungseinstellung schließen lässt. Mehr ist hier nicht erforderlich. Vermutungsgrundlage ist die (drohende) Zahlungsunfähigkeit. Die fraglichen Tatsachen müssen zur Überzeugung des Gerichts feststehen (§ 286 ZPO) und den Schluss auf die (drohende) Zahlungsunfähigkeit tragen.

cc) Kenntnis der Gläubigerbenachteiligung

Hinsichtlich der zweiten Voraussetzung des Vermutungstatbestands, das Wissen um die Benachteiligung der übrigen Gläubiger, verweist das Urteil auf die bisherige Senatsrechtsprechung. Dieses Wissen wird durch die Kenntnis von einer drohenden oder bereits eingetretenen Zahlungsunfähigkeit indiziert, wenn der Anfechtungsgegner weiß, dass es noch andere Gläubiger gibt, deren Forderungen vom Schuldner nicht vollständig bedient werden. Mit letzterem muss ein Gläubiger rechnen, wenn der Schuldner unternehmerisch tätig ist.

dd) Beweisanforderungen

§ 133 Abs. 1 S. 2 InsO enthält eine gesetzliche Vermutung. Der Insolvenzverwalter hat die tatsächlichen Voraussetzungen der Vermutung, die Vermutungsbasis, darzulegen und zu beweisen (§ 286 ZPO). Der Beweis ist nicht geführt, wenn der Anfechtungsgegner ihn zu erschüttern vermag. Hinsichtlich der Vermutung selbst muss der Anfechtungsgegner gemäß § 292 ZPO den Beweis des Gegenteils zu führen. Er muss das Gericht davon überzeugen, dass die vermutete Tatsache nicht besteht, dass der Anfechtungsgegner also trotz der Kenntnis von der Zahlungsunfähigkeit des Schuldners nichts von dessen Gläubigerbenachteiligungsvorsatz wusste.

d) Bewertung

Das Urteil vom 6. Mai 2021 ist schon jetzt vielfach besprochen worden.[26] Es schränkt die Bedeutung des Beweisanzeichens der erkannten Zahlungsunfähigkeit für die Feststellung des Benachteiligungsvorsatzes des Schuldners ein. Der Schluss von der erkannten Zahlungsunfähigkeit auf die subjektiven Voraussetzungen der Vorsatzanfechtung führt im Falle der Gewährung kongruenter Deckungen zu einem weitgehenden Gleichlauf mit den Voraussetzungen der Deckungsanfechtung nach § 130 Abs. 1 S. 1 Nr. 1 InsO und damit faktisch zu einer Verlängerung des nach dieser Vorschrift maßgeblichen Anfechtungszeitraums von drei Monaten auf zehn Jahre nach § 133 Abs. 1 S. 1 InsO alter Fassung und auf vier Jahre nach § 133 Abs. 1 S. 1, Abs. 2 InsO. Das stößt nicht nur auf gesetzessystematische Bedenken. Auch ein entsprechender Wille des Gesetzgebers erscheint zweifelhaft. Die Regelung des § 130 Abs. 1 S. 1 Nr. 1 InsO beruht auf dem Gedanken, dass ein Gläubiger, der eine kongruente Deckung erhalten hat, grundsätzlich darauf vertrauen können soll, die ihm zustehende Leistung behalten zu dürfen. Dieses Vertrauen soll zwar dann keinen Schutz verdienen, wenn der Gläubiger wusste, dass die Krise eingetreten war. Das Risiko, dass er die empfangene Leistung zur Insolvenzmasse zurückgewähren muss, soll der Gläubiger nach Vorstellung des Gesetzgebers[27] auch in diesem Fall im Grundsatz nur dann tragen, wenn das Insolvenzverfahren innerhalb einer begrenzten Zeit nach Erhalt der Leistung eröffnet wird. Dieses Ansinnen wird verfehlt, wenn man die Anfechtung einer kongruenten Deckung nach § 133 Abs. 1 InsO schon dann für möglich hält, wenn der Schuldner erkanntermaßen zahlungsunfähig war.[28]

---

26 Z.B. *Bork*, EWiR 2021, 467; *Ganter*, NZI 2021, 725; *Gehrlein*, WuB 2021, 362; *Gehrlein/Pape*, ZInsO 2021, 2061; *Riewe*, NJW 2021, 2619; *Schmidt*, ZInsO 2021, 1714; *Schubert*, NZI 2021, 761; *Thole*, ZRI 2021, 609.

27 BT-Drucks. 12/2443, S. 158.

28 BGH, Urteil vom 6. Mai 2021 – IX ZR 72/20, aaO.

Arbeitsrecht und StaRUG – Ein Ariadnefaden aus dem Labyrinth

Professor Dr. Sebastian Kolbe, Universität Bremen

Mit neuen Gesetzen soll seit 2021 die präventive Sanierung außerhalb von Insolvenzverfahren verbessert werden. Arbeitnehmer und Arbeitsrecht bleiben dabei zwar formal weitgehend außen vor, ohne Arbeitnehmer, ihre Koalitionen und Vertretungen ist eine Sanierung aber kaum zu machen.

I. Neuer Rahmen für präventive Sanierungen

Angeschoben durch die Restrukturierungsrichtlinie der Union[1] hat der deutsche Gesetzgeber mit Wirkung (weitgehend) zum 01.01.2021 einen neuen Rechtsrahmen für die präventive Sanierung vor allem notleidender Unternehmen geschaffen, der eine Insolvenz nach Möglichkeit abwenden soll. Zentraler Baustein des Sanierungs- und Insolvenzrechtsfortentwicklungsgesetzes[2] ist dabei das Unternehmensstabilisierungs- und -restrukturierungsgesetz[3], das vor allem anderen eine Option bringt, die Sanierung außerhalb des Insolvenzverfahrens auch gegen den Willen zumindest einzelner Gläubiger zu realisieren[4]. Rechtfertigen soll solche Sanierungsopfer wider Willen die Krise eines Unternehmens, die das StaRUG durch

1 Richtlinie (EU) 2019/1023 des europäischen Parlaments und des Rates vom 20.06.2019 über präventive Restrukturierungsrahmen, über Entschuldung und über Tätigkeitsverbote sowie über Maßnahmen zur Steigerung der Effizienz von Restrukturierungs-, Insolvenz- und Entschuldungsverfahren und zur Änderung der Richtlinie (EU) 2017/1132 (Richtlinie über Restrukturierung und Insolvenz), ABl. Nr. L 172, S. 18.

2 Gesetz zur Fortentwicklung des Sanierungs- und Insolvenzrechts (Sanierungs- und Insolvenzrechtsfortentwicklungsgesetz, SanInsFoG) vom 22.12.2020, BGBl. I, S. 3256.

3 Unternehmensstabilisierungs- und -restrukturierungsgesetz (StaRUG) vom 22.12.2020, BGBl. I, S. 3256.

4 *Salamon/Krimm*, NZA 2021, 235.

die drohende, also prognostizierte Zahlungsunfähigkeit[5] definiert[6]; der Prognosezeitraum wurde in der InsO[7] auf in der Regel 24 Monate festgelegt. Neben dieser „Planbestätigung“ durch das Restrukturierungsgericht meint das StaRUG mit Stabilisierung vor allem Vollstreckungsschutz, um Unternehmen trotz drohender Zahlungsunfähigkeit[8] die Umsetzung eines Restrukturierungsplans zu ermöglichen[9].

II. Sonderschutz für Arbeitnehmer-Forderungen

1. Keine Gestaltung im Restrukturierungsplan

Der Restrukturierungsplan erlaubt es nicht nur, Forderungen von Gläubigern zu „gestalten“, also vor allem zu kürzen, sondern ermöglicht auch gesellschaftsrechtliche Regelungen, etwa zu den Anteilsrechten an dem kriselnden Unternehmen[10]. Kategorisch ausgeschlossen ist demgegenüber der gestaltende Zugriff auf die Forderungen von Arbeitnehmern[11]. Das StaRUG adressiert dabei „Forderungen [...] aus oder im Zusammenhang mit dem Arbeitsverhältnis, einschließlich der Rechte aus Zusagen auf betriebliche Altersversorgung“. Im Gegenteil sind solche Forderungen im Fall der übertragenden Sanierung vorrangig aus dem Erlös zu bedienen[12] – sofern sie nicht vom Betriebserwerber zu erfüllen sind, der im Restrukturierungsverfahren keine Haftungserleichterung für Altverbindlichkeiten von Arbeitnehmern erwarten darf[13].

5 I.S.d. § 18 Abs. 2 S. 1 InsO: wenn der Schuldner „voraussichtlich nicht in der Lage sein wird, die bestehenden Zahlungspflichten im Zeitpunkt der Fälligkeit zu erfüllen.“

6 Zentral: Versagung der Planbestätigung nach § 63 Abs. 1 Nr. 1 StaRUG.

7 § 18 Abs. 2 S. 2 InsO.

8 Andernfalls ist die Stabilisierungsanordnung zu versagen, § 51 Abs. 1 S. 1 Nr. 3 StaRUG.

9 §§ 29 Abs. 2 Nr. 3, 49 ff. StaRUG.

10 § 2 Abs. 3 StaRUG. Den „Debt-Equity-Swap“ bindet § 7 Abs. 4 S. 2 StaRUG aber an die Zustimmung der betroffenen Gläubiger.

11 § 4 S. 1 Nr. 1 StaRUG.

12 Vgl. § 90 Abs. 2 StaRUG; hierzu Pannen/*Riedemann*/Smid, StaRUG (2021), § 4 Rn. 16.

13 *Giese/Jungbauer*, BB 2020, 2679, 2680.

Für die Sanierungschancen ist diese Vorgabe ungünstig[14]; sie hätte angesichts der Restrukturierungsrichtlinie auch entfallen können: Der arbeitsrechtliche Leitgedanke der Richtlinie läßt sich dahin zusammenfassen, daß Arbeitnehmerrechte durch die Restrukturierung nicht beschnitten werden sollen[15]. Dabei geht es aber um die Rolle der Arbeitnehmer als abhängig Beschäftigte des kriselnden Unternehmens[16], nicht um ihre Rolle als Gläubiger. Die Arbeitnehmer-Gläubiger einzubeziehen, steht den Mitgliedstaaten frei[17]. Wichtig ist, daß insofern – sozusagen „nur" – die Rechtswirkungen der Restrukturierungsinstrumente angesprochen sind. Daß eine Sanierung in der Praxis vielfach einen Beitrag der Arbeitnehmer erfordern wird[18], steht auf einem anderen Blatt.

a) Forderungen aus Arbeitsverhältnissen

Die im Restrukturierungsplan unantastbaren Forderungen von Arbeitnehmern sind zunächst solche aus dem Arbeitsverhältnis. Dazu gehören vor allem Entgeltansprüche, gleich ob es um das Kernentgelt oder sonstige, etwa soziale Entgeltbestandteile geht. Ob sich die Ansprüche direkt aus dem Arbeitsvertrag ergeben oder erst in der Zusammenschau mit Tarifverträgen oder Betriebsvereinbarungen, kann keine Rolle spielen[19]. Ebensowenig kann es mit Rücksicht auf die anerkannte Figur des fehlerhaften Arbeitsverhältnisses[20] darauf ankommen, ob das Arbeitsverhältnis rechtsgeschäftlich wirksam begründet wurde. Weiter sind Ansprüche auf den Ersatz tätigkeitsbedingter Aufwendungen oder Schäden[21] angesprochen[22]. Nebenleistungsansprüche des Arbeitnehmers sind zwar ebenfalls solche

---

14 *Pannen*, FS Moll (2019), 517, 537 befürchtet, der Arbeitnehmer könnte sich zur „Achillesferse" des Restrukturierungsverfahrens entwickeln.

15 *Göpfert/Giese*, NZI-Beilage 2021, 55 verweisen auf Erwägungsgrund 1 der Richtlinie.

16 Deutlich wird das mit Blick auf Art. 13 Abs. 1 RL (EU) 2019/1023.

17 Art. 1 Abs. 5 lit. a RL (EU) 2019/1023.

18 Pannen/Riedemann/Smid/*Cranshaw* (Fn. 12) Art. 13 RL (EU) 1023/2019 Rn. 6 hält „Änderungen der Arbeitsverhältnisse häufig [für] unvermeidbar". Näher zu solchen Änderungen vor allem unter III.

19 Zu der vergleichbaren Regelung in § 2 Abs. 1 Nr. 3 lit. a ArbGG Germelmann/Matthes/Prütting/*Schlewing*, ArbGG, 9. Aufl. (2017), § 2 Rn. 56.

20 Zu ihr nur MünchArbR/*Benecke*, 5. Aufl. (2021), § 38 Rn. 48 ff.

21 Analog § 670 BGB, dazu statt vieler ErfK/*Preis*, 22. Aufl. (2022), § 611a BGB Rn. 553 ff.

22 Braun/*Esser*, StaRUG (2021), § 4 Rn. 6.

aus dem Arbeitsverhältnis, lassen sich aber – etwa mit Blick auf Urlaub[23], Zeugnis[24] oder einen arbeitsschutzkonformen Arbeitsplatz[25] – häufig nicht kapitalisieren und spielen schon deshalb für die Sanierung keine Rolle. Die Ansprüche Auszubildender resultieren zwar gerade nicht aus Arbeitsverhältnissen, das Berufsbildungsgesetz erklärt aber im Grundsatz alle für den Arbeitsvertrag geltenden Vorschriften für anwendbar[26].

Nicht hierher gehören allerdings Ansprüche von Arbeitnehmervertretern aus dem BetrVG, etwa Freistellungsansprüche aus der Amtstätigkeit[27]. Sie ergeben sich gerade nicht aus dem Arbeitsverhältnis, sondern aus dem gesonderten Rechtsverhältnis, das das BetrVG begründet; solche Ansprüche stehen daher „nur" im Zusammenhang mit Arbeitsverhältnissen.

b) Forderungen im Zusammenhang mit Arbeitsverhältnissen

Schwieriger zu bestimmen ist, welche Forderungen im Zusammenhang mit einem Arbeitsverhältnis stehen. Hier geht es übrigens nicht um eine europarechtliche Vorgabe: Die Restrukturierungsrichtlinie spricht pauschal von Forderungen der Arbeitnehmer[28], ohne nach dem Rechtsgrund zu differenzieren. Weil es aber auch aus der Sicht der Richtlinie um Forderungen geht, für die ein Sonderschutz zumindest nahe liegt, spricht alles dafür, daß sich die vom deutschen Gesetzgeber angeordnete Differenzierung im Rahmen des Unionsrechts hält.

Für die damit rein nationalrechtlich zu bestimmende Auslegung kann vor allem am Arbeitsgerichtsgesetz angeknüpft werden, das eine Zuständigkeit der Arbeitsgerichte auch für Streitigkeiten zwischen Arbeitnehmern oder deren Hinterbliebenen und Arbeitgebern über Ansprüche vorsieht, die „mit dem Arbeitsverhältnis in rechtlichem oder unmittelbar wirtschaftlichem Zusammenhang stehen"[29]. Gemeint sind vor allem Ansprüche auf Sterbegelder oder Hinterbliebenenrenten, sowie Ansprüche

---

23 Vor allem § 1 BUrlG.

24 § 109 Abs. 1 S. 1 GewO; zum Zeugnisanspruch AR/*Kolbe*, 10. Aufl. (2021), § 109 GewO Rn. 1 ff.

25 § 618 BGB i.V.m. den öffentlichrechtlichen Arbeitsschutz-Vorschriften; dazu ErfK/*Wank* (Fn. 21) § 618 BGB Rn. 4.

26 § 10 BBiG; hierzu ErfK/*Schlachter* (Fn. 21) § 10 BBiG Rn. 3.

27 Gemeint ist nicht die Freistellung von der Arbeitspflicht, sondern Freistellung i.S.d. § 257 BGB. Zu entsprechenden Ansprüchen etwa Richardi/*Thüsing*, BetrVG, 17. Aufl. (2022), § 40 Rn. 10 ff.

28 Zentral Art. 1 Abs. 5 lit. a RL (EU) 2019/1023.

29 § 2 Abs. 1 Nr. 4 lit. a ArbGG.

von Arbeitnehmern auf Sondervorteile wie die Nutzung eines Parkplatzes auf dem Grund des Arbeitgebers oder bessere Konditionen beim Personaleinkauf, die zwar nicht Arbeitsleistung vergüten sollen, aber nur deshalb gewährt werden, weil das Arbeitsverhältnis besteht[30]. Eine präzise Abgrenzung zu Ansprüchen aus dem Arbeitsverhältnis erfordern weder das Arbeitsgerichtsgesetz[31] noch das StaRUG. Ob die pauschalere Formulierung des StaRUG auch Ansprüche erfaßt, über die die Arbeitsgerichte nicht zu entscheiden haben, ist keine vordringliche Frage, weil der unmittelbar wirtschaftliche Zusammenhang nach allgemeiner Ansicht nicht eng interpretiert wird und kaum Fälle ausscheidet.

c) *Rechte aus Zusagen auf betriebliche Altersversorgung*

Daß das StaRUG Rechte aus Zusagen auf betriebliche Altersversorgung, also nicht nur Ansprüche auf laufende Renten, sondern auch Anwartschaften, aus dem Restrukturierungsplan ausnimmt, verdeckt in gewisser Weise eine spannende europarechtliche Frage: Die Restrukturierungsrichtlinie erlaubt nämlich einerseits ausdrücklich, auch (künftige) Forderungen ehemaliger Arbeitnehmer in den präventiven Restrukturierungsrahmen einzubeziehen[32], verlangt aber andererseits, daß „die individuellen und kollektiven Rechte der Arbeitnehmer nach dem Arbeitsrecht der Union und dem nationalen Arbeitsrecht durch den präventiven Restrukturierungsrahmen nicht beeinträchtigt werden“[33]. Zu diesen Rechten zählt sie explizit[34] die in der Insolvenzgeldrichtlinie[35] garantierten Rechte – und damit auch den dort in ausgesprochen unbestimmter Formulierung verlangten Schutz der betrieblichen Altersversorgung[36]. Der greift zwar erst bei einem Insolvenzereignis[37] und kann damit in einem präventiven Restrukturierungsverfahren vor der Insolvenz eigentlich noch keine Rolle spielen; er steht

30 Etwa Germelmann/Matthes/Prütting/*Schlewing* (Fn. 19) § 2 Rn. 84 f.

31 Germelmann/Matthes/Prütting/*Schlewing* (Fn. 19) § 2 Rn. 85.

32 Art. 1 Abs. 5 lit. a RL (EU) 2019/1023.

33 Art. 13 Abs. 1 RL (EU) 2019/1023.

34 Art. 13 Abs. 1 lit. c RL (EU) 2019/1023.

35 Richtlinie 2008/94/EG des Europäischen Parlaments und des Rates vom 22.10.2008 über den Schutz der Arbeitnehmer bei Zahlungsunfähigkeit des Arbeitgebers, ABl. Nr. L 283, S. 36.

36 Art. 8 RL 2008/94/EG; dazu EuArbR/*Kolbe*, 4. Aufl. (2021), Art. 8 RL 2008/94/EG Rn. 1 ff.

37 Näher zum sachlichen Anwendungsbereich der Richtlinie („Zahlungsunfähigkeit“) EuArbR/*Kolbe* (Fn. 36) Art. 2 RL 2008/94/EG Rn. 1 ff.

außerdem von vornherein nicht zur Disposition der Gläubiger eines Unternehmens. Wenn die Restrukturierungsrichtlinie diesen Schutz besonders adressiert, kann das aus meiner Sicht eigentlich nur dahin verstanden werden, daß sie eben doch keinen unbeschränkten Zugriff auf Arbeitnehmerforderungen gestattet, sondern auch im Restrukturierungsverfahren das Schutzniveau der Insolvenzgeldrichtlinie einfordert.

Dieses Schutzniveau hat der EuGH insofern konkretisiert, als mindestens die Hälfte der zugesagten Leistungen auch bei Zahlungsunfähigkeit des Arbeitgebers gesichert sein muß – unter Umständen auch mehr, wenn nämlich der Betriebsrentner bereits unterhalb der von Eurostat für den betreffenden Mitgliedsstaat ermittelten Armutsgefährdungsschwelle lebt oder künftig leben müßte[38]. Kernargument für diesen eher zurückhaltenden Ansatz ist, daß die Insolvenzgeldrichtlinie schon für das laufende Arbeitsentgelt keine uneingeschränkte Sicherung verlangt und die Betriebsrenten nicht stärker geschützt sein könnten[39]. Auch damit erschließt sich die – vom Gerichtshof nicht ernsthaft begründete – Grenzziehung nicht unbedingt; der deutsche Gesetzgeber hat sich aber daran orientiert, als er die Vorgabe als Interimslösung für Pensionskassen im Betriebsrentengesetz abgebildet hat, bis für Sicherungsfälle ab 2022 auch auf diesem Durchführungsweg der volle Insolvenzschutz greift[40].

Alle Risiken sind damit freilich nicht abgesichert: Hinzuweisen ist insbesondere darauf, daß in der Generalanwaltschaft beim EuGH auch eine strengere Lesart vertreten wird[41]. Das systematische Argument dafür ist vor allem, daß die Insolvenzgeldrichtlinie eine Einschränkung des Garantieschutzes für das Arbeitsentgelt ausdrücklich regelt, eine solche Option für die Betriebsrenten aber gerade nicht kennt. Sollte sich diese Sichtweise doch einmal durchsetzen, wird das auch hierzulande spannend: Verfallbarkeit darf dann kein Thema mehr sein, auch die ungeregelte – aber keineswegs verbotene – Entgeltumwandlung außerhalb des Betriebsrentenrechts wäre umfassend zu sichern[42], und Deutschland wäre gezwungen, sein so-

---

38 EuGH 19.12.2019 – C-168/18 Rn. 44 – Pensions-Sicherungs-Verein, NZA 2020, 107; dazu EuArbR/*Kolbe* (Fn. 36) Art. 8 RL 2008/94/EG Rn. 4.

39 EuGH 25.01.2007 – C-278/05 Rn. 42 – Robins u.a., EuZW 2007, 182; bestätigt 25.04.2013 – C-398/11 Rn. 42 – Hogan u.a., BetrAV 2013, 357; 19.12.2019 – C-168/18 Rn. 38 – Pensions-Sicherungs-Verein, NZA 2020, 107.

40 § 30 Abs. 2, Abs. 3 BetrAVG.

41 Schlußanträge Generalanwältin *Kokott* 13.07.2006 – C-278/05 Rn. 55 ff. – Robins u.a.; Generalanwalt *Hogan* 08.05.2019 – C-168/18 Rn. 42 ff. – Pensions-Sicherungs-Verein – jeweils online abrufbar über curia.eu [zuletzt abgerufen am 16.09.2021].

42 Hierzu bereits *Kolbe*, EuZA 2017, 397, 402 ff.

ziales Herz auch für jene Großverdiener zu öffnen, deren Betriebsrente heute nur teilweise insolvenzgesichert ist[43].

Mit Blick auf Sanierungsverfahren ist das alles schon deshalb schädlich, weil die Umlage für den Pensionssicherungsverein[44] im Zweifel weiter steigen wird. Für das StaRUG stellt sich indes nur die (theoretische und maximal) rechtspolitische Frage, in welchem Umfang künftig vielleicht doch auch Betriebsrenten im Restrukturierungsplan gekürzt werden könnten: Ob das mit einer entsprechenden Gesetzesänderung ohne Einschränkung möglich wäre, gar nicht, nur bis zur Hälfte oder nur einzelfallbezogen bis zur Armutsgefährdungsschwelle, ist kaum vorherzusagen.

2. *Konsequenzen und Folgeregelungen*

a) *Verzicht außerhalb des Plans*

Daß Forderungen von Arbeitnehmern in dem angesprochenen Umfang nicht durch den Restrukturierungsplan gestaltet werden können, heißt grundsätzlich auch, daß sich – anders als beim Insolvenzplan[45] – nicht die Frage stellt, ob eine Planbestätigung durch das Restrukturierungsgericht ausnahmsweise[46] auch einen Verzicht auf Forderungen aus Kollektivverträgen gestatten könnte. Das gilt auch, wenn ein bedingter Restrukturierungsplan[47] gerichtlich bestätigt wird, der einen freiwilligen Forderungsverzicht von Arbeitnehmern als Bedingung voraussetzt. Denn dann wird der Plan nur bestätigt, wenn der Verzicht bereits wirksam erfolgt ist – nach den „gewöhnlichen" arbeitsrechtlichen Regeln.

Daß diese Regeln durch die Sanierungslage beeinflußt werden können, ist allerdings nicht ausgeschlossen: *Richard Giesen* hat jüngst den interessanten Vorschlag unterbreitet, die Mißbrauchskontrolle bei der Entscheidung von Tarifparteien über ihre Zustimmung zu einem Verzicht auf tarifliche Forderungen im Insolvenzplan an dem insolvenzrechtlichen Ob-

---

43 § 7 Abs. 3 S. 1 BetrAVG: Der PSVaG bezahlt im Monat höchstens das Dreifache der im Zeitpunkt der ersten Fälligkeit maßgebenden monatlichen Bezugsgröße gemäß § 18 SGB IV.

44 Vgl. § 10 BetrAVG.

45 Dazu *Rieble*, ZIP 2007, 1389, 1393 ff.

46 Nach § 4 Abs. 4 S. 1 TVG und § 77 Abs. 4 S. 2 BetrVG besteht insofern grundsätzlich ein Verzichtsverbot.

47 § 62 StaRUG.

struktionsverbot[48] auszurichten: Im Ergebnis wäre eine Zustimmungsverweigerung ausgeschlossen, wenn der Arbeitnehmer durch den Verzicht wirtschaftlich nicht schlechter gestellt wird[49]. Das läßt sich auf das Restrukturierungsverfahren zwar insofern nicht spiegeln, als Arbeitnehmer hier keine Planbetroffenen sind und von der entsprechenden Regelung des StaRUG[50] nicht erreicht werden. Die allgemeine Frage bleibt aber, ob eine Zustimmung verweigert werden kann, wenn das dem Arbeitnehmer im Ergebnis nicht nutzt und sozusagen „nur noch" abstrakt das Prinzip der Normwirkung geschützt werden soll. Allerdings ist klar zu sagen: Weil Arbeitnehmer im Normalverlauf des Restrukturierungsverfahrens gerade keine Einbußen hinnehmen sollen, wäre das allenfalls möglich, wenn man die „Rettung" des Unternehmens und also den Erhalt des Arbeitsplatzes einpreisen wollte. Das ist ein Gedanke, mit dem sich das Arbeitsrecht schwertut – deutlich etwa bei der Frage der Günstigkeit des sicheren Arbeitsplatzes[51].

Rechtssicher möglich ist ein Verzicht auf Arbeitnehmerforderungen als Sanierungsopfer damit nur, wenn die Tarif- oder Betriebsparteien zustimmen oder der Arbeitnehmer selbst dispositionsbefugt ist. Solche Verzichtserklärungen können für die Gläubiger ein Anreiz sein, dem Plan zuzustimmen[52]. Für den Arbeitnehmer oder Kollektivvertragsparteien wiederum bietet sich an, Verzicht oder Zustimmung nur unter der aufschiebenden Bedingung der Annahme oder rechtskräftigen Bestätigung des Plans zu erklären[53].

b) Durchsetzung von Arbeitnehmerforderungen

Das StaRUG selbst nimmt Arbeitnehmerforderungen konsequent nicht nur von der Gestaltungswirkung des Restrukturierungsplans aus, sondern auch von den Vollstreckungsverboten[54], mit denen der Plan durch

---

48 § 245 InsO.

49 *Giesen*, Insolvenzplan und Tarifvertrag, FS I. Schmidt (2021), 739, 747 ff.

50 § 26 StaRUG.

51 Zu § 4 Abs. 3 Alt. 2 TVG etwa *Löwisch/Rieble*, TVG, 4. Aufl. (2017), § 4 Rn. 648.

52 Für die – insoweit vergleichbare – Anreizsituation bei Verpflichtungserklärungen Dritter zum Insolvenzplan Uhlenbruck/*Sinz* InsO, 15. Aufl. (2019), § 230 Rn. 6; MüKo-InsO/*Eidenmüller*, 4. Aufl. (2020), § 230 Rn. 2, 78.

53 Instruktiv dazu *Adjan*, Arbeitnehmer als besondere Gläubiger in der Sanierung und Restrukturierung, in: Seiwerth/Witschen (Hrsg.), Besonderheiten des Arbeitsrechts? [demnächst 2022] S. 231, 250 f.

54 § 49 Abs. 2 S. 1 StaRUG; hierzu *Salamon/Krimm*, NZA 2021, 235, 237.

die „Stabilisierungsanordnung“ des Gerichts flankiert werden kann[55], einschließlich ihrer sogenannten „vertragsrechtlichen Wirkungen“[56]. Letzteres bedeutet für Arbeitnehmer auch, daß es bei ihrer regelmäßig vereinbarten Vorleistungspflicht[57] bleibt[58].

Eine andere Frage ist es, ob Arbeitnehmer in der Krise ihre Arbeitsleistung wegen rückständiger Entgeltforderungen zurückhalten können, ohne daß solchermaßen erzwungene Zahlungen in der späteren Insolvenz vom Verwalter angefochten werden können. Die Restrukturierungsrichtlinie fordert einen solchen Schutz explizit[59]: Die Zahlung von „Arbeitnehmerlöhnen“ für geleistete Arbeit soll in einem späteren Insolvenzverfahren nicht allein deshalb angefochten werden können, weil sie die Gesamtheit der Gläubiger benachteiligt. Deutschland hat das zwar nicht explizit umgesetzt, seit der Kodifikation der seinerzeit noch umstrittenen Rechtsprechung des BAG zur Insolvenzanfechtung ausgezahlter Arbeitsentgelte in § 142 Abs. 2 InsO war das Anfechtungsrisiko für Arbeitnehmer aber ohnehin schon faktisch bereinigt[60].

III. Maßnahmen in Bezug auf Arbeitnehmer und Restrukturierungsplan

Daß Arbeitnehmerrechte im gestaltenden Teil des Restrukturierungsplans nicht vorkommen, heißt nicht, daß die Arbeitsbeziehungen in einem solchen Plan keine Rolle spielen. Im Gegenteil wird es typischerweise für die Sanierung eines Unternehmens erforderlich sein, Strukturmaßnahmen durchzuführen, die massive Auswirkungen auf die Arbeitnehmer des Unternehmens und also arbeitsrechtliche Implikationen haben.

---

55 Vgl. § 49 Abs. 1 StaRUG.

56 I.S.d. § 55 StaRUG.

57 Vgl. § 614 BGB; eingehend Staudinger/*Richardi/Fischinger*, BGB (2019), § 614 Rn. 7 ff.

58 Wohingegen planbetroffene Gläubiger nach § 55 Abs. 3 StaRUG auch dann nur Zug-um-Zug leisten müssen, wenn sie vorleistungspflichtig sind.

59 Art. 18 Abs. 1, Abs. 4 lit. c RL (EU) 2019/1023.

60 Dazu MüKo-InsO/*Kirchhof/Piekenbrock*, 4. Aufl. (2019), § 142 Rn. 32 m.w.N.

1. „Hervorhebung“ im darstellenden Teil des Restrukturierungsplans

Solche Maßnahmen sind im darstellenden Teil des Plans „gesondert hervorzuheben“[61], gegebenenfalls geht es auch um eine Bedingung des Plans. Konkreter wird die Anlage zum StaRUG[62], derzufolge „die Auswirkungen des Restrukturierungsvorhabens auf die Beschäftigungsverhältnisse sowie Entlassungen und Kurzarbeiterregelungen und die Modalitäten der Unterrichtung und Anhörung der Arbeitnehmervertretung“ im Restrukturierungsplan enthalten sein müssen. Hier einen Verstoß gegen die Restrukturierungsrichtlinie zu sehen, weil die Arbeitnehmer zwar nicht über den Plan mitbestimmen dürfen, aber von den geplanten Folgen betroffen werden[63], überzeugt nicht. Diese „Kollateralschäden“ erwachsen rechtlich eben gerade nicht aus dem Plan, sondern müssen anderweitig herbeigeführt werden.

Inhaltlich kann hier zunächst an die Pflichtinformationen des Umwandlungsgesetzes[64] oder bei Betriebsübergang[65] angeknüpft werden. Soweit ersichtlich neuartig ist allerdings die Unterrichtung über die Unterrichtung und Anhörung der Arbeitnehmervertretung. Weil das StaRUG sich insoweit nur auf die Modalitäten bezieht, müssen die Informationen für Betriebsrat und Wirtschaftsausschuß nicht inhaltlich zusammengefaßt oder gar vollständig wiedergegeben werden. Für die Gläubiger als primäre Adressaten des Plans kann nur von Interesse sein, daß und wann die mitbestimmungsrechtlich erforderlichen Schritte unternommen worden sind.

Fehlen zwingende Mindestangaben, muß das Restrukturierungsgericht dem Schuldner eine „angemessene“ Frist zur „Nachbesserung“ setzen und im Fall des erfolglosen Ablaufs dieser Frist die Planbestätigung versagen[66]. Das gilt zwar nur bei „wesentlichen“ Verstößen gegen die Vorschriften zum Planinhalt, allerdings spricht in meinen Augen viel dafür, stets von einem wesentlichen Fehler auszugehen, wenn Sanierungsmaßnahmen die Arbeitnehmer betreffen sollen[67], insbesondere wenn die Belegschaft einen

---

61 § 6 Abs. 1 S. 3 StaRUG. Vgl. Braun/*Böhm* (Fn. 22) § 6 Rn. 5: „Personalanpassungsmaßnahmen".

62 Nr. 7 der Anlage zu § 5 S. 2 StaRUG.

63 In diesem Sinne Pannen/*Riedemann*/Smid (Fn. 12) § 4 Rn. 14.

64 *Salamon*/*Krimm*, NZA 2021, 235, 240 verweisen etwa auf § 5 Abs. 1 Nr. 9 UmwG. Zu dessen Anforderungen etwa Henssler/Strohn/*Heidinger*, Gesellschaftsrecht, 5. Aufl. (2021), § 5 UmwG Rn. 30; ErfK/*Oetker* (Fn. 21) § 5 UmwG Rn. 3.

65 Zur Unterrichtung nach § 613a Abs. 5 Nr. 3, 4 etwa APS/*Steffan*, Kündigungsrecht, 6. Aufl. (2021), § 613a BGB Rn. 209 ff.

66 § 63 Abs. 1 Nr. 2 StaRUG.

67 Anders Braun/*Fendel* (Fn. 22) § 63 Rn. 6: Einzelfall-Frage.

nennenswerten Sanierungsbeitrag leisten soll. Dann geht es um eine häufig wohl konstitutive Voraussetzung der Umsetzung des Plans – und eben nicht um eine formale Petitesse, über die nicht berichtet werden müßte.

2. *Maßnahmen zur Senkung der Personalkosten*

In Betracht kommt insofern letztlich jede Maßnahme, die Personalkosten senkt, etwa eine Schließung oder Einschränkung von Betrieben mit entsprechendem Personalabbau bis hin zu betriebsbedingten Kündigungen[68].

a) *Arbeitsplatzabbau und Planbestätigung*

Gehen im Zuge der Sanierung Arbeitsplätze verloren, stellt sich allerdings eine interessante Folgefrage: Die Restrukturierungsrichtlinie verlangt, daß ein Restrukturierungsplan nur durch behördliche Bestätigung verbindlich werden darf, wenn er zum Verlust von mehr als einem Viertel der Arbeitsplätze führt[69]. Die Begründung zum StaRUG steht auf dem Standpunkt, daß solche Pläne ohnehin nicht zugelassen werden[70]; das Gesetz sagt hierzu allerdings nichts[71]. Daß deshalb gegebenenfalls die Planbestätigung richtlinienkonform versagt werden müßte[72], kann in meinen Augen nicht richtig sein: Die Richtlinie sieht ja gerade die Verbindlichkeit bei Planbestätigung vor. Änderungen von Arbeitsorganisation und Arbeitsverträgen außerhalb des Plans verbietet sie nicht[73]. Schon deshalb überzeugt es nicht, hier auf Folgen der Planumsetzung abzustellen. Das gilt um so mehr, stellt man in Rechnung, daß die Rechtsfolgen ja im Kern im Verhältnis zu den planbetroffenen Gläubigern liegen. Daß die autonome Annahme des Plans nicht ausreicht, betrifft nicht etwa die Arbeitnehmer, sondern erschwert nur die Kürzung der Forderungen anderer Gläubiger. Richtigerweise ist deshalb von einer Sonderregelung für Mitgliedstaaten auszugehen, die unmittelbare Rechtswirkungen präventiver Restrukturierungsmaßnahmen

---

68 Zur betriebsbedingten Kündigung im Sanierungskontext etwa *B. Kreft*, in: Heinrich (Hrsg.), Krise als Chance?! (2016), S. 155 ff.
69 Art. 10 Abs. 1 lit. c RL (EU) 2019/1023.
70 BR-Drucks. 619/20, S. 190.
71 *Salamon/Krimm*, NZA 2021, 235, 239 f. sehen eine ungeklärte Frage.
72 Als Frage in den Raum gestellt von Pannen/Riedemann/*Smid* (Fn. 12) § 63 Rn. 7.
73 Vgl. Erwägungsgründe 62 und 48 RL (EU) 2019/1023.

auf Arbeitsverträge erlauben; die Erwägungsgründe der Richtlinie legen das ohnehin nahe[74].

b) Verhandlungen mit Arbeitnehmervertretern

Realisiert werden könnten für die Sanierung wesentliche Kostenvorteile auch, indem Tarifverträge und Betriebsvereinbarungen gekündigt und neu verhandelt werden. Unmittelbar wirksam wird das freilich nur, wenn die Nachwirkung der Kollektivverträge ausgeschlossen ist[75]. Insofern ist daran zu erinnern, daß die Sonderlösungsrechte des Insolvenzverwalters[76] in der Krise gerade noch nicht genutzt werden können. Es bleibt bei den gewohnten Regeln des Arbeitsrechts[77], nach denen das kriselnde Unternehmen insbesondere um die Zustimmung von Gewerkschaften und Betriebsräten werben muß.

Das dürfte nicht ganz einfach werden: Auf der einen Seite hat ein Unternehmen in der Krise kaum das Geld, um die in aller Regel kostspieligen „Gegenleistungen“ zu bezahlen, die Betriebsräte und Gewerkschaften für ein entsprechendes Entgegenkommen erwarten werden. Zugleich ist das Unternehmen aber eben auch nur in der Krise und plant, die Insolvenz gerade abzuwenden. Damit wird vielfach auch die Gefährdung von Arbeitsplätzen noch nicht akut sein und ist der Erhalt dieser Arbeitsplätze dann – noch – nicht das zentrale Argument, das in der Praxis vor allem Betriebsräte überzeugt hat[78]. Insbesondere dürfte der bei drohender Zahlungsunfähigkeit mögliche Eigenantrag auf Eröffnung des Insolvenzverfahrens[79] kaum als realistische Drohkulisse wirken, wenn sich das Unternehmen

---

74 In diesem Sinne Pannen/*Riedemann*/Smid (Fn. 12) § 4 Rn. 17; ähnlich unter Berufung auf Erwägungsgrund 48 RL (EU) 2019/1023 *Adjan* (Fn. 53) S. 231, 245. Unentschlossen *Giese/Jungbauer*, BB 2020, 2679, 2682.

75 Möglich ist das bei Tarifverträgen wie bei Betriebsvereinbarungen: zum Tarifvertrag etwa *Löwisch/Rieble* (Fn. 51) § 4 Rn. 858 ff.; zur Nachwirkung von Betriebsvereinbarungen, die von vornherein nicht ausnahmslos greift, etwa AR/*Kolbe* (Fn. 24) § 77 BetrVG Rn. 22 ff.

76 Kündigung von Arbeitsverträgen nach § 113 InsO, Kündigung massebelastender Betriebsvereinbarungen nach § 120 InsO.

77 Braun/*Esser* (Fn. 22) § 4 Rn. 4.

78 Vgl. die Sachverhalte in den Entscheidungen ArbG Frankfurt 28.10.1996 – 1 Ca 6331/96 – Viessmann, NZA 1996, 1340; BAG 20.04.1999 – 1 ABR 72/98 – Burda, NZA 1999, 887. Allgemein zur Verhandlungssituation beim „betrieblichen Bündnis für Arbeit“ *Rieble*, RdA 1999, 169 f.

79 §§ 13 Abs. 1, 18 Abs. 1 InsO.

selbst als sanierungsfähig betrachtet – jedenfalls aber so frühzeitig in die Insolvenz gehen müßte, daß eine Zerschlagung mit massivem Arbeitsplatzabbau nicht unbedingt nahe liegt. Wenigstens Gewerkschaften werden in solchen Verhandlungen dann auch ihr legitimes Interesse an der Einhaltung der Tarifdisziplin verfolgen. Unternehmen in der Krise haben ihnen wenig anzubieten.

IV. Arbeitnehmer-Mitbestimmung im Restrukturierungsverfahren

Vor diesem Hintergrund kann es sinnvoll sein, um Verständnis für die Situation des Unternehmens zu werben. Gelingen kann das auch, indem Arbeitnehmervertreter möglichst früh und möglichst umfassend in den Restrukturierungsprozeß eingebunden werden[80]. Die InsO kennt deshalb die Arbeitnehmerbeteiligung im (gegebenenfalls vorläufigen) Gläubigerausschuß, bei der es material um eine besondere Form der Arbeitnehmermitbestimmung in wirtschaftlichen Angelegenheiten geht[81].

1. Sondermitbestimmung im Gläubigerbeirat

Für den fakultativen Gläubigerbeirat des Restrukturierungsverfahrens kann nichts anderes gelten, weil das StaRUG insofern lediglich auf die Vorschriften der InsO zum vorläufigen Gläubigerausschuß verweist[82]. Obwohl auch nicht planbetroffene Gläubiger beteiligt werden dürfen[83], zielt der eigene Vertreter der Arbeitnehmer auch hier nicht auf die Berücksichtigung einer besonderen Gruppe von Kleingläubigern[84], sondern auf eine Mitbestimmungsfunktion im Belegschaftsinteresse. Konkret geht es vor allem darum, Möglichkeiten aufzuzeigen, Arbeitsplätze zu erhalten – durch die Teilhabe an der mit-unternehmerischen Funktion des Gremiums: Der Beirat kann die Auswahl des Restrukturierungsbeauftragten beeinflussen, er unterstützt und überwacht die Geschäftsführung des Schuldners[85]. Das

---

80 I.d.S. für eine „frühzeitige Beteiligung der Arbeitnehmervertretungsgremien aus [...] wirtschaftlich-strategischer Sicht" auch *Giese/Jungbauer*, BB 2020, 2679, 2681.

81 *Kolbe*, NZI 2015, 400, 401 f.; zustimmend BeckOK-InsO/*Frind*, 23. Ed. (2021), § 67 Rn. 8.

82 § 93 Abs. 1 S. 2 StaRUG i.V.m. §§ 21 Abs. 2 S. 1 Nr. 1a, 67 Abs. 2, Abs. 3 InsO.

83 § 93 Abs. 1 S. 3 StaRUG; hierzu *Salamon/Krimm*, NZA 2021, 235, 237.

84 In diese Richtung *aber* Pannen/*Riedemann*/Smid (Fn. 12) § 93 Rn. 44.

85 Vgl. § 93 Abs. 2, Abs. 3 S. 1 StaRUG.

entspricht wenigstens tendenziell den typischen Einflußmöglichkeiten der Arbeitnehmermitbestimmung durch Organbeteiligung, die vor allem in der Aufsichtsratsbesetzung praktisch wird[86].

Sinnvoll ist das schon deshalb, weil die Einbindung von Arbeitnehmer(vertreter)n in unternehmerische Entscheidungen im Rahmen der Mitbestimmung in wirtschaftlichen Angelegenheiten auch für Unternehmen Vorteile bietet: Gerade wenn Vertreter der zuständigen Gewerkschaft beteiligt werden, kann zusätzlicher Sachverstand erschlossen werden und wechselwirkt die Mitverantwortung mit der Tarifpolitik[87]. Vor diesem Hintergrund überrascht es nicht, daß in der noch jungen Diskussion zum Gläubigerbeirat des StaRUG auf die Chancen einer Beteiligung von Gewerkschaftsvertretern verwiesen wird[88] und die „gesamtverfahrensartigen Züge" als Voraussetzung einer Ermessensentscheidung des Restrukturierungsgerichts über die Einsetzung des Beirats gerade dann gesehen werden, wenn Sanierungsbeiträge der Belegschaft notwendig sind und dann außerhalb des Restrukturierungsverfahrens geregelt werden sollen[89].

Daß die Mitbestimmungsstrukturen im schuldnerischen Unternehmen im Restrukturierungsverfahren noch intakt sind, ein mitbestimmter Aufsichtsrat – anders als im Insolvenzverfahren[90] – also nicht nur seine gesellschaftsrechtlichen, sondern auch seine mitbestimmungsrechtlichen Funktionen erfüllt, spricht nicht gegen eine zusätzliche Arbeitnehmerbeteiligung: Vergleichbare Doppelungen kennt das Mitbestimmungsrecht viele[91], der direkte Kontakt der Arbeitnehmervertreter mit den Gläubigern bietet daher vor allem zusätzliche Chancen im Zuge der „Mitbestimmung durch Argumente".

Nur eine Randbemerkung ist hier, daß diese Sonderform der Mitbestimmung nicht nur praktisch wichtig, sondern auch mitbestimmungs-

86 Mit Blick auf den vorläufigen Gläubigerausschuß *Kolbe*, NZI 2015, 400, 401.

87 Zum vorläufigen Gläubigerausschuß der InsO *Kolbe*, NZI 2015, 400, 403; zur Aufsichtsratsbeteiligung von Gewerkschaftsvertretern in der Unternehmensmitbestimmung *Rieble*, in: Stiftung Gesellschaft für Rechtspolitik Trier/Institut für Rechtspolitik an der Universität Trier (Hrsg.), Bitburger Gespräche 2006/I (2006), S. 41 55 f.; *Kolbe*, Mitbestimmung und Demokratieprinzip (2013), S. 177.

88 *Ahrens*, NZI-Beilage 2021, 57, 59.

89 *Göpfert/Giese*, NZI-Beilage 2021, 55, 56; *Ahrens*, NZI-Beilage 2021, 57, 59. „Empfehlung" an das Restrukturierungsgericht, einen Beirat einzusetzen, wenn „eine Mehrzahl von Arbeitnehmern durch die vorgesehenen Restrukturierungsmaßnahmen betroffen sein können", bei Pannen/*Riedemann*/Smid (Fn. 12) § 93 Rn. 45.

90 Hierzu *Rieble/Kolbe*, KTS 2009, 281, 283 ff.

91 Dazu etwa *Kolbe* (Fn. 87) S. 100 ff.

theoretisch hochinteressant ist: Zum einen fehlt die mitbestimmungstypische Wahl, zum anderen der in aller Regel an der Arbeitnehmerzahl in Betrieb oder Unternehmen festgemachte Schwellenwert. Ersteres belegt (erneut), daß Mitbestimmung ohne Wahl kein Demokratiedefizit im Unternehmen bedeutet, sondern als rechtlich zulässige Option eingestuft werden muß[92]. Zweiteres kann man auch als Endpunkt einer Entwicklung sehen, die – sichtbar spätestens seit der BetrVG-Reform 2001[93] – mehr Mitbestimmung ermöglichen soll, indem Schwellenwerte abgesenkt oder auf das Unternehmen als gegenüber dem Betrieb typischerweise „größere" Einheit bezogen werden. Anders ausgedrückt: Das Teilhabebedürfnis der Belegschaft an der Arbeitnehmerzahl zu messen, war schon immer eine Notlösung[94]. InsO und StaRUG gehen einen anderen Weg, indem dieses Teilhabebedürfnis qualitativ bestimmt wird[95].

2. *Fortbestand von Arbeitnehmervertretungen*

a) *Betriebsrat und Gesamtbetriebsrat*

Davon abgesehen lassen Restrukturierungsverfahren die Arbeitnehmervertretungsstrukturen und Arbeitnehmervertretungen unberührt. Unmittelbare Änderungen des Unternehmens oder seiner Betriebe kennt das StaRUG nicht, die von der Schuldnerin eingerichteten Leitungsstrukturen in personellen und sozialen Angelegenheiten als maßgebliche Determinante des betriebsverfassungsrechtlichen Betriebsbegriffs bleiben ebenso intakt wie die Schuldnerin als Rechtsträger und also Unternehmen im Sinne des Mitbestimmungsrechts[96].

---

92 *Kolbe*, NZI 2015, 400, 403; *Kolbe* (Fn. 87) S. 235 ff.

93 Zu der seinerzeit diskutierten „Erosion" der betrieblichen Mitbestimmung durch „mitbestimmungsfeindliche Strukturmaßnahmen" etwa *Rose*, KJ 2001, 157, 158 ff. Weiter *Wassermann*, WSI-Mitteilungen 2000, 697, 700 f.

94 Zur begrenzten Rationalität arbeitsrechtlicher Schwellenwerte etwa *Junker/Dietrich*, NZA 2003, 1057 ff.; weiter *Kolbe* (Fn. 87) S. 329 ff.

95 Zum vorläufigen Gläubigerausschuß der InsO *Kolbe*, NZI 2015, 400, 402.

96 Zu Betrieb und Unternehmen aus der Perspektive der betriebsverfassungsrechtlichen Zuständigkeitsordnung *Kolbe*, in: Rieble/Junker/Giesen (Hrsg.), Bewegliche Mitbestimmung (2018), S. 75 f.

b) Unternehmensübergreifende Vertretungen

Schwieriger zu beantworten ist die Frage nach dem Fortbestand unternehmensübergreifender Arbeitnehmervertretungen, praktisch vor allem der Betriebsrat im Gemeinschaftsbetrieb und der Konzernbetriebsrat. Hintergrund ist, daß mit Rechtshängigkeit einer Restrukturierungssache ein sogenannter „Pflichtenumschwung" für Geschäftsleiter restrukturierungsfähiger Gesellschaften eintritt: Sie haben ab diesem Zeitpunkt die Interessen der Gläubigergesamtheit zu wahren[97]. Das verträgt sich nicht unbedingt mit der Pflicht konzernabhängiger Unternehmen, Weisungen der Konzernobergesellschaften Folge zu leisten. Für das Insolvenzverfahren ist insofern weithin anerkannt, daß Tochtergesellschaften mit der Eröffnung des Insolvenzverfahrens über ihr Vermögen entkonzerniert werden[98]. Freilich geht das StaRUG soweit gerade nicht, läßt eben nicht nur die gesellschaftsrechtlichen Strukturen der Schuldnerin intakt, sondern beläßt den Gesellschaftsorganen auch ihre Entscheidungsbefugnisse. Damit bleibt aber auch der Anknüpfungspunkt für konzernrechtliche Weisungen. Daß sich Geschäftsleiter in dieser Situation gegen aus ihrer Sicht gläubigerschädliche Weisungen stellen werden, bedingt noch kein Ausscheiden aus dem Konzern[99]: Sind die Rechte der Gläubigergesamtheit nicht beeinträchtigt, ist kein Grund ersichtlich, Weisungen der Konzernmutter ihre Verbindlichkeit abzusprechen. Dann aber ist der Teilhabezweck der Konzernmitbestimmung unverändert angesprochen und muß dementsprechend auch der Konzernbetriebsrat erhalten bleiben.

Demgegenüber macht es im gemeinsamen Betrieb (und ebenso im tarifvertraglich gebildeten Einheitsbetrieb mehrerer Unternehmen[100]) betriebsverfassungsrechtlich keinen Unterschied, welche Interessen die Trägerunternehmen zu wahren haben. Es bleibt in jedem Fall bei der gemeinschaftlichen Leitung des einheitlichen Betriebs.

---

97 §§ 32 Abs. 1 S. 1, 43 Abs. 1 S. 1 StaRUG; näher *Högen/Kranz*, NZI 2021, 105, 106.

98 Vor allem zu den mitbestimmungsrechtlichen Implikationen *Rieble/Kolbe*, KTS 2009, 281, 282 ff. Zum Konzerninsolvenzrecht weiter *Högen/Kranz*, NZI 2021, 105, 106 m.w.N.

99 *Högen/Kranz*, NZI 2021, 105, 106 f.

100 Gestaltbar nach § 3 Abs. 1 Nr. 3 BetrVG.

c) Annex: Fortgeltung von Betriebsvereinbarungen

Weil damit sowohl die mitbestimmungsrechtlich entscheidenden Strukturen, insbesondere die Betriebe, unverändert bleiben, als auch die Betriebsräte weiter amtieren, gelten sämtliche Betriebsvereinbarungen unproblematisch fort. Anders kann das sein, wenn Strukturmaßnahmen umgesetzt werden, die im Restrukturierungsplan festgelegt sind. Freilich ergeben sich auch dann keine arbeitsrechtlichen Besonderheiten, insbesondere keine Erleichterungen im Sanierungsinteresse.

3. Beteiligungsrechte

a) Keine Einschränkungen

Im übrigen sagt das StaRUG lapidar, daß die Beteiligungsrechte der „Arbeitnehmervertretungsorgan[e]“ unberührt bleiben[101]. Gemeint sind mit diesem ungewohnten Begriff, der nicht etwa auf die Richtlinie zurückgeht, sondern ein Kind der nationalen Umsetzung ist, offenbar vor allem[102] Betriebsräte und Wirtschaftsausschüsse, weil ausdrücklich nur die Beteiligungsrechte nach dem BetrVG adressiert werden. Das kann allerdings nicht im Gegenschluß heißen, daß Beteiligungsrechte aus anderen Gesetzen nicht mehr gelten sollten: Die Restrukturierungsrichtlinie sperrt sich gegen jede Beschränkung kollektiver Rechte und spricht insofern die Rechte bei Massenentlassungen explizit an[103], die in Deutschland bekanntlich nicht im BetrVG, sondern im KSchG umgesetzt werden[104]. Praktisch werden die bekannten Beteiligungsrechte[105], vor allem bei Betriebsänderungen und Massenentlassungen.

101 § 92 StaRUG.

102 Richtig für eine Anwendung auch auf andere Arbeitnehmervertretungen aber Braun/*Saenger* (Fn. 22) § 92 Rn. 3.

103 Art. 13 Abs. 1 lit. c RL (EU) 2019/1023.

104 § 17 Abs. 2 KSchG.

105 Überblick bei *Salamon/Krimm*, NZA 2021, 235, 238 f.; *Göpfert/Giese*, NZI-Beilage 2021, 55 f.

b) Mitbestimmungserweiterung durch die Restrukturierungsrichtlinie?

Allerdings könnte sich – so jedenfalls der Tenor der bisherigen Einschätzungen[106] – die Position des Betriebsrats verbessern: Nicht durch das insofern aussagearme StaRUG, wohl aber angesichts der Restrukturierungsrichtlinie und einer womöglich gebotenen richtlinienkonformen Auslegung des BetrVG.

aa) Gegenstand der Beteiligung

Denkbar wäre eine solche richtlinienkonforme Auslegung zunächst hinsichtlich des Gegenstandes der erforderlichen Unterrichtung (und Beratung): Die allgemeine Information (auch) von Arbeitnehmervertretern über das Frühwarnsystem sowie die grundsätzlichen Eckdaten des außerinsolvenzlichen Restrukturierungsverfahrens erledigt das StaRUG mit dem Verweis auf eine allgemein zugängliche Internetseite[107]. Mehr verlangt auch die Richtlinie nicht[108].

Das Restrukturierungsverfahren selbst spricht das BetrVG nicht gesondert an, nach der Richtlinie muß aber in jedem Fall mitgeteilt werden, daß der Arbeitgeber ein solches Verfahren einleiten und welchen Plan er vorlegen will[109]. Für den Wirtschaftsausschuß muß eine entsprechende Unterrichtungs- und Beratungspflicht richtigerweise schon über die Generalklausel[110] angenommen werden[111]. Fehlt ein Wirtschaftsausschuß, greift – mit der Ausnahme von Kleinunternehmen – jedenfalls die allgemeine Pflicht zur Unterrichtung der Belegschaft, die dann richtlinienkonform sofort erfolgen soll[112]; mit Blick auf die insoweit auf Arbeitnehmervertre-

106 *Göpfert/Giese*, NZI-Beilage 2021, 55, 56; *Salamon/Krimm*, NZA 2021, 235, 239; *Benkert*, NJW-Spezial 2021, 178 f.

107 § 101 StaRUG verweist auf den Internet-Auftritt des Bundesministeriums der Justiz und für Verbraucherschutz.

108 *Giese/Jungbauer*, BB 2020, 2679, 2680.

109 Art. 13 Abs. 1 lit. b iii RL (EU) 2019/1023. Hierzu etwa *Lingscheid/Kunz*, DB 2021, 677, 678 f.

110 § 106 Abs. 3 Nr. 10 BetrVG: Unterrichtung über „sonstige Vorgänge und Vorhaben, welche die Interessen der Arbeitnehmer des Unternehmens wesentlich berühren können".

111 *Salamon/Krimm*, NZA 2021, 235, 239; Pannen/*Riedemann*/Smid (Fn. 12) § 92 Rn. 6.

112 § 110 Abs. 2 BetrVG; vgl. dazu *Giese/Jungbauer*, BB 2020, 2679, 2683; *Salamon/Krimm*, NZA 2021, 235, 239.

tungen fokussierte Richtlinie halte ich es allerdings für vorzugswürdig, den Betriebsrat analog zur Unternehmensübernahme[113] auch für die Unterrichtung und Beratung über Restrukturierungsverfahren und Restrukturierungsplan als „Ersatz-Wirtschaftsausschuß" zu behandeln. In der Konsequenz müssen Information und Anhörung gesondert erfolgen – und im Zweifel früher als die Unterrichtung in Mitbestimmungsverfahren, in denen es (etwa hinsichtlich der Personalplanung[114] oder für Betriebsänderungen[115] und Massenentlassungen[116]) um die Umsetzung der im Plan vorgesehenen Maßnahmen geht.

bb) Zeitpunkt der Beteiligung

Ohnehin ist mit der zeitlichen Dimension die interessantere Frage angesprochen: Die Richtlinie verlangt zwar die Unterrichtung über Restrukturierungsverfahren, die sich auf die Beschäftigung auswirken können, ohne zeitliche Bestimmung – fordert aber die Unterrichtung über den Restrukturierungsplan selbst, „bevor" dieser Plan zur Annahme oder Bestätigung vorgelegt wird[117]. Letzteres liegt schon deshalb nahe, weil die Schuldnerin mit der Annahme oder Bestätigung des Planes nicht nur an die im gestaltenden Teil festgelegten Erklärungen gebunden ist, sondern auch auf die im darstellenden Teil vorgestellten Maßnahmen festgelegt. Vor diesem Hintergrund geht die Fachdiskussion aktuell davon aus, daß schon die interne Festlegung auf den Plan alle Beteiligungsrechte der Arbeitnehmervertretungen auslösen muß[118], teilweise wird eine Beteiligung sogar schon gefordert, wenn es noch an konkreten Plänen fehlt[119].

Problematischer Nebeneffekt ist freilich, daß gegebenenfalls umfangreiche Mitbestimmungsverfahren über „Planspiele" durchgeführt werden müssen, zu denen Gläubiger oder Gericht dann später „Nein" sagen. Vor allem: Konsequent weitergedacht müßte auch die Mitbestimmung für alle im Plan vorgesehenen Maßnahmen in diesem Sinne vorgezogen

---

113 § 109a BetrVG.

114 § 92 Abs. 1 BetrVG.

115 § 111 S. 1 BetrVG.

116 § 17 Abs. 2 KSchG.

117 Art. 13 Abs. 1 lit. b ii und iii RL (EU) 2019/1023.

118 *Göpfert/Giese*, NZI-Beilage 2021, 55, 56; *Salamon/Krimm*, NZA 2021, 235, 238 f.; *Benkert*, NJW-Spezial 2021, 178 f. *Wie hier* hingegen *Adjan* (Fn. 53) S. 231, 248.

119 *Göpfert/Giese*, NZI-Beilage 2019, 29, 30 unter Verweis auf vor allem Erwägungsgrund 10 RL (EU) 2019/1023; weiter *Giese/Jungbauer*, BB 2020, 2679, 2683.

werden[120] – einschließlich Einigungsstellenverfahren und Besetzungsstreitigkeiten über beide Instanzen[121]. Daß geplante Betriebsänderungen, Massenentlassungen oder sonstige Maßnahmen ohnehin und unabhängig vom Restrukturierungsplan umgesetzt würden, ist in meinen Augen kein echtes Gegenargument: Trifft es zu, erübrigt sich das Problem in der Tat[122]. Ich erwarte aber, daß jedenfalls die konkreten Planungen, auf die es etwa für die Verhandlungen über einen Interessenausgleich gerade ankommt[123], in vielen Fällen noch einmal überdacht werden müssen, wenn der Restrukturierungsplan nicht greifen kann.

Insofern gilt nationalrechtlich, daß der Betriebsrat so rechtzeitig über geplante Betriebsänderungen unterrichtet werden muß, daß die Arbeitnehmervertretung noch Einfluß auf die Planung nehmen kann. Das zielt auf eine möglichst frühzeitige Unterrichtung, bevor „Fakten geschaffen" werden[124]. Weder darf der Arbeitgeber mit der Durchführung der Maßnahme begonnen haben[125], noch darf er sich unwiderruflich auf die Planung festgelegt haben[126]. Andererseits muß der Willensbildungsprozeß auf Arbeitgeberseite aber auch abgeschlossen sein, um eine sinnvolle Beratung zu ermöglichen[127]. Daß der Arbeitgeber bereits zur Betriebsänderung entschlossen ist, bedeutet nicht, daß die Unterrichtung zu spät käme[128], sondern ist Voraussetzung des Unterrichtungsrechts[129]. Daß vor der Unterrichtung des Betriebsrats Gesellschaftsorgane beteiligt werden, ist nach Ansicht jedenfalls des BAG noch Teil dieses internen Prozesses, darf der Unterrichtung des Betriebsrats also in der Regel vorangehen[130].

---

120 In diesem Sinne für Betriebsänderungen *Salamon/Krimm*, NZA 2021, 235, 238 f.

121 Zum Einigungsstellenbesetzungsverfahren vgl. § 100 ArbGG.

122 Richtig *Göpfert/Giese*, NZI-Beilage 2019, 29, 30.

123 BAG 19.01.1999 – 1 AZR 342/98 [III.3. der Gründe], NZA 1999, 949; weiter Richardi/*Annuß* (Fn. 27) § 112 Rn. 16; AR/*Kolbe* (Fn. 24) § 112a BetrVG Rn. 5.

124 Statt vieler Richardi/*Annuß* (Fn. 27) § 111 Rn. 147 m.w.N.

125 BAG 14.09.1976 – 1 AZR 784/75 [2. der Gründe], BB 1977, 142.

126 Löwisch/Kaiser/*Klumpp*, BetrVG, 7. Aufl. (2020), § 111 Rn. 48.

127 *Rieble*, NZA 2004, 1029, 1030.

128 BAG 14.04.2015 – 1 AZR 794/13 Rn. 24, NZA 2015, 1147.

129 Löwisch/Kaiser/*Klumpp* (Fn. 126) § 111 Rn. 46 unter Berufung auf BAG 18.07.2017 – 1 AZR 546/15 Rn. 28, NZA 2017, 1618: der Arbeitgeber müsse die Maßnahme „anstrebe[n]".

130 BAG 20.11.2001 – 1 AZR 97/01 [I.1.c. der Gründe], NZA 2002, 992; 30.03.2004 – 1 AZR 7/03 [I.2. der Gründe], NZA 2004, 931; 30.05.2006 – 1 AZR 25/05 [I.2.b.aa. der Gründe], NZA 2006, 1122; zustimmend Richardi/*Annuß* (Fn. 27) § 111 Rn. 147. *Dagegen* gehen etwa *Däubler*/Kittner/Klebe/Wedde, BetrVG, 17. Aufl. (2020), § 111 Rn. 162; GK-BetrVG/*Oetker*, 11. Aufl. (2018), § 111

Daß das für den angenommenen oder bestätigten Restrukturierungsplan anders sein sollte, läßt sich in meinen Augen weder aus dem StaRUG noch aus der Restrukturierungsrichtlinie ableiten. Die Richtlinie fordert in den Erwägungsgründen[131] zwar einen dialogischen Prozeß für die Restrukturierung unter angemessener Beteiligung der Arbeitnehmervertreter. Ersteres meint aber nur die Verfahrensbeteiligten. Letzteres gilt nur „im Einklang" mit dem Unionsrecht und dem nationalen Recht. Dieses nationale Recht sagt in Deutschland gerade, daß die Unterrichtung mit Blick auf eine Betriebsänderung erst erfolgen muß, wenn der Arbeitgeber zu dieser Maßnahme bereits grundsätzlich entschlossen ist. Das aber läßt sich für die im darstellenden Teil eines Restrukturierungplans geschilderten Maßnahmen nicht ernstlich sagen, solange noch Dritte über diesen Plan entscheiden müssen und der Arbeitgeber seine Planung von dieser Entscheidung abhängig macht.

Planannahme oder Planbestätigung schaffen grundsätzlich auch noch keine unumkehrbaren Tatsachen, sind daher betriebsverfassungsrechtlich noch keine Durchführung der Betriebsänderung. Richtig ist zwar, daß sich die Schuldnerin dann nicht mehr einseitig von dem Plan lösen kann und damit wenigstens mittelbar auch an den darstellenden Teil des Plans gebunden ist[132]. Solange Strukturmaßnahmen aber nicht ohnehin zur Bedingung für den Plan[133] gemacht werden, sind sie nur Soll-Vorgaben, müssen und können nur im Rahmen des rechtlich Möglichen erreicht werden. Dann aber muß in meinen Augen auch die Überlegung des BAG zu einfachen Sanierungsplänen gelten, bei denen die Planungsverantwortlichen bis zur konkreten Umsetzung weder aus Rechtsgründen noch tatsächlich gehindert sind, „den sich aus den Verhandlungen über den Interessenausgleich ergebenden Alternativen nachzugehen"[134]. Anders kann das allenfalls in dem – im Restrukturierungsverfahren vielleicht eher theoretischen – Sonderfall sein, daß der gestaltende Teil des Plans Betriebsänderungen sozusagen erzwingt, indem Betriebsmittel veräußert werden, die für den Betriebszweck unerläßlich sind[135], ohne daß der Schuldnerin ein Ersatz zur Verfügung steht. Dann in der Tat wird bereits mit Annahme oder Bestätigung des Plans eine Betriebsänderung durchgeführt. Dabei ist

---

Rn. 205 m.w.N. in solchen Fällen von einer zu späten Betriebsratsbeteiligung aus; zurückhaltender Löwisch/Kaiser/*Klumpp* (Fn. 126) § 111 Rn. 47.

131 Erwägungsgrund 10 RL (EU) 2019/1023.

132 *Salamon/Krimm*, NZA 2021, 235, 238.

133 Vgl. § 62 StaRUG.

134 BAG 18.07.2017 – 1 AZR 546/15 Rn. 34, NZA 2017, 1618.

135 *Salamon/Krimm*, NZA 2021, 235, 239.

aber zu beachten, daß Betriebsmittel für Betriebsorganisationen nicht entscheidend sind, die durch ihre Mitarbeiter und deren Kenntnisse geprägt werden. Zumindest in solchen Einheiten wird daher auch dann nicht die Betriebsorganisation aufgelöst, wenn alle Betriebsmittel entfernt werden[136] – erst recht nicht, wenn sie „nur“ veräußert werden.

Im Ergebnis muß zwar über den Plan selbst bereits im Entwurfsstadium unterrichtet werden. Im darstellenden Teil des Plans beschriebene Maßnahmen sind aber grundsätzlich erst dann mitbestimmungspflichtig, wenn der Plan angenommen oder bestätigt wird. Rahmenregelungen können schon zuvor vereinbart werden, insbesondere ein Rahmensozialplan[137]. Dann geht es aber betriebsverfassungsrechtlich um freiwillige Betriebsvereinbarungen[138], die konsensual geschlossen werden müssen[139].

cc) Umfang der Unterrichtung

Vertreten wird auch, daß die Restrukturierungsrichtlinie nicht nur in zeitlicher, sondern auch in inhaltlicher Hinsicht auf die Mitbestimmung wirkt[140]: Konkret wird ein Informationsdurchgriff im Konzern diskutiert, weil andernfalls keine hinreichend umfassende Information über die Restrukturierungsmaßnahmen möglich sei. Das ist zunächst insofern plausibel, als Konzernbindungen auch im Restrukturierungsverfahren fortbestehen[141]. Festzuhalten ist aber, daß die Richtlinie eine solche Fernwirkung auf andere Konzernunternehmen weder im bestimmenden Teil noch in den Erwägungsgründen ausdrücklich anspricht. Daß der EuGH diese Texte irgendwann anders liest, ist aber nicht ausgeschlossen. Sollte das geschehen, ergibt sich ein Umsetzungsfehler im StaRUG, auf den reagiert werden muß – vorrangig durch richtlinienkonforme Auslegung. Dabei ist es mit dem BetrVG nicht getan: Um Auskunft über andere, insbesondere herrschende Konzernunternehmen erteilen zu können, müßte ein restrukturie-

---

136 BAG 18.07.2017 – 1 AZR 546/15 Rn. 40 f., NZA 2017, 1618.

137 Allgemein zu vorsorglichen und Rahmensozialplänen etwa Richardi/*Annuß* (Fn. 27) § 112 Rn. 63 ff.

138 Für den Rahmensozialplan Richardi/*Annuß* (Fn. 27) § 112 Rn. 63.

139 Möglich ist nur, daß Arbeitgeber und Betriebsrat einen Spruch der i.S.d. § 76 Abs. 6 BetrVG „freiwilligen“ Einigungsstelle nachträglich annehmen oder sich diesem Spruch im Voraus unterwerfen.

140 *Giese/Jungbauer*, BB 2020, 2679, 2683; *Göpfert/Giese*, NZI-Beilage 2021, 55, 56, die sich auf Art. 13 und die Erwägungsgründe 60, 61 RL (EU) 1023/2019 berufen.

141 Dazu bereits unter 2.b.

rungswilliges Unternehmen diese Informationen zunächst einmal haben. Insofern sind Auskunftsansprüche auch konzernabhängiger Unternehmen zwar anerkannt, wenn die Informationen zur Erfüllung gesetzlicher Pflichten benötigt werden[142]. Das läßt sich auch auf Unterrichtungspflichten aus dem BetrVG erstrecken, so daß der Arbeitgeber dem Auskunftsverlangen des Betriebsrats nicht schon rechtliche Unmöglichkeit entgegenhalten könnte[143].

Damit ist das Problem also kein konzernrechtliches, sondern ein spezifisch mitbestimmungsrechtliches: Das BAG[144] nimmt auch bei enger wirtschaftlicher Verflechtung von Unternehmen ernst, daß der Wirtschaftsausschuß nach dem BetrVG nur über die wirtschaftliche Lage „seines" Unternehmens unterrichtet werden muß, nicht aber über die herrschender Konzernunternehmen. Dafür sprechen systematische Argumente, vor allem aber der vom BAG richtig angeführte teleologische Gesichtspunkt, daß der Wirtschaftsausschuß im beherrschten Unternehmen auf die Planung im herrschenden ohnehin keinen argumentativen Einfluß nehmen darf[145]. Das deutsche Betriebsverfassungsrecht regelt – auch in Unternehmen und Konzern – nur die jeweilige Rechtsbeziehung von Arbeitgeber, Belegschaft und Arbeitnehmervertretung[146].

Freilich muß sich das Unionsrecht an diese Systematik nicht halten: Es kennt Unterrichtungspflichten für Betriebsfremde[147], in der Massenentlassungsrichtlinie[148] und der Betriebsübergangsrichtlinie[149] aber auch die explizite Pflicht, über die Planungen herrschender Unternehmen zu unterrichten[150]. Ob man Letzteres verallgemeinern und auf weniger entschieden

---

142 Etwa MüKo-AktG/*Altmeppen*, 5. Aufl. (2020), § 311 Rn. 426.

143 Für entsprechende Auskunftsansprüche *Gerdom*, Gemeinschaftsrechtliche Unterrichtungs- und Anhörungspflichten und ihre Auswirkungen auf das Betriebsverfassungs-, Personalvertretungs- und Mitarbeitervertretungsrecht (2009), S. 102.

144 BAG 17.12.2019 – 1 ABR 35/18 Rn. 29 ff., NZA 2020, 531.

145 BAG 17.12.2019 – 1 ABR 35/18 Rn. 36, NZA 2020, 531.

146 Mit Blick auf Unterrichtungspflichten Betriebsfremder *Kolbe*, DB 2009, 1874, 1877.

147 Etwa für die Verwalter bestimmter Investmentfonds. Zur Umsetzung in § 291 Abs. 3 KAGB, der eine „Einwirkungs- und Bemühenspflicht" des Verwalters im Verhältnis zum Arbeitgeber anordnet, *Klebeck/Kolbe*, BB 2014, 707, 711.

148 Richtlinie 98/59/EG des Rates vom 20.07.1998 zur Angleichung der Rechtsvorschriften der Mitgliedstaaten über Massenentlassungen, ABl. Nr. L 225, S. 16.

149 Richtlinie 2001/23/EG des Rates vom 12.03.2001 zur Angleichung der Rechtsvorschriften der Mitgliedstaaten über die Wahrung von Ansprüchen beim Übergang von Unternehmen, Betrieben oder Unternehmens- und Betriebsteilen, ABl. Nr. L 82 S. 16.

150 Art. 2 Abs. 4 RL 98/59/EG; Art. 7 Abs. 4 RL 2001/23/EG.

gefaßte Richtlinien erstrecken kann, hat das BAG 2019 offengelassen[151]. Für eine solche Ausweitung spricht vor allem das Gebot der effektiven Umsetzung von Richtlinien[152]. Dagegen spricht, daß die Information über Vorgänge und Pläne in beherrschenden Unternehmen nüchtern betrachtet wenig hilft: Das herrschende Unternehmen ist bei Massenentlassungen im beherrschten mitnichten an das Ergebnis der Konsultation mit dem dortigen Betriebsrat gebunden[153], auch beim Betriebsübergang verlangt die Richtlinie keine Bindung an das Beratungsergebnis. Den Arbeitgeber immerhin in der Pflicht zu sehen, Bedenken des Betriebsrats an Konzernobergesellschaften zu melden[154], ist kein ernstzunehmender Ersatz für eine – unstrittig auch unionsrechtlich nicht geforderte[155] – Beratung mit den „wahren" Entscheidungsträgern.

Sieht man die Unterrichtung über Restrukturierungsverfahren und Restrukturierungsplan und die Unterrichtung über im Plan festgelegte Strukturmaßnahmen durch Planannahme oder -bestätigung als Zäsur zeitlich getrennt[156], droht eine gegebenenfalls unzureichende Unterrichtung vor allem bei dem ersten Schritt, mit dem in der Regel dem Wirtschaftsausschuß die Restrukturierung offenzulegen ist. Dann aber geht es nicht um die Wirksamkeit von Umsetzungsmaßnahmen, sondern – in gewisser Weise: nur – um eine Sanktion als Ordnungswidrigkeit[157], die mit Geldbuße bis zu 10.000 Euro bewehrt ist[158]. Drastische Rechtsfolgen – von der individualrechtlichen Unwirksamkeit erklärter Kündigungen[159] bis zum umstrittenen Unterlassungsanspruch des Betriebsrats[160] – haben Mitbestimmungsfehler demgegenüber im zweiten Schritt, in dem konkrete Umsetzungsmaßnahmen verhandelt werden. Nur läßt sich dann fragen,

151 BAG 17.12.2019 – 1 ABR 35/18 Rn. 45, NZA 2020, 531 zur Anhörungsrichtlinie (Richtlinie 2002/14/EG des Europäischen Parlaments und des Rates vom 11.03.2002 zur Festlegung eines allgemeinen Rahmens für die Unterrichtung und Anhörung der Arbeitnehmer in der Europäischen Gemeinschaft; ABl. Nr. L 80, S. 29).

152 Zur Anhörungsrichtlinie *Gerdom* (Fn. 143) S. 103 ff.

153 EuArbR/*Spelge* (Fn. 36) Art. 2 RL 98/59/EG Rn. 17.

154 *Gerdom* (Fn. 143) S. 105.

155 Richtig zur Anhörungsrichtlinie *Gerdom* (Fn. 143) S. 102 f. Für die Restrukturierungsrichtlinie kann nichts anderes gelten.

156 Dazu bereits [2].

157 Richardi/*Annuß* (Fn. 27) § 106 Rn. 60.

158 § 121 BetrVG; dazu plakativ *Thüsing*, ZIP 2008, 106, 108: „Sanktionen aus der Portokasse".

159 Insbesondere bei der Massenentlassung nach § 134 BGB i.V.m. § 17 Abs. 2 KSchG; dazu ErfK/*Kiel* (Fn. 21) § 17 KSchG Rn. 36a.

160 Zu ihm etwa Richardi/*Annuß* (Fn. 27) § 111 Rn. 166 ff. m.w.N. zum Streitstand.

welche Rolle Entscheidungen von Konzernobergesellschaften noch spielen, nachdem die Schuldnerin durch den außenwirksamen Plan festgelegt ist.

c) Restrukturierungsplan und laufende Mitbestimmungsverfahren

Will man mit der hier vertretenen Lösung nicht schon alle Mitbestimmungsfragen klären, ehe der Restrukturierungsplan zur Abstimmung oder Bestätigung gestellt wird[161], muß gefragt werden, wie mit bei Planannahme oder Planbestätigung laufenden Mitbestimmungsverfahren umzugehen ist. Solche Verfahren werden als materiellrechtliche nicht einmal durch die Insolvenzeröffnung unterbrochen[162], erst recht laufen sie bei Einleitung eines Restrukturierungsverfahrens unverändert weiter. Schon deshalb kann es insofern auch nicht darauf ankommen, ob ein Restrukturierungsbeauftragter bestellt wird.

Damit wirkt eine bereits erfolgte Unterrichtung ebenso weiter wie bereits abgeschlossene Vereinbarungen, etwa ein Interessenausgleich über eine Betriebsänderung. Legt der Plan den Arbeitgeber aber auf andere Gestaltungen fest, ist insbesondere mit Blick auf den Interessenausgleich daran zu erinnern, daß wirtschaftliche Maßnahmen wie die Betriebsänderung vom Arbeitgeber jederzeit eingeschränkt oder aufgegeben werden können, ohne daß dadurch Nachteilsausgleichsansprüche[163] entstünden[164]. Daß dann dem Restrukturierungsplan entsprechend eine neue, andere Betriebsänderung durchzuführen ist, ändert daran nichts, sondern löst ein neues Mitbestimmungsverfahren aus.

4. Keine zusätzlichen Mitbestimmungsrechte

Zusätzliche Rechte bekommen die angesprochenen Arbeitnehmervertretungen mit Blick auf das Restrukturierungsverfahren nicht, obschon die

---

161 Soeben b.[2].

162 Das BetrVG kennt kein hinreichend ausgearbeitetes Verfahrensrecht; hierzu etwa *Kolbe/Bottor*, NZI 2018, 830, 833.

163 Nach § 113 BetrVG.

164 Dazu *Kleinebrink*, NZA-RR 2005, 281, 287; *Däubler*/Kittner/Klebe/Wedde (Fn. 130) § 113 Rn. 6; AR/*Kolbe* (Fn. 24) § 113 BetrVG Rn. 2. Zum laufenden Interessenausgleichsverfahren *Röder/Baeck*, Interessenausgleich und Sozialplan, 5. Aufl. (2016), S. 16 f.

Richtlinie[165] auch ein Antragsrecht für Arbeitnehmervertretungen erlaubt hätte, die den präventiven Restrukturierungsrahmen dann mit Zustimmung des Schuldners[166] hätten aktivieren können. Systemfremd wäre das aus Sicht des deutschen Rechts nicht unbedingt gewesen: Gerade die wirtschaftliche Mitbestimmung kennt ohnehin ein Moment der Verselbständigung des Unternehmens gegenüber seinen Eigentümern[167], etwa mit Blick auf die seit dem Risikobegrenzungsgesetz[168] gesetzlich vorgeschriebene Unterrichtung der Arbeitnehmervertretungen bei Unternehmensübernahmen mit Kontrollerwerb[169]. Anders ausgedrückt: Wenn sich das Unternehmen seine Eigner selbst aussucht, warum soll es dann nicht auch selbst seine Sanierung einleiten? Da sich Deutschland dagegen entschieden hat, diese Option umzusetzen, ist die Frage allerdings nur für Theoretiker der Mitbestimmung von Interesse.

V. Thesen und Schlußbemerkung

Damit lassen sich abschließend die folgenden Thesen formulieren:

Das neue Restrukturierungsverfahren klammert Individual- und Kollektivarbeitsrecht aus. Arbeitnehmerforderungen können im Restrukturierungsplan nicht gestaltet werden, auch eine Änderung oder Beendigung von Arbeitsverträgen und die Rechtsbeziehungen zu Arbeitnehmervertretern in Betriebsrat und Gewerkschaft sind nur außerhalb des Planverfahrens regelbar.

Für die Sanierungschancen ist das keine gute Nachricht, weil damit ein hinreichend realistisches Druckmittel in Verhandlungen fehlt, in denen es um einen Verzicht der Arbeitnehmer auf Entgeltforderungen oder um die Zustimmung von Kollektivvertragsparteien zu einem solchen Verzicht geht. Andererseits wird ein solches Opfer der Belegschaft nicht selten notwendig sein, um das Unternehmen zu sanieren.

Ähnliches gilt für arbeitsrechtliche Strukturmaßnahmen, mit denen Personalkosten gesenkt werden sollen. Sie werden vielfach wirtschaftlich unabdingbar sein, müssen auch im darstellenden Teil des Restrukturie-

165 Art. 4 Abs. 8 S. 1 RL (EU) 2019/1023.

166 Verpflichtend vorzusehen nur bei kleinen und mittleren Unternehmen, vgl. Art. 4 Abs. 8 S. 2 der Restrukturierungsrichtlinie.

167 Eingehend hierzu *Kolbe* (Fn. 87) S. 138 ff. m.w.N.

168 Gesetz zur Begrenzung der mit Finanzinvestitionen verbundenen Risiken (Risikobegrenzungsgesetz) vom 12.08.2008, BGBl. I, S. 1666.

169 §§ 106 Abs. 3 Nr. 9a, 109a BetrVG.

rungsplan aufgezeigt werden – können aber in dem Plan nicht verbindlich geregelt werden. Stattdessen ist das Unternehmen auch insoweit auf Verhandlungen außerhalb des Sanierungsverfahrens verwiesen, in denen Betriebsräte und Gewerkschaften zur Kooperation bewegt werden müssen.

Verständnis für die Krisensituation schaffen kann womöglich die Arbeitnehmerbeteiligung im Gläubigerbeirat, die – parallel zu der im (vorläufigen) Gläubigerausschuß des Insolvenzverfahrens – mitbestimmungsrechtlich zu qualifizieren ist.

Das Restrukturierungsverfahren hindert den Fortbestand von Arbeitnehmervertretungen nicht, ebensowenig die Fortgeltung von Betriebsvereinbarungen. Auch die Mitbestimmungsrechte der Betriebsräte werden durch das Restrukturierungsverfahren nicht berührt. Der Betriebsrat erhält umgekehrt zwar keine zusätzlichen Mitbestimmungsrechte, muß aber (ggf. vermittelt durch den Wirtschaftsausschuß) über den Restrukturierungsplan unterrichtet werden, ehe dieser zur Abstimmung oder Bestätigung gestellt wird.

Mitbestimmungspflichtige Maßnahmen, auf die sich der Arbeitgeber im darstellenden Teil des Restrukturierungsplans festlegt, sind – entgegen der aktuell wohl herrschenden Ansicht – grundsätzlich „mitbestimmungsoffen“. Eben deshalb setzt die Mitbestimmung insofern auch erst ein, wenn der Plan angenommen oder bestätigt wird. Daß der Betriebsrat früher beteiligt werden muß, kommt aber in Betracht, wenn die Maßnahme unabhängig von Restrukturierungsverfahren durchgeführt werden soll, oder wenn Regelungen im gestaltenden Teil des Plans mitbestimmungsrechtlich bereits die Betriebsänderung durchführen. Inhaltlich ändern sich die Unterrichtungspflichten des Betriebsverfassungsrechts nicht; freilich besteht gerade insofern die Gefahr, daß eine EuGH-Entscheidung zur Restrukturierungsrichtlinie doch noch strengere Anforderungen bringt.

Eine letzte Bemerkung: Arbeitsrecht und StaRUG ergeben zusammen kein Labyrinth. Aus meiner Sicht sind vielmehr zwei konkrete Probleme zu erkennen, für die allerdings kaum zufriedenstellende Lösungen in Sicht sind. Das erste ist ein europarechtliches, um nicht zu sagen: Auch dem neuen Restrukturierungsverfahren droht das typisch europarechtliche Problem des Wartens auf eine womöglich notwendige richtlinienkonforme Auslegung. Die Restrukturierungsrichtlinie zwingt keineswegs dazu, daß Arbeitnehmervertretungen über im Restrukturierungsplan vorgesehene Maßnahmen gegebenenfalls früher und intensiver unterrichtet werden müssen als nach deutschem Recht üblich. Sie ist aber andererseits – gerade in den wortreichen Erwägungsgründen – so offen formuliert, daß eine solche Lesart auch nicht ausgeschlossen ist.

Das andere Problem ist ein vor allem verhandlungstaktisches: Weil das Arbeitsrecht, vor allem das kollektive Arbeitsrecht, aus dem Restrukturierungsverfahren ausgeklammert wird, müssen in mutmaßlich nicht wenigen Fällen entscheidende Bedingungen der Sanierung außerhalb des Verfahrens und zusätzlich zu dem Verfahren gesetzt werden. Das erfordert insbesondere Verhandlungen mit Betriebsräten und Gewerkschaften, in denen das schuldnerische Unternehmen qua Krise typischerweise wenig Geld anbieten kann – aber auch nur wenig überzeugend mit der Insolvenz bei Nichteinigung drohen, weil ja schon die geplante Restrukturierung deutlich macht, daß sich das Unternehmen selbst nicht als Pleite-Kandidaten sieht.

Gefragt sind damit Geduld und Verhandlungsgeschick. Insofern wird man rückblickend leider sagen müssen, daß Odysseus doch die bessere Metapher gewesen wäre.

FSC
www.fsc.org
MIX
Papier | Fördert gute Waldnutzung
FSC® C083411

Kolibri 360 GmbH
Ferdinand-Jühlke-Straße 7
99095 Erfurt, Deutschland
produktsicherheit@kolibri360.de